AL OTRO LADO DEL VESTIGIO
Políticas del conocimiento y arqueología indisciplinada

AL OTRO LADO DEL VESTIGIO
Políticas del conocimiento y arqueología indisciplinada

Alejandro Haber
Universidad Nacional de Catamarca / CONICET

Universidad
del Cauca

Haber, Alejandro.

  Al otro lado del vestigio : Políticas del conocimiento y arqueología indisciplinada / Alejandro Haber.-- JAS Arqueologñia Editorial, 2017

  265 p. : fotografías, ilustraciones.

  Incluye referencias bibliográficas : pp 247-257, e índice analítico : pp 259-265.

  ANTROPOLOGÍA CULTURAL. 2. ARQUEOLOGÍA - AMÉRICA LATINA. 3. ARQUEOLOGÍA - INVESTIGACIONES. 4. ETNOLOGÍA - AMÉRICA LATINA. I. Título. II. Universidad Nacional de Catamarca / CONICET. III. Universidad del Cauca.

ISBN: 978-84-16725-02-1
Depósito Legal: M-8353-2017

© Universidad del Cauca, 2017
© JAS Arqueología, 2017
© Ediciones del Signo, 2017
© Alejandro Haber

Primera edición: Editorial Universidad del Cauca /
JAS Arqueología / Ediciones del Signo, febrero de 2017

Diseño de la Serie: Editorial Universidad del Cauca
Corrección: Daniel García Raso y José Rodrigo Orozco Papamija
Diagramación: Daían Alexa Muñoz De la Hoz
Diseño de carátula: Emilio Eusse Simmonds
Editor General de Publicaciones: Alfonso Rafael Buelvas Garay

Editorial Universidad del Cauca
Casa Mosquera Calle 3 No. 5-14
Popayán, Colombia
Teléfonos: (2) 8209900 Ext 1134 - 1135
editorialuc@unicauca.edu.co

JAS Arqueología
Plaza de Mondariz 6, 12° 4
28029 – Madrid, España

Ediciones del Signo
Aníbal Troilo 942, 5° 11
Buenos Aires (1197), Argentina.

Copy Left: los contenidos de este libro pueden ser reproducidos en todo o en parte, siempre y cuando se cite la fuente y se haga con fines académicos y no comerciales.

Impreso en España: ServicePoint Facilities Management

A Ignacio, y al Volcán

Contenido

Arqueologías indisciplinadas al otro lado del vestigio.
Una introducción 13
    Vestigio y violencia 16
    Indisciplinar los vestigios 22
    Arqueología indisciplinada 24

Vestigio y violencia 27

Violencia epistémica y acción política 41

Ciudad y frontera 67

Hijos del (des)arraigo 79

Disciplina, plasticidad y alteridad
en el estatuto epistémico
del arte indígena 91

Tres miradas en la vitrina 103

La disciplina, después y al revés 107
    Teorías arqueológicas y marco disciplinario 107
    Anatomía disciplinaria 108
    La disciplina después de la disciplina 112
    Arqueología indisciplinada 115

La serpiente del carnaval 119
    Escribir en/sobre el carnaval 119
    Minería y bebida en la frontera 120
    En busca de la agencia indígena,
    contra los imperios 121
    Revolución y carnaval; la serpiente 123
    Pregunta por la veta 125
    Cuidando a los antiguos 131

Otra vez la minería. Movimientos indígenas y sociales 132
Conocer y vivir en la frontera 135
Tiempo de carnaval y la semiopraxis
de la serpiente 137
Beber con los dioses 138
Otro brindis 140

Conversación con Ernestina Mamaní 145
La conversación 146

Arqueología, desarrollo y colonialidad 161
Adolescencia en Buenos Aires 161
Bienvenida al capital: adiós a la tierra 163
Vivir en la frontera colonial 168
Arqueología y colonialismo I:
arqueología como desarrolladora 171
Arqueología y colonialismo II:
arqueología y el licenciamiento del desarrollo 177
Arqueología y colonialismo III:
colonialidad del tiempo 179
Arqueología y colonialismo IV:
arqueología y violencia epistémica 184
Capital, sangre y arqueología 190

Parte de la conversación 193
Salida 193
Entrada 202

Relocalizar el conocimiento 205
¿Qué es el conocimiento? 205
Conocer como relación 207

Nometodología y arqueología indisciplinada 213
Vestigios de investigación 213
El problema es un problema 216
Conocimiento e interés 217
Perversa sospecha, trabajosa esperanza 218
La antropología en el frente de conquista 221
Investigación sin objeto 222

Indisciplinar la metodología 223
Situación 224
Antagonismo 226
Cartografía antagónica 227
Composición 230
Mudanza 231
Constitución y justicia 235
Parte de la conversación I 236
Parte de la conversación II 237
Parte de la conversación III 237
Teorías de la relacionalidad 238
Nometodología y arqueología indisciplinada 241
El país de los bárbaros 244

Agradecimientos 245

Referencias citadas 247

Índice analítico 259

Lista de figuras

Figura 1. Marcas de excavación descubiertas en la excavación en Colonia Dignidad, huellas del vaciamiento de la fosa común durante la "operación retiro de TV" 28
Figura 2. Esténcil callejero 32
Figura 3. Sepulcro de Hualfín 46
Figura 4. Hallazgos de Hualfín 47
Figura 5. Retratos de frente y perfil 49
Figura 6a. Fotografía de Eduardo Aroca. 82
Figura 6b. Fotografía de Eduardo Aroca. 83
Figura 6c. Fotografía de Eduardo Aroca. 84
Figura 7a. Fotografía de Eduardo Aroca. 86
Figura 7b. Fotografía de Eduardo Aroca. 87
Figura 7c. Fotografía de Eduardo Aroca. 87
Figura 8. Juan Carlos Piñacué Achicué, la máscara de oro, y el reflejo. 104
Figura 9. Ruinas de Loreto de Ingaguassi 122
Figuras 10a y 10b. Ejemplos de decoración aplicada e incisa sobre asas cintas adheridas al labio de jarras, característica de la cerámica indígena del área de Ingaguassi en el siglo XVII 124
Figura 11a. Fases sucesivas de instalación arquitectónica en el área alta (poblado) de Loreto de Ingaguassi ... 126
Figura 11b. Fases sucesivas de instalación arquitectónica en el área alta (poblado) de Loreto de Ingaguassi 127
Figura 11c. Fases sucesivas de instalación arquitectónica en el área alta (poblado) de Loreto de Ingaguassi 128
Figura 11d. Fases sucesivas de instalación arquitectónica en el área alta (poblado) de Loreto de Ingaguassi 129
Figura 12. Fases sucesivas de instalación de casas indígenas orientadas norte-sur con puerta al este 130
Figura 13. Apacheta de piedras blancas formada junto al recinto a lo largo de la temporada 132
Figura 14. Restos de la capilla de Nuestra Señora de Loreto de Ingaguassi, del siglo XVIII 139

Figura 15. Ch'alla (ofrenda, brindis) a la Pachamama junto
a la apacheta formada en la anterior temporada
de excavación arqueológica 140
Figura 16. Cartelera del "Museo del Hombre" con ilustraciones
de niños de un colegio de la zona. 198
Figura 17. Cuadro realizado por Anacleto Chavez 200

Arqueologías indisciplinadas al otro lado del vestigio. Una introducción

¿Qué es lo que hace atractiva a la arqueología? Me refiero al recurrente fenómeno por el cual casi todo el mundo se muestra interesado, intrigado, fascinado por una tarea que consiste en relacionarse con cosas antiguas, fragmentarias, restos de un pasado evanescente. Muchas veces se trata de esa misma atracción la que lleva a los jóvenes a estudiar arqueología en la universidad. Preguntados por ello, mis estudiantes más jóvenes responden que les interesa su historia, su identidad, que tratar con algo que está muerto y sin embargo vivo los emociona, que es un pasado lejano, desconocido, y sin embargo está allí en los vestigios, tangible, sensible. Lo interesante del caso es que, esos mismos estudiantes, preguntados por lo mismo tan solo un año después de entrenamiento disciplinario, difícilmente se apartarán de alguna versión más o menos especializada del aserto según el cual la arqueología es la ciencia que conoce el pasado mediante los restos materiales. Según lo entiendo, existe una experiencia de lo arqueológico[1] y una disciplina de esa experiencia; o, mejor aún, existe una experiencia del pasado que es personal, relacional, multiforme y conmovedora, y también existe una disciplina del pasado que intenta encasillar esa experiencia dentro de los cánones de una metodología de conocimiento riguroso, pero que al mismo tiempo disciplina la experiencia del pasado.[2]

---

1 *Experiencing the past. On the character of archaeology*, de Michael Shanks. London, Routledge, 1992.
2 *La conquête du passé. Aux origines de l'archéologie*, de Alain Shnapp Paris, Carré, 1993.

En el mundo moderno colonial esa experiencia del pasado y esa disciplina del pasado tienen el sentido adicional de erosionar o consolidar la *colonialidad*. Vamos por partes: la colonialidad es el proceso por el cual la subjetividad colonial, en lugar de constituirse a uno o a otro lado de la diferencia colonial entre colonizadores y colonizados, se constituye simultáneamente a ambos lados. El corolario de ese proceso es que el colonialismo no necesita que los colonizadores renueven las experiencias de conquista, puesto que los colonizados, que como efecto de la colonialidad también se ven ellos mismos como colonizadores y ven el mundo desde esa perspectiva, hacen ellos mismos el trabajo de recrear el mundo colonial. Ello implica que la subjetividad y el conocimiento sean los ámbitos hacia donde se traslada la maquinaria de la violencia. Uno de los aspectos fundamentales del pensamiento colonial es acerca del tiempo y la historia: el tiempo moderno colonial es una flecha dirigida hacia el futuro, donde la dirección de la flecha orienta a todo el mundo hacia los modelos representados por los colonizadores. El efecto es que la comprensión subjetiva del tiempo, siendo un aspecto de la constitución subjetiva, sea vista como si fuese la forma objetiva del tiempo. El tiempo pasado, el tiempo precolonial, es cosa que quedó atrás, y con ello toda posibilidad de pensar el mundo de manera autónoma, incluso diferente. Nada queda de un tiempo pretérito que permita recrearlo. *Nada* salvo lo arqueológico. Lo arqueológico, si nos detenemos a pensarlo, es aquello que se nos presenta frente a los ojos y nos dice qué es el pasado que creíamos ido. Digo bien: se nos presenta, es decir, se hace presente, coetáneo a nuestros ojos que lo miran. Lo arqueológico, entonces, propone una experiencia del pasado que pone en tensión la disciplina moderna colonial, su teoría del tiempo y la historia. Es pasado y es presente, es ido pero está aquí y puedo tocarlo, se origina en las vidas de otros hace tiempo perecidos pero al mismo tiempo (repito, *al mismo tiempo*) irrumpe en la vida de nosotros. Lo arqueológico se relaciona con nosotros que, como hasta ahora creíamos, no tenemos relación con ese pasado arcaico. Y esa puesta en tensión de las certezas moderno coloniales que lo arqueológico efectúa no es intelectual, enunciativa, sino material, inmediata, semiopráctica. En resumen, las cosas arqueológicas tienen ese poder de atraernos al sentido[3] de simultaneidad de pasado y presente, un sentido que el orden moderno colonial se empeña en soterrar o, mejor dicho, en exiliar a tiempos premodernos, concentrar en campos de ignorancia o conocimiento imperfecto. Por ello es que la arqueología, una vez ella misma vuelta disciplina de conocimiento, despliega tanto esfuerzo en domesticar esa experiencia, en instrumentalizar la relación con lo arqueológico en pos de la obtención de un conocimiento acerca de lo que, vuelto objeto, es un pasado ubicado en un punto atrasado y alejado de la flecha en la que estamos.

Quisiera llamar la atención sobre una cosa: en los párrafos anteriores utilicé una expresión —lo arqueológico— como si fuese inocente, como si no fuese a requerir mayor explicación. *Lo arqueológico* tiene la significación general de *aquello con lo que trata la arqueología*, es decir, en parte mantuve la dependencia de *lo arqueológico* respecto de la arqueología como actividad. Pero al mismo tiempo hice referencia a lo arqueológico como cosas tangibles, que están aquí, es decir, como cosas, y no como ideas ni categorías abstractas ni expresiones lingüísticas de un discurso científico especializado. En cierto sentido, al expresar al vestigio de una manera cercana a la arqueología, mi intención es que este pensamiento acerca del vestigio permita discutir la manera en que lo piensa el canon experto (la disciplina arqueológica) pero al mismo tiempo me sirva como puente con la arqueología (como quehacer). En otras palabras, aunque pretendo aquí cuestionar los supuestos nodales y fundamentales de la disciplina arqueológica, también deseo emprender un rescate de la arqueología y entonces dejar tendidos unos puentes que me permitan volver a ella. Al mismo tiempo, todo cuanto hasta este momento hablé no es enteramente dependiente de la existencia de una disciplina del conocimiento (la arqueología), pues aquello que nombro como *lo arqueológico* es anterior a ella (tanto en términos del tiempo en que se origina como en términos del tiempo en

---

3 *Collectioneurs, amateurs et curieux. Paris-Venise XVIe-XVIIIe siècle*, de Krzysztof Pomian, Paris, Gallimard, 1987.

que es reconocido). Todo cuanto dije hasta ahora es acerca de un conjunto de cosas, ruinas, antigüedades, monumentos, cacharros, etc., que tienen en común el hecho de que, aun estando presentes, remiten a un tiempo remoto. Son cosas, no meras ideas. Pero esas cosas, por su mera presencia, discuten las ideas predominantes acerca del tiempo, que de tan predominantes nos parecían, no ideas, sino cosas.

Vestigio y violencia

En medio del paisaje de cerrado en el Brasil central se levanta Goiânia, capital del estado de Goiás. Muchas cosas me sorprenden de la ciudad y del estado, pero ninguna tanto como entrar al Instituto Goiano de Pré-Historia y Antropologia dependiente de la Pontifícia Universidade Católica de Goiás y encontrarme, frente a frente, con las enormes fotografías de indígenas amazónicos, con sus cuerpos pintados, sus cabellos cuidados, sus vestimentas, armas e instrumentos, colgadas de las paredes del pasillo, todos ellos mirando desafiantes a quien por allí quiera pasar hacia alguna de las puertas de entrada a oficinas y laboratorios. Una de esas puertas oculta, tras ella, un archivo de documentación audiovisual. Entrando allí uno se encuentra con un ambiente cuidadosamente equilibrado con controles de temperatura y humedad, escritorios con computadoras y escáneres ocupados por el personal de guardapolvos y barbijos, y luego el depósito del archivo propiamente dicho, en sala aparte, con decenas de estanterías con ubicación codificada, donde centenares y miles de cajas de cintas de celuloide esperan ser conservadas y catalogadas. Miles de horas de filmación de indígenas txucahamãe, txicão, suruí, cinta larga, uru-eu-wau-wau, marubo, kampa, kaxinawá, atroari, yanomami, hixcarina y otros, todos ellos registrados por las cámaras de Jesco von Puttkamer y otros documentalistas, en sus propios mundos transformados ya en *frentes de atracción* durante la segunda mitad del siglo xx.[4] En las fotografías se los

---

4 *Os últimos días do Éden. As imagens de W. Jesco von Puttkamer*, editado por Roberto Linsker, São Paulo, Terra Virgem, 2005.

ve con los pies en su tierra, afirmados al mundo, poderosos, por completo desprevenidos de lo que la civilización les tenía preparado. Los registros fílmicos los muestran de la mano de sus dioses; de allí deriva su poder, su acechanza al caminar por el pasillo. Sus mundos ya no existen sino dentro de las cajas de envase de los celuloides; con temperatura y humedad controladas. Me dijeron que, de tanto en tanto, grupos de jóvenes que viven en las periferias urbanas visitan el centro de documentación audiovisual, y ven allí cómo eran los rostros de sus padres y abuelos, cómo sonaban las plegarias a los dioses, qué conversaciones mantenían esos mundos que podrían haber sido suyos, con qué animales y qué plantas, cuáles eran las caricias y cuándo las sonrisas. ¿Puede el registro de los conquistados ser otra cosa que artefacto de conquista?

Es inmensa la violencia que encierra ese archivo, pero no es mayor a la que guarda un depósito de objetos arqueológicos; que la vida y el depósito de archivo estén mediados por más o menos tiempo no dice nada acerca de la cantidad de violencia que los relaciona. El tiempo transcurrido no incide en la cesación de su transcurso: independientemente de la magnitud o distancia entre dos puntos en el tiempo; la violencia sigue ocurriendo y esos pasados no han dejado de pasar. Pero el objeto arqueológico se nos quiere presentar como un vestigio mudo de un tiempo pasado, como un instrumento de conocimiento que está allí solo con ese sentido, y no como parte de una relación: la condición de posibilidad de nuestro mirar ese objeto, de estar ese objeto en un depósito, la condición de posibilidad del régimen de cuidado del museo, es la violencia colonial. Una misma violencia nos condiciona a nosotros y al objeto, y a la relación que tenemos: mirarlo y ser mirado. Por lo que venimos a aprender, de la mano del centro de documentación audiovisual de Goiânia y de la acechanza de las víctimas de la violencia de la conquista brasilera, que el objeto arqueológico tiene un lado no evidente, un lado oscuro y al asecho: la violencia. Pero no es una violencia que le ocurre al objeto, ni ese objeto es mero vestigio de una violencia ocurrida tiempo ha. Esa misma violencia es condición de mi misma relación con el mundo, y dentro del mundo, con ese singular objeto.

Jesco acompañaba a los hermanos Vilas-Boas hacia la frontera, documentaba la llegada de los indios a los frentes de atracción que aquellos producían, una modalidad de expansión que abría el camino para otras formas menos amables que el ofrecimiento de presentes. Otros tramos del monte fueron abiertos por los Vilas-Boas mientras Jesco lo registraba con su cámara. Esta vez no en la floresta amazónica en tierra de indios, sino en pleno cerrado goiano, una ciudad del futuro para la fundación del nuevo estado brasilero; una metrópoli moderna y de vanguardia en el corazón de Suramérica, Brasilia fue documentada por Jesco von Puttkamer en su construcción por los Vilas-Boas, como parte de la misma serie de acciones que los llevaba del nuevo centro a las nuevas fronteras. La misma cámara, el mismo fotógrafo: ¿cuál de ambas escenografías describe más acabadamente el camino al mundo moderno? ¿Hemos de encontrar las huellas de la violencia del mundo moderno colonial en la magnificente y megalómana arquitectura de Niemeyer hoy sede de la administración de uno de los estados más poderosos del mundo, o en las tranquilas estanterías de clima equilibrado del Núcleo de Documentación Audiovisual del IGPA en Goiânia?

Guardamos aquí las evidencias materiales de la manera en que nos hicimos modernos", dijo mi amigo Sven Ouzman cuando entrábamos al Museo Iziko en donde él trabajaba. *Humanos modernos*, o *anatómicamente modernos*, es la manera abreviada con la que los especialistas se refieren a la especie humana tal cual es en la actualidad. Pero más allá de la manera abreviada, la sentencia de Sven habría de tener otros sentidos.

Conocí el Museo Iziko, antes de que llevara este nombre, en 1999. Recuerdo que entonces me sorprendieron dos cosas: la importancia, proporcional a su tamaño, que en el museo se les daba a los grandes cetáceos y el diorama bosquimano. Esto último merece una detención. Se trataba de una vitrina de grandes proporciones dentro de la cual se representaban algunas personas en tamaño natural, vestidas de lo que habrían de ser los atuendos de una familia bosquimana (san), en una escena del desierto del Kalahari, cada uno actuando las acciones que se esperaba que actuaran (la mujer cocinando, los niños jugando, el varón cazando). Sobre la pared lateral al diorama, un par de paneles explicativos contaban la manera en la que, en las primeras décadas del siglo xx, se había confeccionado esa escena representativa de la vida cotidiana san. Los maniquíes habían sido vaciados en moldes de yeso tomados directamente sobre los cuerpos de los modelos de bosquimanos. Estos, sin ser necesariamente bosquimanos, eran trabajadores de Ciudad del Cabo que, por su fisonomía, habían sido considerados como *típicos bosquimanos* por los científicos empeñados en su representación. Debieron permanecer inmóviles hasta que las aplicaciones de yeso fraguaran sobre sus cuerpos desnudos, respirando por unos canutos que les introdujeron por la boca, y soportando las altas temperaturas que alcanza la fragua de yeso y que les produjeron quemaduras en la piel. Toda esa compleja y dolorosa intervención sobre unos cuerpos de clase trabajadora urbana tenía el preclaro objetivo de alcanzar una representación genuina de la cotidianeidad de los bosquimanos del desierto, *en tamaño natural y tal cual estos son*.

Según se me informó en 2011 durante mi segunda visita,[5] el debate y la crítica habían provocado que el diorama fuera retirado de la exposición, por lo que debí renunciar a mi expectativa de volver a enfrentar la experiencia de la *verdadera* vida cotidiana san. En contraste, mi viaje en 1999 había concluido con un breve recorrido por el desierto de Kalahari, donde solo pude hallar gente san del lado de afuera del alambrado que delimitaba el parque nacional Kalahari, ofreciendo a los ocasionales turistas artesanías en cuerno de antílope. Los modelos de san habían sido inscritos en un régimen de manipulación en el cual servían de instrumentos de conocimiento de los originales san. Y esta relación, la del conocimiento como cosa externa, era toda la relación que al museo le importaba. Renovada la museografía, y bajo

---

5 Esta segunda visita fue relatada por Nick Shepherd en "The Humility of Sarah Baartman: Materiality, memory, experience and contrapuntal accounts", en *Modern Materials: Proceedings from the Contemporary and Historical Archaeology and Theory Conference 2009*, editado por B. Fortenberry y L. McAtackney. Oxford: British Archaeological Reports, páginas 119-121.

el paradigma de la nueva nación multicultural, el diorama sonaba como una interjección incorrecta, por lo que había sido eliminado. Sven nos invitó a ingresar y recorrer los depósitos del museo, a Nick Shepherd, a mí, y a un pequeño grupo de estudiantes que aprovecharon la rara ocasión de ingresar al área vedada al público.

Los depósitos del Museo Iziko se parecían a los depósitos de todo museo arqueológico: decenas de estanterías, con todos sus estantes ocupados por cajas, todas ellas cerradas con un código de identificación por fuera y algún contenido dentro. En el caso de este museo, el contenido eran miles de restos óseos humanos y de artefactos, en su mayoría de piedra, retirados por decenas de arqueólogos durante algo más de cien años, del territorio sudafricano. Eran los huesos que atestiguaban la progresiva evolución humana hasta la forma anatómicamente moderna. Se trataba, asimismo, de una manera notoriamente moderna de entender la relación con los antiguos y de proceder con ellos.

Otras dos presencias llamaron la atención de los visitantes en los depósitos del museo. Una de ellas era una caja de madera de dimensiones muchísimo mayores a las restantes. No se trataba de una caja para guardar materiales excavados por los arqueólogos, sino de una caja en donde volvió a Sudáfrica Sarah Baartman, una mujer khoi-san llevada a Inglaterra en el siglo XIX para ser exhibida desnuda como ejemplar de femineidad esteatopígica y primitiva a los ojos de los muy morales y civilizados caballeros ingleses, y luego trasladada a Francia, donde murió y, finalmente, su cadáver fue desguazado y parcialmente exhibido en el Museo del Hombre de la Place du Trocadéro de París. Era una caja por cierto distinta a los centenares de cajas que en el depósito guardaban los restos excavados. Una diferencia que tal vez hizo que llamara la atención de quienes formábamos parte del grupo de intrusos en el depósito. Pero el hecho de que fuera guardada allí vacía, aún ocupando un considerable espacio de almacenaje, fue la condición de que pudiera llamar la atención a los visitantes. El embalaje de los restos de Sarah es el ataúd en que la retornaron al lugar de donde nunca debió haberse ido. Las cajas y en general los embalajes, así como los soportes de los registros, fotos, videos, escritos, los depósitos que los albergan, es decir, cajas aún mayores, y las vestimentas y cuerpos de los técnicos e investigadores, acaban por devenir huellas de las violencias del pasado; violencias que no cesan de suceder, según nos lo dicen, como vivientes espectros de los muertos, las huellas.

Por último, tan espectrales como pudieran ser, en un rincón de un último salón de los depósitos, junto a una mesa, un grupo de cuerpos humanos cubiertos con sábanas blancas aguardaban entretenidos en silenciosa tertulia. Bajo las sábanas no había otra cosa que los vaciados de los moldes de yeso de los modelos que habían posado para la creación del diorama bosquimano, hace casi un siglo, en ese mismo museo. Mudos pero elocuentes, los negativos de los negativos de los modelos, hablaban de la violencia sobre los cuerpos trabajadores y sobre los originarios habitantes de África del Sur, sobre la que la estructura colonial asentaba sus bases. Como mencioné, el diorama había sido retirado de la muestra, aunque sin embargo subido a una silla ante un descuido de los guardas de seguridad, alcancé a divisar que el diorama permanecía allí intacto pero oculto tras un panel de madera que emulaba una pared y que lo excluía de la vista. Una violencia que se resistía a ser del todo violentada o una huella de una violencia que seguía ocurriendo.

La relación entre vestigio y violencia es intrincada, conformando cuerpos y mundos mediante la estratificación de acciones y contracciones, adiciones y sustracciones, positivos y negativos. Tales estratigrafías son secuencias de violencias relacionadas unas a otras, aunque entre secuencias pueda haber disrupciones y dislocaciones. Son las secuencias completas las que agencian el presente, no como mero instrumento de conocimiento del pasado, sino como proceso de formación relacional. Existen dos visiones disciplinadas que obliteran las relaciones secuenciales de la violencia colonial y oscurecen la copresencia simultánea del pasado y el presente en los vestigios de la violencia: la superficial y la *preterizante*. La primera ignora la profundidad secuencial de formación de las relaciones presentes y es incapaz de leer el presente como no sea en términos de una sistémica *coocurrente*; la segunda remite los vestigios a un pasado ido y no relacionado, cuya presencia cobra sentido solo mediante su instrumentalización epistemológica para alcanzar el conocimiento disciplinado de ese pasado. Por el contrario, negando la negación de la relación mutuamente constitutiva de pasado y presente, es necesario comprender a los vestigios como copresencia simultánea en el marco de una estratigrafía secuencial de la violencia; pero ello no puede ser un mero dispositivo epistemológico por el cual vehiculizar un mayor o más acabado conocimiento: no se trata de desligarse de los supuestos disciplinarios con el objeto de conformar un gobierno aún más disciplinado. La vestigialidad de la violencia es asimismo un aspecto epistémicamente constitutivo y subjetivante. Es como resultado de la estratificada interdigitación de violencias que el relacionamiento presente se constituye, así en lo que respecta al colonialismo objetivo como a la colonialidad subjetiva. Pues el otro lado del vestigio oculta una violencia que ni le ocurre solo al objeto ni solo ha transcurrido hace mucho. Mi propia relación con el mundo y con ese vestigio tiene a esa misma violencia como condición. Yo mismo me encuentro estratificado en la secuencia de violencias y estoy hecho de esa misma materia.

Indisciplinar los vestigios

El vestigio es, como trato de diversas maneras en este libro, mucho más que aquello que resta del pasado. Asimismo, el vestigio agencia el conocimiento mucho más allá de su utilidad como medio para conocer el pasado. El vestigio importa un foco de atención sobre algo que está más allá de sí mismo. Este poder semafórico[6] es lo que explica la generalidad de la experiencia arqueológica, siempre que consideremos a esta como la experiencia de lo arqueológico independientemente

---

6 Pomian, op. cit.

de su inclusión en un marco disciplinario. Se trata de una experiencia de la simultaneidad de pasado y presente, materia y espíritu, *cosidad* y *agentividad*, vida y muerte; y sin dudas se trata de una experiencia suficientemente potente. Es en la modernidad colonial que esa experiencia requiere ser controlada, en principio porque contradice los fundamentos mismos de la modernidad. Esta requiere como condición ontológica que el tiempo tenga una forma vectorial, que los modernos se orienten como flecha al futuro, y que el pasado sea un tiempo superado por la propia modernidad.[7] Sin tradición no hay modernidad, y viceversa, y la existencia de ambas como pilares del tiempo moderno requiere que el tiempo tenga la forma que permita desplazar una de otra, separarlas, medir la distancia entre ellas, abolir una y promover otra como exigencia metafísica.

En un mundo en el que unos deban ser llevados hacia adelante en el tiempo por aquéllos que están ya más avanzados, aunque ello implique invadirlos, colonizarlos, someterlos y transformarlos, no cabe espacio para tiempos simultáneos, convivencias con el pasado y agentividades de los muertos y antepasados. Resulta imperativo, pues, gobernar el potencial disruptivo de la experiencia arqueológica: la disciplina no es mera consecuencia fortuita de la acción azarosamente concurrente de unos cuantos sabios y otros tantos curiosos. Por el contrario, la disciplina arqueológica es una exigencia epistémica de la modernidad colonial. Al instrumentalizar el vestigio para obtener un conocimiento, la disciplina arqueológica se convierte ella misma en instrumento de la colonialidad. Disciplinar el vestigio acaba por ser el arma que concluye la tarea que las armas iniciaron.

Indisciplinar el vestigio conlleva retornarle su potencia antimoderna y decolonial. Desde un mero punto de vista epistemológico sería abordar la simultaneidad como apertura al conocimiento, traspasar los umbrales divisorios de la ciencia

---

7   Shanks, op. cit.

colonial, conectar lo que la disciplina ha separado y fluir aquello que ha sido estancado. La arqueología —Foucault, Freud y Marx lo anticipan— es una herramienta fundamental del conocimiento contrahegemónico. Pero, al mismo tiempo, y dado que las relaciones evestigiales son simultáneas, estratificadas y constitutivas tanto del mundo como de nuestra relación en el mundo, el otro lado del vestigio importa mucho más que una apertura al conocimiento.

Arqueología indisciplinada

Cuando preguntamos a uno de los pobladores (Jerónimo Y.) sobre el nombre de un *antigal* en particular, lo refirió de este modo: "Ese es un festejo de los indios". En un primer momento entendimos que se trataba de un nombre propio ya que lo estábamos inquiriendo por uno de los sitios que se encontraba emplazado en la Aldea Arqueológica Piedra Negra (Distrito Laguna Blanca). Aunque lo adoptamos como nombre propio, posteriormente comprendimos que seguía tratándose de un apelativo genérico, que él llamaba así a *todos* los *antigales*. Frente a la sorpresa que nos provocó esta curiosa denominación, exploramos sobre los motivos de su uso con repreguntas a distintas personas y en distintos contextos, y pudimos advertir que uno de sus términos iba sufriendo transformaciones sobre una base fija. En este sentido *festejo* a veces podía ser usado indistintamente como *festigios*, y dado que con este significante se referían a lo que en la jerga profesional llamamos sitios arqueológicos, nos hizo suponer que el mismo podría tratarse de una modificación del término *vestigios*. Consecuentemente, pudimos apreciar el uso del término *festejitos* para aludir a las evidencias arqueológicas muebles, algo que guardaba su nuevo sentido y ayudaba a dotar de un significado para los referentes de lo que en la arqueología nominamos como *restos arqueológicos/fragmentos de la cultura material/artefactos*".[8]

Así, en Laguna Blanca se nos ofrece el festejo, la forma cultural andina de la comunicación ritual con los dioses, como el otro lado del vestigio. Pues al otro lado del vestigio están todas las relaciones en las que la cosa localmente es, pero también todas las relaciones que han sido seccionadas por los dispositivos modernos coloniales y estratificadas las violencias, y reacciones a las violencias, que la constitución de la colonialidad ha ido sedimentando.

Acaso debamos pensar entonces que el vestigio no es simplemente un instrumento de conocimiento, sino el conocimiento mismo. Tal vez esto sea lo que Severo Reales nos haya explicado, cuando dirigiéndose al sitio arqueológico que nos proponíamos excavar, y ofreciéndole coca, alcohol y cigarro, le pidió que "Criara lindas cositas para don Ale".[9] Si la cosa no es mera cosa sino las relaciones en las que la cosa es, pues entonces el conocimiento también ha de ser comprendido, ya no como cosa a ser apropiado, enunciado, difundido por unos en detrimento de otros, sino como relación de conversación. Ya estamos en relación al vestigio, y es en esa relación que se produce el conocimiento. Este es tanto acerca de la relación como la relación misma. Expandir las relaciones de conocimiento por todos aquellos cauces por los que ha sido interrumpida, conectarla por todos aquellos puntos por donde ha sido seccionada, vincularla entre todas las distintas texturas y textualidades que han sido mantenidas por separado unas de otras son las tareas de la arqueología indisciplinada; pero esta no es una tarea intelectual ni especializada, pues es una tarea de relación. La arqueología indisciplinada tiene mucho que ofrecer en

---

8 "Tesoro de lagunismos. Ensayo de arqueología lingüística de la Puna catamarqueña", manuscrito de Daniel Delfino, a quien agradezco me haya facilitado el fragmento citado.
9 "Severo's Severity and Antolín's Paradox", de Alejandro Haber, en *e-Flux* 36, 2012b.

la conversación, y mucho que aprender. Pues se trata de relaciones de insubordinación a la colonialidad, que desanden las estratigrafías de la violencia, reconozcan las conexiones subterráneas y traspasen los deslindes de géneros y texturas.

Reúno en este libro algunos textos, todos ellos aventuras de arqueología indisciplinada acerca de la política de conocimiento en contextos interculturales poscoloniales. Muestran estas escrituras las relaciones que han querido develarse al otro lado del vestigio.

Vestigio y violencia

Este libro podría haber comenzado por la imagen que muestra la *Figura 1*.[10] A primera vista, en la fotografía, Iván Cáceres no muestra nada. Solo el fondo de una excavación, la tierra rasguñada por las garras de una retroexcavadora. Lejos de pretender que esa imagen nos lleve a conocer aquello que pasó, más bien podría ser una foto de lo que nos pasa; es decir, aquello que nos sucede ahora. Habría que adentrarse un poco más en el sentido que le quiero dar a esta imagen, a estas palabras, habría que extenderse por el alcance de la primera persona que aquí pluralizo, pero sobre todo habría que ver a esta foto como la cosa que, entre una de muchas maneras posibles, se enuncia como "historias desaparecidas".[11] Tal vez sea esta foto una puerta de entrada a la pregunta por la relación entre la arqueología, la memoria y la violencia.[12]

---

10 Una versión anterior de este texto fue publicada como "Vestigio y represión en la arqueología de la violencia", en el volumen *Historias desaparecidas: arqueología, memoria y violencia política,* compilado por Andrés Zarankin, Melisa Salerno y María Celeste Perosino, Facultad de Humanidades, Universidad Nacional de Catamarca y Grupo Editorial Encuentro, Catamarca y Córdoba, 2012. Preparado originalmente como comentario final y epílogo del mencionado volumen, revisa algunos aspectos de textos en el mismo contenidos. El comienzo hacía referencia al volumen originario; he decidido dejarlo, pues bien podría ahora hacer referencia a este volumen.

11 *Historias desaparecidas: arqueología, memoria y violencia política,* compilado por Andrés Zarankin, Melisa Salerno y María Celeste Perosino, Facultad de Humanidades, Universidad Nacional de Catamarca y Grupo Editorial Encuentro, Catamarca y Córdoba, 2012a.

12 Ibídem.

Figura 1. Marcas de excavación descubiertas en la excavación en Colonia Dignidad, huellas del vaciamiento de la fosa común durante la "operación retiro de TV". Fotografía de Iván Cáceres, 2012.

El sentido social totalitario de los centros clandestinos de detención se muestra no meramente en la maquinaria de trituración que en ellos operaba sino en la negación de su inmediatez respecto de la vida social cotidiana; Di Vruno lo llama "Una interacción perversa entre lo oculto y lo visible, una definición del *afuera* y el *adentro* en un espacio pensado para la destrucción de un *enemigo*, la aniquilación de un *otro* que se imponía en la cotidianidad de los barrios".[13] Es decir que, como si no hubiese sido mucho más que suficiente, la violencia no es tan solo la ocurrida en los quirófanos de tortura. Es preciso atender a otra violencia —la negación de la violencia—, aún más perversa —si es que cabe— más generalizada, más perdurable. El ostensible ocultamiento de la violencia hizo que esta se trasuntara en una general y omnipresente violencia fantasmática: la desaparición no le ocurre a aquello que no aparece ya más, sino a lo que no cesa de aparecer aún ausente. Y parece ser ése el territorio específico que la arqueología viene a habitar como "una actividad de documentación y excavación de lo que no se ve, lo que está debajo, latente, algo cuya presencia es ambigua y fantasmal".[14]

Pero Marín Suárez y sus colaboradores sugieren que la fantasmática de la violencia no es solamente consecuencia de borrar *a posteriori* la violencia, sino que es una violencia inmanente a la vida misma. "Las cosas y los objetos con los que nos relacionamos permanentemente incorporan muchas de las percepciones ocultas y enterradas de la realidad en que vivimos".[15] Esas percepciones ocultas y enterradas no se trasuntan en el lenguaje, no forman parte de lo enunciativo que recupera —eventualmente— la historia. Por ello se debe esperar a la arqueología "para investigar y conocer la totalidad de la experiencia y realidad en que se desenvuelve [la memoria]".[16] La totalidad de la memoria, nos dicen Marín y colaboradores, es lo mnemónico más lo material; es decir, nunca una cosa sin la otra.

---

13 "La praxis arqueológica. El caso Mansión Seré", de Antonela Di Vruno, en ibídem, pp 101-115; pág. 109.
14 "Última estación. Arqueología de los destacamentos de Trabajos forzados en el ferrocarril Madrid-Burgos (España)", de Carlos Marín Suárez, Alicia Quintero Maqua, Jorge Rolland Calvo, Pedro Fernán Maguire, Alfredo González Ruibal y Álvaro Falquina Aparicio, en Andrés Zarankin, Melisa Salerno y María Celeste Perosino, op. cit, pp 117-143; pág. 120.
15 Ibídem pág. 120.
16 Ibídem pág. 120.

En cierto sentido podríamos decir, entonces, que la lógica concentracionaria es parte de la violencia en la que se sustenta la realidad que nos ha tocado, aquélla según la cual somos constituidos al mismo tiempo en las relaciones de la vida y en el exilio de esas mismas relaciones. Magnificada en los centros clandestinos de detención, la lógica concentracionaria se vuelve exilio permanente, una detención en el sentido de suspensión del flujo de relaciones. Pero el lado de afuera de los centros no es del todo ajeno a esa misma lógica: la negación de la violencia se hace ostensible hasta el punto en que es justamente su carácter ostensible lo que reanuda indefinidamente la violencia. Si bien podría ser, tal como Marín y colaboradores lo explican en su estudio del penal franquista de Bustarviejo, al norte de Madrid,[17] que la visibilidad de los campos de detención desde los barracones familiares situados afuera de estos, tuviese el doble efecto de hacer participar a la familia del régimen panóptico así como retener el ideal católico de la unidad familiar, es igualmente plausible hacer una lectura inversa o, más bien, complementaria: la vida carcelaria de reclusión y represión se expande sobre la familia toda, y por su intermedio a la sociedad en su conjunto, solo si lo que sucede en el régimen de encierro es al mismo tiempo vedado y ostensible a los ojos externos, o sea, exclusivamente si se hace ostensible que está siendo vedado. El otro lado de la lógica concentracionaria, digamos su lado de afuera, es el ostensible ocultamiento de la violencia ("ese secreto a voces que todos temen").[18] El hecho de que la detención que sucede en el centro tenga efectos más allá del centro es concomitancia de su carácter clandestino. Y lo clandestino, aquí, no es simplemente ilegal, sino perverso en la medida en que viene agenciado por aquéllo cuyo sentido es justamente el deslinde de lo legal y lo clandestino. Tal como la historia es aquélla cuyo sentido le viene dado en la narración de lo sucedido, la perversión de la historia es precisamente el que ostensiblemente

---

17   Ibídem.
18   *Poder y Desaparición: los Campos de Concentración en Argentina,* Pilar Calveiro, 2004, Colihue, Buenos Aires.

niegue una parte de sí, la haga desaparecer no para que deje de aparecer, sino para que, como los monumentos, los sedimentos y los fantasmas, no deje nunca de estar allí negada. "Si la ilusión del poder es su capacidad para desaparecer lo disfuncional, no menos ilusorio es que la sociedad civil suponga que el poder desaparecedor desaparezca, por arte de una magia inexistente".[19]

López Mazz nos recuerda que "La desaparición y la aparición de personas e historias forman parte de un único problema, de modo que memoria y olvido se deben identidad recíprocamente. La tensión dialéctica entre olvido y memoria está presente en toda investigación sobre el destino de los detenidos-desaparecidos".[20] "Esta 'tensión dialéctica'", que podríamos referir a la violencia, ya no meramente como destructora de lazos sociales sino como constitutiva de la realidad en relaciones de hegemonía y negación, atraviesa el conjunto de la operatoria represiva, tanto sobre los cuerpos como sobre las palabras. "Historias desaparecidas" alude así a la desaparición como lo que hace que lo que desaparece no deje de estar-allí-ausente, y no simplemente a su no-existencia. "Ni vivos ni muertos, desaparecidos" es la brutal definición que el asesino[21] (des)hizo, al enunciar el carácter *no enunciable* de lo que desde dentro es concentración, tortura y muerte. Y, al hacerlo, al volver ostensible el ocultamiento, la clandestinidad de la violencia, deja una huella en el lenguaje —el eufemismo—[22] que es marca de su nueva violencia.

"Los volvimos a desaparecer" (*Figura 2*), se lee en el muro como negativo de un esténcil que nos muestra López Mazz.[23] El molde de las palabras que alguien debió recortar en el esténcil,

---

19   Ibídem, pág. 16.
20   "Historias desaparecidas y re-aparecidas. El caso de Uruguay", en Andrés Zarankin, Melisa Salerno y María Celeste Perosino, op. cit, pág. 45.
21   Jorge Rafael Videla.
22   "Materia oscura. Los avatares de la antropología forense en la Argentina", de Maco Somigliana, en Andrés Zarankin, Melisa Salerno y María Celeste Perosino, op. cit.
23   López Mazz, op. cit., *Figura 1*.

Figura 2. Esténcil callejero, tomado de López Mazz, 2012.

ese negativo material de la frase que enuncia la repetición de la desaparición, parece una metáfora de la preocupación de López Mazz, para quien la ausencia de evidencia es evidencia no simplemente de la ausencia, sino de la repetición de la violencia; una violencia, pues, que no ha cesado.

Desapariciones, negativos y marcas son huellas de la violencia. Más aún, son huellas de la estratigrafía de violencias y negaciones de la violencia. Esas huellas parecen (no)decir la otra cara de lo que se dice (los dos aspectos de la mnemónica en Marín *et al.*;[24] las memorias y olvidos en López Mazz;[25] la perversión de lo concentracionario en Di Vruno).[26] Todo lo cual es constitutivo mucho más allá de la experiencia de las dictaduras latinoamericanas de la década de 1970, pues corresponde más bien a una lógica constitutiva de la colonialidad en un tiempo más largo que le presta contexto a aquélla. E incluso más, según nos lo sugiere López Mazz siguiendo a Rafecas: "La gestión política de las masacres —junto

---

24   Marín Suárez *et al.*, op. cit.
25   López Mazz, op. cit.
26   Di Vruno, op. cit.

a los pactos que son obligados a aceptar los vencidos, sus escabrosos itinerarios y los intercambios secretos de las élites—forman parte de la herencia civilizadora de Occidente que ve en la política "el arte de lo posible".[27] Por ello parecen particularmente relevantes los tratamientos de la estética de la violencia que para Colombia y Venezuela nos ofrecen respectivamente Sepúlveda[28] y Navarrete.[29] La desaparición de la vida es parte de lo posible, pues si "los amigos del barrio pueden desaparecer / los cantores de radio pueden desaparecer / los que están en los diarios pueden desaparecer / [y] la persona que amas puede desaparecer",[30] es que todo ello, es decir, la vida, se constituye por la presencia espectral de la desaparición. *Oh, mi amor, desaparece el mundo,* anunciaba el Charly García en el Luna Park una semana después de entregado el poder formal de la República Argentina a Raúl Alfonsín, tal vez porque ya se podía cantar que el mundo está formado por lo que del mismo se enuncia y se niega.

Lejos del país de las maravillas, Somigliana nos ubica *del otro lado del espejo*. De acuerdo a su texto,

> La actividad criminal asumida por el Estado genera una nueva delincuencia, amparada por los órganos jurisdiccionales (incluidos sus auxiliares forenses) que en lugar de revelar ocultan. El crimen impune, que era asumido como excepción antes de este trastocamiento, pasa a ser regla. Y una vez instaurada esta excepción, los rastros que la actividad criminal estatal inevitablemente provoca son sistemáticamente ignorados, subestimados u ocultados.[31]

---

27 López Mazz, op. cit. pág. 49.
28 "Diatribas nacionales. Apuntes arqueológicos e iconográficos sobre la violencia en Colombia", de S. Leandro Sepúlveda Giraldo. En Andrés Zarankin, Melisa Salerno y María Celeste Perosino, op. cit.
29 "En la calle, en la cárcel, en el baño. Espacios públicos y políticas del grafiti en la Caracas actual", de Rodrigo Navarrete. En ibídem.
30 "Los dinosaurios", de Charly García, 1983. En *Clics modernos.* Polygram, Buenos Aires.
31 Somigliana, op. cit., pág. 28.

Cabría revisar, no obstante, hasta qué punto el carácter excepcional del trastocamiento forma parte de las teorías jurídicas antes que de las prácticas políticas del estado. ¿O acaso es posible mirar de frente a la historia sin cegarse por el horror secular de los estados coloniales y sus herederos nacionales sobre las poblaciones indígenas, esclavas, campesinas, obreras, pobres, etc., que inscribe en una historia más larga los regímenes disciplinarios del poder que configuran como un otro de sí mismo a la masa de la población explotada por la élite? ¿O acaso no desbordan la historia y la cultura coloniales la excepcionalidad de esa misma violencia, dicho esto en coincidencia con la percepción que incluso informó a la filosofía de la historia de los colectivos políticos y combatientes? En palabras de Calveiro:

> Los desaparecedores eran hombres como nosotros, ni más ni menos; hombres medios de esta sociedad a la cual pertenecemos. He aquí el drama. Toda la sociedad ha sido víctima y victimaria; toda la sociedad padeció y a su vez tiene, por lo menos, alguna responsabilidad. Así es el poder concentracionario. El campo y la sociedad están estrechamente unidos; mirar uno es mirar la otra. Pensar la historia que transcurrió entre 1976 y 1980 como una aberración; pensar en los campos de concentración como una cruel casualidad más o menos excepcional es negarse a mirar en ellos sabiendo que miramos a nuestra sociedad, la de entonces y la actual.[32]

Somigliana explica abundantemente el proceso de desaparición como oclusión de la relación entre cuerpo y nombre, cosa y palabra:

> Así como el astrónomo supone la existencia de "materia oscura", así nosotros debemos comprender que lo que se define como desaparición es —en rigor— una transformación que un aparato

---

32 Calveiro, op. cit. pág. 98.

> complejo como el Estado realiza mediante la creación de una estructura oculta (clandestina) que invisibiliza a las personas. Aunque no se las pueda observar directamente, estas siguen estando: inicialmente vivas, luego muertas y más tarde dispuestas de manera tal que su identidad no puede ser establecida de manera corriente.[33]

Aquí se entiende que "la manera corriente" de identificación son las relaciones sociales que nombran a la persona, por lo que la desaparición es la suspensión (detención) de esas relaciones en las que persona y nombre son idénticos. La "desaparición" es el modo de decir que no se puede identificar de "la manera corriente" o, más bien, de decir la *indecibilidad* de la suspensión de las relaciones que sostienen "la manera corriente" del lenguaje. Esta nueva violencia, la indecibilidad, se sedimenta sobre otra, la suspensión de las relaciones, que sedimenta, a su vez, la violencia desatada sobre el cuerpo y la persona detenida. Somigliana parece, en cambio, orientarse hacia una suerte de reversibilidad, una instancia en la cual la identificación opera como sutura de la violencia: "No importa, en este punto, si esa relación de identidad podrá o no ser re-establecida en el futuro; el mero hecho de que exista la posibilidad de establecerla cuestiona la vigencia del eufemismo, que ya no será una manera de bien decir sino un subterfugio para escapar de la realidad".[34]

Pero la pretensión de que el *develamiento* del subterfugio pudiera en algún sentido eludir el efecto de la violencia podría ser ella misma un subterfugio, una línea de fuga. Pues una cosa es conocer el destino final de los cuerpos, incluso señalar a aquéllos implicados y someterlos a justicia, y otra muy distinta es suturar las marcas de la violencia. Estas permanecen, e incluso el eufemismo se incorpora al lenguaje como marca de la violencia. Pero coincidiría en la importancia de la investigación si acordáramos que se trata

---

33 Somigliana, op. cit. pág. 34.
34 Ibídem, pág. 34.

de una palabra cuyo origen violento, su carácter de marca, no debe ser olvidado. El lenguaje que hablamos, este en el que escribo, es en buena medida el lenguaje colonial, aquél que bien podría decirse que se origina en los eufemismos mediante los cuales la violencia pretendió ser ocultada, ejerciendo nuevas violencias. Hasta nuestros más caros apelativos llevan la marca de la violencia desatada en pos de los deseos coloniales. Los argentinos[35] no deberíamos haberlo olvidado tan fácilmente. Saberlo no embalsama las heridas, pero permite que nuestros muertos no nos sean asimismo expropiados. Y allí, amén de las consecuencias judiciales que también esperanzan, veo la importancia de la identificación, y de la identificación acompañada y liderada por las relaciones sociales más caras de las personas. "Para no sucumbir al dolor y no alienarnos en el olvido, el sostén del recuerdo es y debe ser lo colectivo. La comunidad debe convertirse en el custodio de los recuerdos atroces para proteger la memoria de su gente, para ser custodia de la identidad colectiva que pretendió ser ultrajada".[36]

El Equipo Argentino de Antropología Forense ha hecho muchas labores de importancia y nadie podría cuestionar la entidad que ese colectivo de investigación ha adquirido con los años de trabajo. Entiendo que, en un sentido muy profundo, ha retomado y muchas veces protagonizado una feroz lucha por los muertos. Y creo que la importancia de ello no ha sido aún del todo reconocida, tal vez porque la relevancia de esa lucha no ha hallado hasta el momento palabras que la pongan en relieve, aunque sí prácticas, tales como las que se muestran en este volumen. Pues:

---

35 Del latín *argentum*, plata.
36 "De las identidades políticas… a la construcción de la memoria colectiva", de Silvia Bianchi, Nerina Angelo, Josefina Baster, Marianela Biani, Luciana Brugé, Luciana Carunchio, Gonzalo Compañy, Miriam Franco, Gabriela González, Fabricio Loja, Cecilia Pappalardo, Laura Quemada, Laura Roda, Roberto Román, David Rossetto y José Antonio Rubio, en Andrés Zarankin, Melisa Salerno y María Celeste Perosino, op. cit.

> La violencia contra aquellos que no están lo bastante vivos —esto es, vidas en un estado de suspensión entre la vida y la muerte— deja una marca que no es una marca… se trata de un discurso silencioso y melancólico en el que no ha habido ni vida ni pérdida; un discurso en el que no ha habido una condición corporal común, una vulnerabilidad que sirva de base para una comprensión de nuestra comunidad; ni ha habido un quiebre de esa comunidad. Nada de esto pertenece al orden del acontecimiento. No ha pasado nada.[37]

Mucho más allá de describir el objeto de la arqueología, el vestigio está en el origen de la investigación.[38] Ahora bien, la lectura del libro compilado por Andrés Zarankin, Melisa Salerno y María Celeste Perosino afecta de múltiples maneras la comprensión del vestigio que la arqueología disciplinaria delimita. Pues el vestigio parece no ser simplemente aquella cosa que de un pasado permanece, en tanto cosa, en el presente, sino que, mucho más activamente, convoca, instiga, acecha, conmueve, conversa. Como nos lo muestra la fotografía de Iván Cáceres,[39] el vestigio es la huella, la impronta. Originalmente lo era en la Roma imperial: *vestigium* era la impronta que como huella deja la planta del pie; pero, notablemente, *vestigium* era asimismo la planta del pie. La huella que dejaron las uñas de la pala mecánica, así como la propia pala, son el *vestigium*, es decir, que el *vestigium* está conformado de presencias y de ausencias o, mejor, de la relación necesaria entre ambas, de las ausencias del presente y las presencias de lo ausente. Claro que la necesidad puede estar tanto visible y presente como

---

37 *Vida Precaria. El Poder del Duelo y la Violencia*, de Judith Butler. 2006. Paidós, Buenos Aires.
38 Capítulo 14, este volumen.
39 *Figura 1.*

ausente, y entonces el *vestigium* puede estar aún estando ausente, tal como lo ilustra José López Mazz[40] al considerar (presencia de) evidencia la misma ausencia de evidencia.

Investigare era, pues, seguir las huellas, unas huellas que eran entendidas como la misma cosa que el pie que las produjo. Siguiendo esta pista, la investigación no es la mera observación de las huellas ni la persecución de una persona que las deja, no es la interpretación de los sentidos ocultos en los signos. La investigación no es simplemente adjudicar palabras a las cosas. Es, en cambio, un seguimiento corporal y productor de sentidos de relaciones heterogéneas entre presencias y ausencias. Estas relaciones son siempre inacabadas e imperfectas, lo cual califica de manera semejante a toda investigación. Investigar es, en el sentido romano premoderno, un perfecto antídoto para la inoculación de la manía moderna por los dualismos (mente-cuerpo; cuerpo-alma; intelecto-sentimiento; pasado-presente; material-ideal; razón-sensibilidad; ciencia-sentido común; etc.). Claro que los bárbaros se encargaron de desactivar el antídoto al cargarse con el imperio, y acabaron por ocuparse ellos mismos de reinventarlo, ya dotado del colonialismo, el capitalismo, la modernidad, el racismo, y todas las otras barbaries.[41] De manera que, a la hora de escribir mi lectura de este libro, hago énfasis en las relaciones entre vestigio y represión, es decir, me refiero a la investigación de la violencia, algo que no es posible hacer sin asimismo abordar la violencia de la investigación.

La violencia nunca es pura energía desatada sobre el otro sino que obedece a concretos culturales, singulares marcos de sentido y particulares regímenes de verdad.[42] No hay una mera violencia de los ejércitos nacionales regulares e irregulares sobre supuestos enemigos reales o potenciales sin

---

40 López Mazz, op. cit., en su búsqueda de restos de víctimas del régimen militar en los predios militares de Montevideo.
41 De las que Zarankin, Salerno y Perosino presentan, en *Historias desaparecidas: arqueología, memoria y violencia política,* algunos notables ejemplos recientes y cercanos
42 Y el libro *Historias desaparecidas: arqueología, memoria y violencia política* es una acabada muestra de ello.

un sostén complejo de comprensiones acerca del mundo y del lugar de cada uno en este. Aún cuando estas comprensiones se alejen notoriamente de aquéllas que definen los marcos jurídicos —y de allí que les quepa la acción punitiva de la justicia—, portadas incluso por aquéllos cuya expresa misión es la de hacer obedecer esos mismos marcos jurídicos —y entonces el agravamiento—, la represión violenta a la lucha armada revolucionaria y a la política popular y de izquierda estuvo guiada por una particular mirada sobre el mundo, la nación, los enemigos y la misión de las fuerzas armadas en el restablecimiento de la paz. Los marcos de sentido de la violencia represiva se basan en concretas teorías de la historia y el sujeto, teorías que sustentan no solo la violencia física sino enteros proyectos políticos que no pocas veces alimentan las acciones de los Estados nacionales sobre sus territorios y poblaciones. En fin, la violencia física represiva desatada en la década de 1970 no se apoya en marcos de sentido muy distintos a aquéllos con los cuales está hecha la civilización occidental y cristiana, incluso nuestros propios países como proyectos civilizadores son deudores de ellos; y, aún más sorprendente, cada uno de nosotros es portador de no pocos aspectos de esos mismos marcos de sentido, así como las disciplinas académicas que creemos enderezadas a la busca del conocimiento y hasta los mismos proyectos políticos revolucionarios.

La violencia deja una impronta, un negativo por el cual aquélla persiste y se hace visible, incluso invisible. Esa impronta, el negativo de la presencia, acaba por resultar el negativo de la ausencia cuando la presencia fenece. Y es entonces que el negativo hace presente la presencia ausente. El vestigio es aquello que siendo negativo de la presencia es también presencia de la ausencia. Tiene un carácter espectral y físico, al mismo tiempo. Es por ello que el vestigio es aquello cuyo movimiento debemos seguir para investigar, es decir, para investigar la violencia, o sea, la energía aplicada para negar la presencia que, intencionadamente o no, da lugar al negativo, al vestigio. Pero si, moderna/mente, no acertamos a considerar el carácter copresente del vestigio, y tan solo vemos en este el resto material de un pasado pretérito, nos hacemos eco de la violencia epistémica que secciona el mundo en reinos y órdenes, en dimensiones divisas y estancas, mediante las cuales asumimos que el tiempo es lineal, que entre pasado y presente existe una ruptura insalvable, metafísica, y que lo que resta del pasado —el vestigio— es mera materia, y que nuestra tarea de investigación consiste en ponerle palabra a la cosa como si la cosa fuese mera cosa sin palabra.

En el libro compilado por Zarankin, Salerno y Perosino se articulan no una sino muchas maneras de hacer sentido de la frase *historias desaparecidas*. Me inclino a hacerlo atendiendo a Walter Benjamin, para quien "Articular históricamente lo pasado… significa adueñarse de un recuerdo tal y como relumbra en el instante de un peligro". Este "amenaza tanto al patrimonio de la tradición como a los que lo reciben. En ambos casos es uno y el mismo: prestarse a ser instrumento de la clase dominante".[43] Ello demarca un sentido a la tarea: "en toda época ha de intentarse arrancar la tradición al respectivo conformismo que está a punto de subyugarla".[44] "Vestigio y violencia" podría ser una manera de titularlo, ya que "El don de encender en lo pasado la chispa de la esperanza solo es inherente al historiador que está penetrado de lo siguiente: tampoco los muertos estarán seguros ante el enemigo cuando este venza".[45]

---

43 "Tesis de filosofía de la historia". En *Discursos Interrumpidos*, compilado de Walter Benjamin, pp 175-191. Taurus, Madrid. 1982
44 Ibídem.
45 Ibídem.

Violencia epistémica y acción política

Parece un lugar común que un arqueólogo se pregunte por el sentido de la arqueología, incluso por el sentido social de la arqueología.[46] ¿Para qué sirve la arqueología?, se pregunta el investigador deseoso de hallar una manera de justificar su ciencia, su práctica, su vida, en términos de utilidad para la sociedad en la cual se desenvuelve. El valor del conocimiento por sí mismo, de la historia como maestra de la vida, de lo arqueológico como patrimonio cultural y significante identitario, la transformación del pasado y/o lo arqueológico en objetivo de proyectos de desarrollo, o la pura y simple diversión de quien la practica y el interés curioso del público; son estas varias de las justificaciones, sentidos o utilidades que los arqueólogos han elaborado para otorgarle a su ciencia un lugar en el presente, como si ya no lo tuviera, es decir, como si la arqueología no fuese ya un artefacto sociocultural, además de ocuparse de ellos. Aquellos más comprometidos con la sociedad del presente adjetivan su ciencia con algunas frases apropiadas a tal fin: social, socialmente útil, con compromiso social. En mi opinión, todas las justificaciones de la *arqueología social* que consisten en aplicar la ciencia a un proyecto de intervención social con un objetivo altruista, más temprano que

---

46 Versiones anteriores de este texto fueron leídas en diversas oportunidades, entre ellas como conferencia ofrecida en la Reunión de la Sociedade de Arqueologia Brasileira en Belém do Pará en septiembre de 2009. Fue publicado como "Interculturalidad epistémica y acción política en la arqueología poscolonial" en el volumen *Multivocalidad y activaciones patrimoniales en arqueología. Perspectivas desde Sudamérica,* publicado por la Fundación Félix de Azara en Buenos Aires, en 2014, compilado por Clara Rivolta, Mónica Montenegro, Lúcio Menezes Ferreira y Javier Nastri.

tarde desembocan en un proyecto colonial, pues intervienen en otro medio social una vez naturalizada la negación de sus propias relaciones sociales con él. Al igual que las *arqueologías sociales*, también las *arqueologías cientificistas*, que justifican la ciencia como un valor en sí mismo, se sustentan en la negación de las relaciones sociales en las cuales se desenvuelven; aunque, a diferencia de aquellas, no deforman esa negación pretendiendo un compromiso con la sociedad con la cual ya se habían relacionado, ocultando sus relaciones estructurales. Estas arqueologías cientificistas producen discursos coloniales, los cuales, puestos en proyecto por otras arqueologías o por agentes no disciplinarios, acaban por sumar su práctica política a las —antes mencionadas— arqueologías sociales.

Voy a explicarme un poco más. Más allá de las buenas o malas intenciones de los arqueólogos, de los compromisos sociales más o menos explícitos y activos, la arqueología lleva en su interior la violencia que consiste en trasladar a los objetos, a lo arqueológico, la ruptura metafísica de acuerdo con la cual la subjetividad colonial se constituye como hegemónica aún en contextos culturalmente *heteroglósicos*.[47] Es decir, la arqueología reproduce su supuesto básico —su objeto y su método— mediante el cual la diferencia colonial que constituye la subjetividad —del arqueólogo, pero también de los descendientes y del público— es trasladada al mundo objetivo, consolidando una cisura entre las relaciones de conocimiento y las relaciones sociales.[48] La diferencia colonial,[49] un diferencial de poder que es concomitante a la diferencia en

---

[47] "Caspinchango, la ruptura metafísica y la cuestión colonial en la arqueología sudamericana: el caso del noroeste argentino", de Alejandro Haber. En *Revista do Museu da Arqueologia e Etnologia*. Suplemento 3: 129-142. 1999

[48] "¿Adónde están los 99 tíficos? Notas de campo de arqueología subjuntiva", de Alejandro Haber. En *Sed non satiata II*: 103-120. Facultad de Humanidades, Universidad Nacional de Catamarca – Encuentro, Catamarca/Córdoba. 2009.

[49] "Interculturalidad y colonialidad del poder", de Catherine Walsh. En *Interculturalidad, descolonización del estado y del conocimiento*, Walsh, C.; A. García Linera y W. Mignolo (Eds.). Ediciones del Signo, Buenos Aires. 2006

la naturaleza de los sujetos, es trasladada a la naturaleza de los objetos —particularmente de aquellos objetos que significan y marcan la naturaleza de los sujetos—. La violencia epistémica colonial originalmente ejercida sobre las personas es traspuesta al mundo de los objetos, cosificada, naturalizada, manipulada y modulada metodológicamente.

Espero que un ejemplo me sea de ayuda en esta exposición. Transcribo más abajo unos párrafos de un informe que Carlos Bruch, un entomólogo del Museo de La Plata, en Argentina, publicó en 1904, acerca de una expedición arqueológica a la localidad de Hualfín, en la provincia de Catamarca, en 1898.[50] Se trata del primer texto publicado acerca de la arqueología de Hualfín, que luego sería una de las áreas preferidas por los arqueólogos, llegando con el tiempo a ser referido como "valle maestro" ya que, en base a una seriación de sepulcros de Hualfín, se elaboró una secuencia históricocultural que fue, a su vez, la secuencia maestra luego extendida al resto de las provincias andinas de la Argentina.[51]

El lenguaje de Bruch es propio de la arqueología de principios del siglo xx. Abundan las descripciones, por ejemplo, y no se ocultan ciertas expresiones que hoy resultan políticamente incorrectas. Pero tras esas apariencias, lo que me interesa de Bruch, así como de los textos tempranos en general, escritos en momentos en los cuales aún no se había institucionalizado el *habitus* disciplinario, es que se exponen con cierta claridad los procedimientos literarios mediante los cuales los objetos de conocimiento quedan incorporados a redes semánticas específicas, las cuales luego, ya convertidas en lenguaje

---

50 "Descripción de algunos sepulcros calchaquíes resultado de las excavaciones efectuadas en Hualfin (provincia de Catamarca)", de Carlos Bruch. En *Revista del Museo de La Plata*, Tomo XI, La Plata. 1904.
51 "Cronología arqueológica del Valle de Hualfín, Provincia de Catamarca, Argentina. Obtenida mediante el uso de computadoras", de Alberto R. González y Robert Cowgill. En *Actas Primer Congreso de Arqueología Argentina* (Rosario), pp 383-404, Buenos Aires. 1975.

disciplinario, sobreviven de maneras más naturalizadas.[52] Es decir, en el texto de Bruch hay un sabor antiguo, y eso es lo que no me interesa. Lo que me gusta de este texto es que tras el sabor antiguo hay una esencia actual: las relaciones entre objetos y sujetos que aquí se constituyen son las mismas relaciones entre conocimiento y sociedad que caracterizan a la disciplina arqueológica moderna.

> El 18 de Enero llegué por segunda vez á Hualfín. Los álamos y sauces, característicos de los pueblos catamarqueños, forman allí los cercos de vastas propiedades y labranzas que se extienden á ambos lados del río; las serranías lejanas y el Cerro Colorado que se destaca encima de las terrazas fluviales como una inmensa fortaleza, todo contribuye á dar al paisaje árido y monótono un aspecto pintoresco que deja al viajero bien impresionado de su visita.
>
> Y si se dá luego una mirada alrededor de aquellas propiedades, pronto se apercibe de las ruinas y cementerios, últimos vestigios de sus primitivos dueños; restos de una tribu muy numerosa: los antiguos Hualfines.
>
> Ayudado por un peón, mi baqueano y compañero durante el viaje, principié al día siguiente mis excavaciones, cuyos resultados voy á mencionar en el mismo orden en que han sido efectuadas.
>
> Sobre la pequeña terraza á la derecha é inmediata á la casa del señor Leguizamón, hay una cantidad de ruinas de pircas, á cuyo lado observé varios óvalos, formados por órdenes de piedras de regular tamaño que se encontraban enterradas hasta la mitad.
>
> Suponiendo que pudieran ser sepulturas, hice excavar la primera y tropecé á poca profundidad

---

52 "Supuestos teórico-metodológicos de la etapa formativa de la arqueología de Catamarca (1875-1900)", de Alejandro Haber. En *Publicaciones CIFFyH*, 47: 31-54. 1995.

con una cantidad de fragmentos de tinajas grandes, entremezclados con piedras y huesos de un esqueleto, cuyo cráneo hallé á los cincuenta centímetros de profundidad. Luego descubrí una tinaja grande y al lado de esta un esqueleto bien conservado.

El sepulcro tenía 80 cm. de profundidad; había sido ligeramente construido de una pared de piedras en forma ovalada que está marcada sobre la superficie del suelo por otras piedras (*Figura 3*).

La tinaja (número 1) tiene 60 cm. de altura; la superficie es tosca, no bien alisada, de barro color ladrillo bien cocido, con dos pequeñas asas anchas, poco arqueadas y colocadas en sentido horizontal casi en el tercio inferior del alto. Abajo de la boca hay una cara representada en bajo relieve: las fajas que corren irregularmente en dirección vertical, están pintadas de negro. Hallé una tinaja vacía y cubierta con una tapa que debe haber sido probablemente el fondo de otra muy parecida ó sea de un *puco* ó escudilla".[53]

Bruch sigue luego con el resto de sus hallazgos, sepulcro por sepulcro, tinaja por tinaja (*Figura 4*). Pero como muestra tal vez haya sido suficiente. La descripción de lo que Bruch encuentra en los sepulcros es su medio para conocer el pasado de Hualfín, con un estilo antiguo pero con un marco epistémico actual: los restos materiales son un medio para conocer el pasado. Un pasado que ya pasó, que está acabado, y que puede ser conocido mediante el estudio de sus "últimos vestigios", los restos y las ruinas. Estos restos y estas ruinas permiten a Bruch conocer, le permiten saber que están aquí diciendo que en el pasado existió una tribu, los hualfines, que eran muy numerosos y que eran los dueños de la tierra de Hualfín. Y esa relación entre los hualfines y Hualfín, que

---

53   Bruch, op. cit.

Al otro lado del vestigio

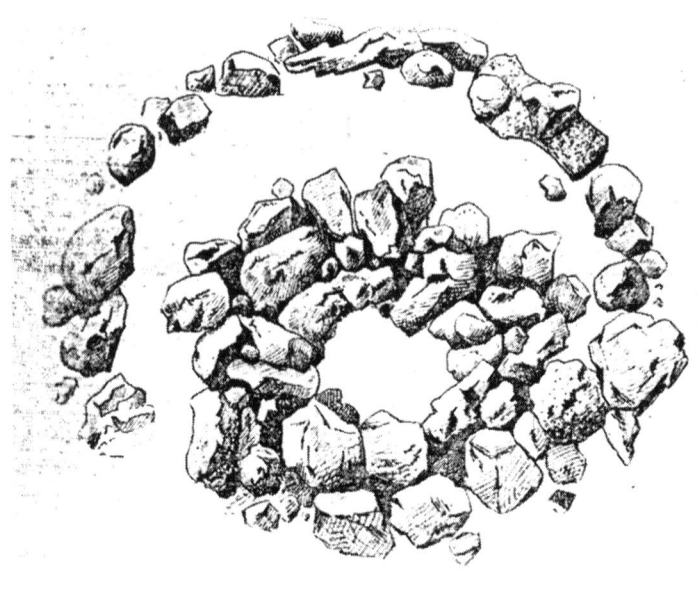

Sepulcro visto de arriba

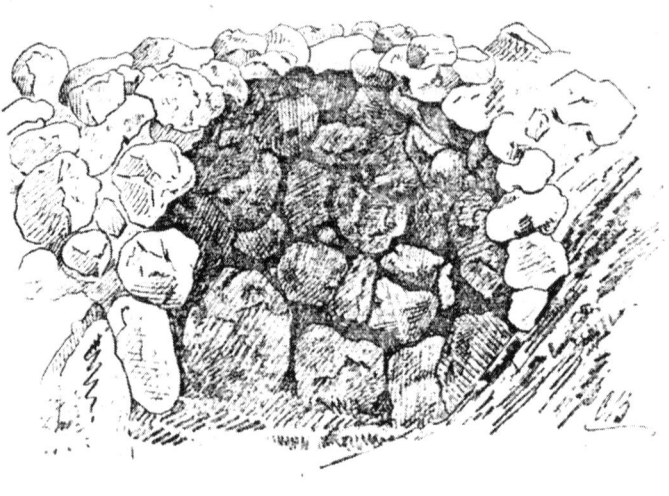

Figura 3. Sepulcro de Hualfín dibujado por Carlos Bruch.

Figura 4. Hallazgos de Hualfín dibujados por Carlos Bruch.

Bruch enuncia como de habitación y propiedad en pretérito, resulta análoga a otra relación de habitación y propiedad, aquella que ve Bruch desde lo alto de una loma, y que está indicada por las filas de álamos y sauces, las delimitaciones de las propiedades de los dueños de Hualfín cuando Bruch hace su investigación de campo. Dos relaciones sociales que se suceden en el tiempo, aunque Bruch no nos dice cómo ni por qué. Una sucesión en un tiempo que no significa más que el tiempo que ha transcurrido, que en nada incide en la relación de Bruch con Hualfín, que es una relación de conocimiento; sin importar cómo son sus relaciones sociales con unos dueños y con los dueños otros. Veamos cómo termina el texto de Bruch:

> Para darnos una aunque sea pequeña idea gráfica de la población quichua que hoy en día habita las regiones calchaquís y á la cual podemos considerar como descendiente de aquella nación civilizada, representamos, en la lámina IV (*Figura 5*), dos retratos, que he tenido ocasión de sacar, en Hualfin, en casa del señor Leguizamón.
>
> El número 1 es una muchacha de trece años, muy bien desarrollada. La cabeza es bastante grande, redonda; el pelo es negro, tieso, irregularmente cortado y se extiende mucho por la frente, donde forma un límite irregular. No se observa ninguna deformación artificial de la frente ni del occipucio, ni tampoco del cráneo en general. La hendidura del ojo es pequeña; el pliegue mongólico está bien pronunciado, pero se distingue todavía la carúncula lagrimal como la mayor parte del párpado superior. La base de la nariz es muy ancha, pero no muy baja; el dorso es ancho y derecho; la punta bastante ancha, redondeada; las fosas nasales son visibles de frente. La boca y la parte mandibular, en general, bastante saliente; los labios son algo gruesos. De la oreja se reconoce poco, pues está bastante desfigurada por una erupción sarnosa.

Violencia epistémica y acción política

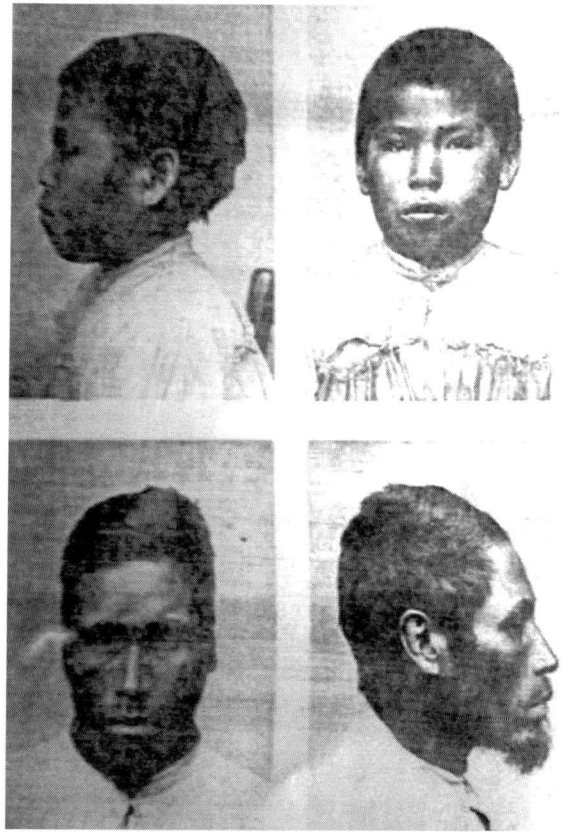

Figura 5. Retratos de frente y perfil, tomados por Carlos Bruch.

El número 2 es un hombre de mediana edad, robusto y bien desarrollado. El cráneo nos interesa, sobre todo por su forma característica hypsicéfala. La frente sube oblicuamente hacia atrás; el occipucio bastante perpendicular hacia arriba. Sorprende también la gran estrechez de la cápsula cerebral y de todo el cráneo en comparación á su altura. Es siempre interesante observar en el vivo esta forma de cráneos, que estamos acostumbrados ver solamente en el material muerto. Prescindiendo de esto, la considerable altura y la pronunciada estrechez, forman un carácter distintivo de la cabeza de este individuo. Respecto á los detalles, el pelo es negro, bien desarrollado; la frente muy estrecha, relativamente alta; el límite del pelo se pierde irregularmente. Los arcos supraorbitales del hueso frontal no sobresalen. La hendidura de los ojos es oblicua, muy estrecha, de manera que la pupila que está muy hundida en la órbita queda poco visible. Esta impresión se pronuncia aún más por la base de la nariz que es muy alta y por los arcos cigomáticos muy salientes. La nariz es de proporción mediana, más bien pequeña; el dorso es derecho con una pequeña elevación en la mitad. La parte bocal no sobresale; los labios son estrechos y el labio superior es muy bien arqueado. Mejillas hundidas. Sobre el labio superior hay un lijero bozo y en la mitad del labio inferior un mechoncito de pelos (mosca); sobre el mentón una verdadera barba de cabra. La oreja está estrechamente pegada y el antehelix sale algo en el medio; fuera de esto no hay particularidades. Fisonomía reservada, taciturna".[54]

Casi al final de su informe Bruch trae otros objetos, esta vez sujetos-objetos que, nos dice, tienen una relación con el pasado distinta del conocimiento: son los descendientes de los antiguos dueños. ¿Son, entonces, los herederos de Hualfín? Pues no exactamente, y he aquí la relación *no-dicha*. Los descendientes aparecen en el texto como objetos en auxilio del conocimiento del pasado "para darnos siquiera alguna idea de cómo fueron",[55] es decir, su relación con Hualfín es del orden del conocimiento, no del orden de la sociedad. No son ellos los sujetos dueños de las parcelas delimitadas por las filas de álamos y sauces, sino los objetos que aparecen para ayudarnos a conocer a sus antepasados, los antiguos dueños. Por eso no hablan, ni siquiera tienen nombre, pues lo que importa de ellos a Bruch no es lo que digan como

---

54 Ibídem.
55 Ibídem.

sujetos de la historia, sino lo que son como objetos de una historia que puede ser conocida y contada, observando y describiendo los restos y ruinas de sus antepasados, como dice Bruch "los últimos vestigios".

Entre descendientes mudos y antepasados dueños se introduce una cisura, una ruptura metafísica, que solo puede ser mediada por el conocimiento o, mejor dicho, por un tipo particular de conocimiento que es el estudio de los restos materiales y mudos. Esta ruptura metafísica entre la historia y los descendientes es la que hace que estos no cuenten como sujetos de la historia ni como sujetos de la sociedad: ya despojados de la tierra de sus antepasados por una violencia colonial, son despojados de la palabra acerca de su relación con los antepasados, con los restos y ruinas, por una violencia epistémica que Bruch, y luego la arqueología en su conjunto, institucionaliza.

El conocimiento de la historia de Hualfín que Bruch inaugura es heredero de una tradición que, veinticinco siglos antes, había estrenado Heródoto de Halicarnaso, quien estableció como fundamento teórico-metodológico de la historiografía occidental una jerarquización de las fuentes de conocimiento en la cual prima el testimonio en la lengua propia acerca de la observación visual de los otros.[56] Para Heródoto, solo aquellos relatos que aseguraran basarse en testimonios oculares eran válidos de ser tenidos en cuenta, subordinando así otras fuentes de conocimiento, como la memoria oral. La historia era, además, una empresa encarnada por miembros de una misma unidad lingüístico-cultural (pero también político-militar), acerca de las relaciones bélicas entre esta y los bárbaros que, por virtud de su diferencia lingüística y cultural, eran objeto de incomunicación y guerra: los pueblos sin lenguaje. Puestas estas dos estrategias en combinación, el resultado lógico fue que la historia de la guerra contra los medas excluyera la voz, la mirada y la memoria de los medas, que la historia habitara

---

56 *Pathways of memory and power*, de Thomas Abercrombie. University of Wisconsin Press, Madison. 1998.

una morada, la del nosotros conquistador vencedor, y desde esa morada fuera escrita, aun cuando pretendiera una mera relación de conocimiento con los hechos del pasado.

Bruch se relaciona con los restos y ruinas de la misma manera que se relaciona con los descendientes: los restos materiales y los restos descendientes están allí, y Bruch está aquí para conocer el pasado por su intermedio. El hecho de que los restos estén en Hualfín, y que también estén en Hualfín los descendientes, no lo afecta a Bruch más que como conocedor, lo que equivale a decir que afirmándose como conocedor niega cualquier otra relación, ontológica, social, entre los vivos y los antepasados.[57] No es que Bruch deba hacerse responsable de la violencia colonial ejercida sobre los antepasados de los descendientes. Sino que su recorte de la relación en términos de una relación de conocimiento, es decir, no social, recorta asimismo la relación social entre los antepasados y los descendientes: entre quienes sufren las consecuencias del despojo colonial que describe como objeto mudo, reservado y taciturno, y quienes gozan de esas mismas consecuencias, la elite propietaria en cuyas casas se aloja, cuyas arboledas divisorias divisa y cuyos peones posan para sus fotografías y excavan los sepulcros de los antepasados. Se trata de un recorte que la arqueología naturaliza no en sus teorías ni en sus contenidos temáticos, sino en sus marcos disciplinarios: el objeto —el pasado que pasó— y el método —los restos materiales como materia muda e inerte—. Un recorte que excluye la relación social y ontológica entre antepasados y descendientes, y que perpetúa las consecuencias presentes del despojo colonial.

Bruch parece a salvo de su maquinaria de construcción de subjetividades escindidas de la historia. Digo "parece" porque el pecado de *hybris* no tarda en ser descubierto por los habitantes del Olimpo, quienes denuncian lo que todo mortal debería saber: la arqueología, incluso como empresa dirigida al conocimiento, debe justificarse para la sociedad

---

57 Haber, 2009b, op. cit.

presente. La última frase de Bruch lo revela atrapado por la negación hegemónica de la historia: "Está de más decir que queda aún mucho por averiguarse en aquellas regiones, las que ocultan todavía tantas riquezas de *nuestra* prehistoria".[58]

Bruch enuncia a la prehistoria en primera persona del plural, incluyéndose en un "nosotros" que se relaciona, entonces, con el pasado de Hualfín, de maneras que, recortadas o no por el conocimiento, alcanzan a definir un nosotros colectivo, un sujeto de una prehistoria, dejando ver así el carácter metafísico de la cisura, es decir, la diferencia colonial subjetiva transpuesta al mundo objetivo; pues no se trata de un colectivo de conocedores —el conjunto de arqueólogos—, sino de un colectivo social —los argentinos— que se consideran sujetos de una historia que describen como objeto. Al igual que Heródoto con sus premisas metodológicas, Bruch, y la arqueología tras él, dispone de las suyas de tal manera que, bajo la pretensión de conocer un pasado, constituye su propia identidad, su propio domicilio escritural: la arqueología devela la riqueza histórica de la nación liberal argentina que es, al mismo tiempo, continuadora de la gesta colonial europea y de la civilización de Occidente.

En definitiva, lo que nos muestra este texto de Bruch es el procedimiento mediante el cual la disciplina arqueológica moderna, no ya en la elección de una u otra teoría, uno u otro paradigma, sino en su delimitación objetual y metodológica básica, incorpora y reproduce el lugar específico desde donde se desarrolla como práctica discursiva acerca de las historias y culturas de los otros. Un lugar cuya representación bajo intereses universales de conocimiento no es otra cosa que una mistificación de relaciones sociales concretas, una cuidada ceguera para con sus propias condiciones sociales e históricas. Que a partir de entonces la arqueología se considere una empresa puramente científica no será otra cosa que el reforzamiento de esta estructura disciplinaria moderna. Ahora bien, que desde allí, es decir, desde ese particular lugar social

---

58 Bruch, op. cit.

e histórico respecto del cual es ciega, la arqueología pretenda también instrumentalizarse en pos de una intervención de transformación de situaciones sociales, es, además, la activación de ese discurso en un proyecto colonial. Pero para comprender las circunstancias en las cuales procede este proceso de instrumentalización posdisciplinar de la arqueología, es necesario investigar un poco más el contexto poscolonial en el cual la disciplina de la vida da lugar a su regulación. Pues el Estado y la ciencia no disciplinan las relaciones sociales ya tanto como las modulan.[59] Aquello que la modernidad había entronizado como la relación prioritaria con el mundo, es decir, el conocimiento, es recapitulado en momentos poscoloniales como el polo de la normalidad hegemónica desde donde ciencia y estado modulan las relaciones sociales, la vida, permeabilizadas ahora más que nunca ante la fuerza penetradora del mercado.

Puesta la arqueología en el lugar de disciplinar la relación con la historia y los antiguos en términos de conocimiento riguroso, la cisura metafísica y esencial entre la historia y sus consecuencias ha dado como producto unos sujetos escindidos de la memoria, y unos objetos materiales mudos, manipulables metodológicamente, desacoplados de las relaciones sociales. Sujetos y objetos escindidos unos de otros mediante disciplina cartesiana son vueltos a conectar al ser incorporados unos y otros como sujetos y objetos de la fe neo-liberal, según la cual el mercado reemplaza a Cristo y a la razón como polos de la normalidad hegemónica, remagnetizando y reorientando todos los previos discursos, categorías y disciplinas en su propio provecho.

Arqueologías orientadas al desarrollo turístico, a la producción de nuevos bienes mercantiles, a la creciente integración mercantil de poblaciones campesinas y/o indígenas, y a la regulación administrativa bajo el esquema del estudio de impacto de megaproyectos coloniales tales como los de

---

59   *Políticas del acontecimiento*, de Maurizio Lazzaratto. Tinta Limón, Buenos Aires. 2006.

mineras y petroleras, proliferan ahora en el cada vez más ancho campo de las arqueologías sociales, antes ocupado por las arqueologías orientadas a propagar en el conjunto social el credo del conocimiento disciplinario. No es que la arqueología haya detenido su tributación a la expansión de la frontera colonial, sino que renueva sus prestaciones en la medida en que esa frontera se *rearticula* bajo nuevos mecanismos dirigidos hacia los viejos objetivos: la tierra de la sangre y la sangre de la tierra.

Ahora bien, llegados a este punto de fatal desasosiego, cabe preguntarse, ¿sobre qué y sobre quiénes se expande esa frontera? Pues, si existiera a uno y otro lado de la misma el mismo designio, no tendría sentido que hablásemos de frontera, de nuevos mercados, de desarrollos variados. Pues del otro lado está aquello que mantiene vínculos más o menos manejables con las fuerzas del mercado, aquello que se mantiene en buena medida arrollado, contenido, aquello que es designado por el lugar hegemónico del poder y de la ciencia, aquello que Bruch describe, aquello de los que dice que es reservado y taciturno. ¿Qué es lo que los reservados reservan? ¿De qué se reservan? ¿Si taciturnos, qué es lo que callan, qué es lo que tácitamente dicen? ¿De qué hablan los bárbaros, en ese su *no lenguaje* que suena como ruido? Es hacia ese lugar tácito, hacia esa reserva, que me he ido mudando en los últimos años, y quiero traer aquí algunos comentarios al respecto, no porque considere que se trate de ejemplificaciones que deban ser seguidas, sino porque describen y acotan el lugar desde el que escribo.

Desde mediados de la década de 1980 comencé a realizar investigaciones en la región de Antofagasta de la Sierra, en la Puna de Atacama. Los primeros años de trabajo estuvieron concentrados en conocer la etnografía de las relaciones entre la población local (sobre todo varones adultos) y los animales de rebaño (ovejas y llamas), las pasturas, la vegetación y el paisaje. En ese entonces mis objetivos estaban centrados en una etnografía entendida como un medio para la interpretación arqueológica, en el marco de lo que la arqueología procesual comprendía como etnoarqueología.[60] Pocos de los supuestos de investigación de ese programa quedaron en pie frente a la interpelación del conocimiento local. Ninguno de los planos de observación de la realidad (estrategias económicas, por ejemplo), ni las categorías de enunciación de los objetos de investigación (pastores, por ejemplo) existían en la conversación con mis maestros de campo. El tratamiento de la basura, por ejemplo, solo superficialmente hubiera sido aceptablemente comprendido en el marco de patrones de descarte de huesos, etc. Las cosas, la gente, sus movimientos, parecían obedecer a razones completamente ajenas a las estrategias y logísticas que yo me proponía develar como contribución a mi disciplina. Todo ello me movió a desembarazarme, progresivamente, de ese estrecho corsé que aquélla me había provisto. La arqueología no estaba ni mínimamente preparada para escuchar a la gente, y cuestionar los supuestos disciplinarios desde el conocimiento local y/o indígena conllevó una serie de esfuerzos de *disciplinamiento* institucional. En particular, hube de irme al exilio académico una vez que puse en cuestión los supuestos que entonces se tenían (y aún se tienen) en torno a la domesticación y el pastoreo de llamas, valiéndome de los marcos de significado provistos por las lenguas aymara y quechua, y por la semiosis de la práctica local de relacionamiento con esos animales.

A lo largo de la década de 1990 realicé mi investigación doctoral, en la misma región, pero en un área distinta.[61] Me preocupó conocer el pasado poniendo en juego recursos teórico-metodológicos que no supusieran una lógica económica liberal, una linealidad evolucionista, una historia determinada por fuerzas externas tales como la evolución, los

---

60 "Observations, Definitions and Pre-understandings in the Ethnoarchaeology of Pastoralism", de Alejandro Haber. En *Ethnoarchaeology of Andean South America, International Monographs in Prehistory, Ethnoarchaeological,* Series 4: 31-37, Kuznar, L. (Ed.), Michigan. 2001
61 *Domesticidad e interacción en los Andes meridionales,* de Alejandro Haber. Editorial Universidad del Cauca, Popayán. 2009c

imperios, etc. Creo que lo más valioso de esa investigación fue posicionar en una casa que excavé, el lugar desde donde mirar el mundo y contar la historia. Y la historia, vista y contada desde esa casa, tenía un sabor muy diferente a como entonces se la contaba. Resaltaban las continuidades de la vida campesina sobre las sucesiones de culturas, períodos y etapas de creciente complejidad. Desde la casa, era más importante el olor de la comida, la pala con la que se habían abierto las acequias para regar los cultivos y lo que se decía acerca de los vecinos, que las supuestas dominaciones de humanos sobre animales, imperios sobre localidades, funciones sobre significados. Fue esta también una investigación, en buena medida, disciplinaria, pues tenía como objetivo conocer el pasado remoto mediante el estudio de los objetos mudos y sus relaciones. Me puse en conversación con esos objetos, hasta donde pude, en diálogo con el conocimiento local, pero permanecí y me reforcé como el intérprete e intermediario, desoyendo disciplinadamente las técnicas locales de la memoria. Esa investigación tuvo, también, la virtud de incorporar las teorías locales de las relaciones entre seres en el mundo en confrontación con las teorías occidentales, pero aún así permanecí como intermediario entre el conocimiento local y lo arqueológico. Me doctoré con esa investigación, y estuve listo para comenzar a aprender.

Una de las principales escenas de aprendizaje fue la audiencia pública realizada en Antofagasta de la Sierra en octubre de 2002, en la cual el gobierno de la provincia de Catamarca puso a consideración de la población local el proyecto de creación del Parque Nacional Las Parinas. Desde hacía un par de años se venía armando el proyecto de creación del parque, del que no formé parte ni fui invitado a hacerlo, según creo porque no me manifesté claramente a favor de la idea al ser consultado por el senador que lo impulsaba. Un par de semanas antes de la audiencia pública en Antofagasta de la Sierra, se realizó una reunión en la Universidad Nacional de Catamarca en la cual los técnicos y funcionarios de la Secretaría de Ambiente de la Provincia de Catamarca presentaron el proyecto. Un grupo de estudiantes de Antofagasta que residían en la ciudad había sido invitado a la reunión, y mi desconfianza con el proyecto y su futuro aumentó cuando me confirmaron que en el pueblo nadie sabía de este proyecto.

Varios investigadores fuimos invitados a la audiencia pública, incluyendo a los cuatro directores de investigaciones arqueológicas en el área a incluir en el parque, varios biólogos, ecólogos, ornitólogos y funcionarios de la Administración de Parques Nacionales. Dentro del grupo de técnicos y académicos había opiniones declaradamente a favor del parque, hasta voces preocupadas por el grado de desconocimiento del proyecto por parte de los pobladores. Entre la población local, en cambio, había mucha desconfianza, que se expresaba en temores por la propiedad de la tierra y la posibilidad de que alambraran el campo. Mi percepción era que, si bien estos temores eran fácilmente desactivados por los impulsores del proyecto, la angustia permanecía sin poder ser expresada.

Junto con dos colegas participé de una reunión informal en un domicilio particular, en donde se habían congregado varios de los más notorios pobladores ancianos del pueblo. Ellos expresaban su disconformidad y su desconfianza: "Si nosotros somos los que amparamos por qué tenemos que ver que ellos vengan a decirnos a nosotros cómo tenemos que hacer". El lugar desde donde ellos rechazaban el parque era el mismo lugar de la teoría local del relacionamiento entre seres en el mundo que me había esforzado en investigar: las relaciones apropiadas son las de crianza, respeto, cariño y temor, y en el tiempo criadores y criaturas, amparadores y territorio, desarrollan relaciones en las que son y fuera de las cuales no pueden ser. La conversación continuó entonces contraponiendo la visión local con la visión de los promotores del parque (que podríamos llamar *moderna*), según la cual el territorio está allí y es conocido por los científicos, quienes establecen cómo administrarlo. Esto, que podría parecer una obviedad para un auditorio académico, tan natural como la práctica, no lo es para quienes se debaten entre la resistencia y la paciencia a los discursos modernizadores desde el otro lugar de la frontera colonial. Tan revelador y movilizador como resultó para mí el conocimiento acerca de la teoría local de la crianza de la vida, lo fue en ese contexto la objetivación de los supuestos académicos en relación con el ambiente en términos de una teoría, pues la enunciación de la posición hegemónica puede efectuar el desprendimiento de su pretendido lugar de normalidad.[62] Las relaciones de amparo y crianza se contraponían a las relaciones biopolíticas, y eran estas las que sustentaban los proyectos de regulación de la vida.

La *vocalidad* local se expresó en la reunión pública siguiente con contundencia: el parque fue rechazado por la población, que adoptó además otros significativos gestos políticos, como echar a escupitajos al embajador de Francia, quien impulsaba políticamente el parque nacional a propósito de un proyecto turístico internacional en el cual involucraba a su propia empresa. Fue el acontecimiento de octubre de 2002 el que me permitió aprender hasta qué punto los marcos de significado locales estaban en el origen de la reproducción de la vida local, y cómo la gente se movilizaba cuando la vida se ponía en riesgo por proyectos coloniales. Y no solo eso, sino también experimenté qué tan posicionadas están las disciplinas académicas, incluyendo la arqueología, de tal manera que forman parte del arsenal colonial. A partir de allí advertí la necesidad, ya no de meramente deconstruir el marco disciplinario en términos de una crítica de las condiciones del conocimiento posible, tal como había trabajado hasta entonces, sino más bien, la necesidad de llevar esa moción deconstructiva a una instancia de desactivación del sentido colonizador de la disciplina, tarea que me tiene ocupado desde entonces. Y se trata esta de una tarea conjunta, no simplemente porque involucra a mucha gente, sino porque en la medida en la cual se realiza colaborativamente con las localidades afectadas por los proyectos coloniales, es al mismo tiempo una tarea de activación decolonial.

---

62 *El giro decolonial,* de Santiago Castro-Gómez y Ramón Grosfoguel. Siglo del Hombre Editorial, Bogotá. 2007.

¿Cuál es el lugar de la arqueología en estos encuentros poscoloniales? Tal como lo he venido afirmando, la arqueología tiene un lugar de privilegio en el arsenal colonial. Por ello es necesario desactivarla, localizarla, acotarla. Y para la arqueología no hay mejor medicina que la interlocución local, es decir, poner la arqueología en conversación con las voces sobre cuyo silenciamiento se ha edificado. Eso es precisamente lo que trato de hacer en distintos planos de actividad. Con mis estudiantes de Diseño de investigación[63] se trataba de poner la investigación arqueológica en conversación con contextos y voces locales, poner a los arqueólogos en comunicación domiciliaria con las localidades y, en primer lugar, con su propia localidad. En la edición de 2006 de ese curso, orientaba a mi estudiante Daniela Fernández a plantear una investigación acerca de los procedimientos y supuestos metodológicos de los estudios de impacto arqueológico. Mi argumento era que elevando los estándares de calidad de tales estudios a niveles equivalentes a los establecidos en los países de origen de las empresas mineras, incluyendo criterios de relevancia étnica, y no meramente académica, para la ponderación del patrimonio cultural afectado, y haciendo que los estudios de impacto fuesen fácilmente controlables por los interesados, al menos un aspecto de la megaminería podía ser controlado: aquél que atañe al patrimonio cultural. Daniela aportó entonces su visión del problema como habitante de Andalgalá, la población próxima a ser definitivamente impactada por una megaminera cuyo *open pit* de 3,6 km de ancho se ubica a solo 20 km de la ciudad: el sentido del patrimonio cultural desaparece si desaparecen los sujetos de ese patrimonio.

¿Quién es un arqueólogo para decir cuál es nuestro patrimonio —preguntó Daniela— qué vale la pena salvar y qué no; y quién es para intervenir en salvaguarda de nuestro patrimonio en el procedimiento por el cual el proyecto que queda habilitado es el mismo que nos conducirá a la muerte? ¿Para qué medir el impacto sobre mi patrimonio

---

63   Curso dictado en la Licenciatura en Arqueología, Escuela de Arqueología, Universidad Nacional de Catamarca, hasta 2013.

de un proyecto que terminará con mi descendencia? El patrimonio arqueológico, el patrimonio cultural, no son una cosa distinta a la tierra o la comunidad, no se puede salvar una cosa destruyendo la otra. Nuevamente la arqueología, cuando es vista desde la vida local, pierde la autonomía que la lleva a intervenir, ya como discurso ya como proyecto, en las vidas locales.

Tal como nos muestra la lectura de Bruch informada por las conversaciones locales, el discurso del patrimonio cultural va de la mano de la negación de la relación patrimonial entre antepasados y descendientes de una misma tierra. Por ello que la labor de "desprendimiento" (*de-linking*) epistémico[64] como la tarea de separación del pensamiento, ya no de los contenidos, sino de los términos en los cuales el pensamiento occidental está contenido, repito, la labor de desprendimiento epistémico es solo la punta visible del témpano. Tal desprendimiento solo es tal si ocurre en conversación con los conocimientos locales, pues son estos los que intimidan la seguridad epistémica, sacuden los cimientos e interpelan no solo las categorías de pensamiento (la colonialidad del saber) sino el lugar ontológico del pensamiento (la colonialidad del ser). Pero el conocimiento supone ya no solo un desprendimiento de las categorías modernas como un salto al vacío, sino que es un pensamiento localizado desde unos lugares otros, ya prendidos al lugar, a la tierra. Entonces, el desprendimiento, si acontece en el campo de escucha antropológico en lugar de ocurrir en un gabinete, implica un prendimiento, una *religazón* desde un lugar que no es ya la frontera en sí, sino el lugar que está del otro lado de la misma, del otro lado de la ruptura metafísica.

Lo arqueológico, por ejemplo, es ya algo prendido a las relaciones vitales locales, aunque siguiendo redes de relaciones y teorías de relacionamiento por completo distintas a las disciplinarias. Es con esos supuestos que mi relación con

---

[64] Walsh, C.; A. García Linera y W. Mignolo, op. cit.

Antofalla fue marchando a lo largo de las estrategias políticas locales de presentación ante el Estado como comunidad indígena a fin de obtener la propiedad comunal de su tierra. En este sentido, lo que la arqueología designa como su objeto de estudio, y que una puesta en conversación intercultural llevaría a desprender, está en las comunidades locales de Catamarca, ya prendido a la vida en relación, es ya parte integrante y vital del territorio, entendido este no simplemente como el espacio geográfico en el que la comunidad se ubica, sino el tiempo-espacio que interactúa como sujeto sensible, protector, potente y demandante de las obligaciones de reciprocidad jerárquica con un colectivo de gente.

No es ni como investigador ni como militante que me vi envuelto en las estrategias políticas locales, pues ambas formas instrumentalizan la relación, el vínculo, en pos de sus propios fines de conocimiento o ideología. Es más bien desde mi posición de habitante que las relaciones me involucran, y es desde allí que las veces que mis intereses han podido ser puestos con (es decir, compuestos en) los intereses comunitarios, formo parte activa de los procesos. Estos no tienen tiempos que yo pueda decidir totalmente; son, por el contrario, como todo tiempo de relación compuesta por experiencias diferentes, muchas veces inciertos. La comunidad tiene sus propios tiempos y procesos, que no solo son muchas veces distintos a los míos sino que a veces contrarían mi propia lógica política.

¿Puedo decir que tengo yo un compromiso social con esa comunidad? No. Lo que tengo, o mejor lo que tenemos, son relaciones sociales. De conocimiento mutuo, de intereses a veces compartidos, de compadrazgo, de amistad las más de las veces. Siento que es la amistad con personas concretas lo que me moviliza, más que un objetivo de mejorar la vida de otros. Sí, en cambio, me siento políticamente comprometido para descolonizar mi propio lugar: descolonizarme de relaciones tanto subordinadas como subordinantes. Es en este sentido que comprendo a la arqueología como una práctica política. No es que me interesa movilizar mis recursos académicos e intelectuales para alcanzar objetivos definidos políticamente, sino que la interlocución intercultural moviliza políticamente mis recursos académicos e intelectuales hasta el punto de demandar posicionamientos políticos, culturales y ontológicos.

Muchas de las relaciones de las comunidades con seres significativos de sus territorios han sido objeto de políticas coloniales de extirpación. El aparato jurídico del estado, con su normativa minera y de protección de la fauna, el ambiente y el patrimonio cultural, y la política migratoria y aduanera, regula delimitando como delito las relaciones de los comuneros de Antofalla con los minerales, con las vicuñas, con las aves y sus huevos, con los antiguos, con los chilenos y bolivianos, así como bajo el dominio español eran también reprimidas las relaciones con los dioses y la lengua. En este marco, casi todo lo que la gente realiza en el marco de relaciones culturalmente significativas entra dentro de lo que el estado tipifica como delito. Como una lectura alternativa al concepto de desprendimiento epistémico o *de-linking*, quisiera aquí jugar con una posible castellanización de *de-linking* que nos ubica ante la opción de colonizar o delinquir. Hace unos años conocí a uno de mis maestros mientras realizaba tareas de lavado de oro en una mina abandonada cuya arqueología yo estaba investigando. Si bien era yo el que estaba entrometido en su tierra, contaba yo con los permisos del Estado para excavar, mientras él no los tenía para lavar el oro de la mina. Como cuando la gente caza una vicuña que le entrega la Pachamama o Santa Madre Tierra, o le da de comer a la tierra, o recibe a las almas y las alimenta, o festeja a los antiguos que le entregan un tapado o tesoro, era esa una situación en la cual el desprendimiento epistémico (*de-linking*) que implicaba separar el marco jurídico y las categorías disciplinarias de enunciación del mundo, de las cosas tal como se presentan en el mundo implicaba un delinquir o, al menos, una complicidad activa con la ilegalidad. Un par de años después me encontré con Andrés y tuvimos una conversación en la cual me preguntó: usted que es arqueólogo, ¿es verdad o no que la veta crece de noche?[65] Fue esta una pregunta que exigía al mismo tiempo un reposicionamiento político, epistémico y ontológico. Yo, que soy académico y que por lo tanto me debo honestamente a la verdad, entendí el enorme grado de exigencia que esa pregunta implicaba: las adecuadas relaciones de cuidado y alimentación de la veta la crían y, a la vez, crean derechos que, lejos de poder ser objetivados en títulos, son intersubjetivos: el amparador es dueño, es decir, ama a su criatura que, a su vez, cría al criador y es, finalmente, su dueño. Andrés me estaba preguntando no solamente por mi posición respecto a la teoría local de la relacionalidad, sino por mi posición respecto al diferencial colonial entre esa teoría cuyos derechos son subordinados y otra teoría, la del Estado y la ciencia, que establece relaciones físico-químicas y de propiedad sustentadas en adquisición mercantil. Traigo a menudo esta situación porque ejemplifica elocuentemente la circunstancia por la cual no hay un lugar neutro para la arqueología, que estando ya constituida en el campo del poder no puede desprenderse de su matriz de origen sin prenderse al mismo tiempo de una red de relaciones significativas. Estas, aun siendo locales, pueden ser también mías en la medida en que la práctica intercultural tiene como precondición la apertura a la transformación, a habitar la conversación. La inmensa tarea literaria de la arqueología, tal vez la de mayor significación política de todas cuantas puedan proponerse, consiste en narrar la mudanza del propio domicilio del pensamiento y la escritura.

Y no podría ser de otra manera. Pues poner en conversación aquello que, como la arqueología, se había sustentado en la negación de la comunicación intersubjetiva, conversar con el mundo objetivo adonde se había transpuesto la diferencia que constituye a la subjetividad colonial, como si de una ruptura metafísica se tratase, tarde o temprano conmueve a esa subjetividad. La investigación intercultural consiste en una conversación acerca de los dispositivos biopolíticos de disciplina de las relaciones con los dioses y localidades, y es por eso una conversación que conmueve nuestra relación con ellos.

---

65 Ver el Capítulo 9, en este mismo volumen.

Mudar la escritura es tanto un efecto como una efectuación de la arqueología intercultural, es tanto una descripción del lugar del pensamiento y la práctica como una provocación política de mi propia ignorancia.

Tal como describo mi lugar de la arqueología, podría caracterizarla como indisciplinada, intercultural y subjuntiva. Es *indisciplinada* de los supuestos disciplinarios, los más básicos y permanentes, sus objetos y sus métodos. Es indisciplinada del supuesto de la materialidad inerte de lo arqueológico, de la linealidad temporal como relación prioritaria entre lo arqueológico y el pasado. Es *intercultural* pues se desarrolla en conversación abierta y transformadora entre marcos de significado y supuestos culturales, en conversación que se hace cargo del diferencial de poder históricamente construido, una conversación que es tanto inter como intrasubjetiva, pues en los contextos poscoloniales todos somos diglósicos. Es *subjuntiva* porque no pretende la descripción indicativa de una realidad externa, sino que efectúa los deseos sobre la realidad que es tanto interna como externa. Ahora quisiera terminar como comencé, y para ello debería decir que la descripción de algunas de mis propias prácticas no pretende ser una justificación de esta mi arqueología en términos de un compromiso con el bienestar de nadie, pero tampoco se basa en un compromiso aséptico con la verdad de los objetos. Si algún compromiso existe, este es con la habitación. Habitar es siempre local y relacional, acontece en un lugar y en conversación. La necesaria localización del habitar me impide teorizar más allá de la localidad de mi habitar, pero es esa la escala de la conversación que me resulta relevante. Una conversación en la que intervienen otros tiempos y otros espacios que tejen sus voces, se localizan. Ser habitante, estar en el lugar y criar la vida local definen en buena medida mi manera de hacer arqueología. Ninguna ciencia puede pretender justificación plena en un mundo injusto. Tal vez me interesen otras mitologías, proponerme versiones del mundo que salgan del lado de adentro de las cosas, darme a mí mismo y a mi mundo unas buenas y necesarias subversiones. En momentos en que la fe en el mercado parece reemplazar a la fe en la razón (que a su vez había reemplazado la fe en la salvación), siento necesaria una vuelta a la tierra. La arqueología parece habérseme vuelto una conversación que alimenta un sentido contrahegemónico, decolonial y anticapitalista. Una conversación fuera de moda y de toda normalidad, pero fundamentalmente constitutiva, con la niña de trece años y el hombre de mediana edad cuyas enseñanzas Bruch desconoció en Hualfín, con sus antepasados y sus antiguos dioses, esos que sobrevivieron al amparo de la sombra, enterrados por arenas y matorrales, nombrados en silencio y alimentados en secreto.

Ciudad y frontera

La ciudad hispanoamericana ha sido un dispositivo fundador de la geografía colonial.[66] La ciudad era el asiento del poder imperial tal como este era encarnado por los vecinos, los españoles particulares que se hicieron cargo de la empresa colonial, que se ocuparon de empujar la frontera.[67] En este capítulo quisiera compartir tres escenas catamarqueñas en las que se reconfigura la frontera colonial en relación a la ciudad. Estas tres escenas son más o menos contemporáneas, en un lapso relativamente acotado que va del 2004 al 2007. Como adelanté, las tres ocurren en Catamarca, una provincia del noroeste de la República Argentina.

Pero antes de proceder con las escenas cabe un rápido resumen de la conformación territorial de la Argentina. Esta sucedió mediante la yuxtaposición de dos procesos coloniales: el español y el argentino. Durante el proceso colonial español[68] (siglos XVI, XVII y XVIII) la frontera se establecía mediante la fundación de una ciudad —acto que era estrictamente normado y ritualizado— y la conformación del cabildo —el cuerpo político de los vecinos (cristianos, blancos, varones

---

66 Escribí una versión anterior de este texto en 2008 en Medellín, para una conferencia leída ese mismo año en Cali, organizada por la alcaldía de esa ciudad. Fue publicado como "La ciudad desde adentro" en *Cuadernos de Ciudad* 8, 2008.

67 Juego en este texto con una noción de frontera que es geográfica al mismo tiempo que epistémica. Para lo que se ha dado en llamar "pensamiento fronterizo", ver *Historias locales / diseños globales*, de Walter Mignolo, Akal, 2003, Madrid.

68 Para una temprana y detallada descripción de la conformación territorial regional remito a *Londres y Catamarca*, de Samuel A. Lafone Quevedo, La Nación, 1888, Buenos Aires.

y propietarios) en quienes se delegaba colectivos de gente, territorios y recursos, sobre los que los vecinos desplegaban sus acciones de saqueo, explotación, represión, etc.—. También desde las ciudades se reducía a las comunidades a pueblos de indios, unos campos de concentración que, a partir de las reformas toledanas de 1570, debían disciplinar a las poblaciones locales al tiempo que *desterritorializarlas* para concentrarlas en puntos definidos del espacio de frontera. Se establecía entonces una relación directa entre la ciudad y los pueblos: la ciudad era el asiento de los colonizadores, del Estado, de la Iglesia, y los pueblos eran el asiento de los colonizados. Por ejemplo, la gobernación del Tucumán, perteneciente al Virreinato del Perú, tuvo una gran cantidad de fundaciones de ciudades, es decir, de proyectos de ocupación colonial, solo algunas de las cuales sobrevivieron a la tenacidad de una frontera meridional caracterizada por una resistencia armada de 140 años. Santiago del Estero fue así la primera ciudad persistente, a la que sucedieron San Miguel, Salta, Jujuy, Córdoba y La Rioja. Desde las ciudades de Santiago, San Miguel (en su asiento de Ibatín) y La Rioja los vecinos fueron progresivamente apropiándose de las tierras de las comunidades del Valle, una región encajonada entre altas montañas y relativamente fértil y habitada, intermedia entre las mencionadas ciudades y las sucesivas y fallidas ciudades del Barco y Londres, más al oeste. La Población del Valle, también llamado el Valle de Catamarca, era la frontera de la colonización, más allá de la cual todos los intentos de la fundación colonial habían fracasado sistemáticamente por las resistencias locales. Es recién después del sometimiento militar de la resistencia calchaquí que se decide reordenar la expansión colonial hacia el oeste mediante la fundación de una ciudad en el Valle, a partir de sectores de los territorios jurisdiccionales de las ciudades de Santiago, San Miguel y La Rioja, y de la entonces nuevamente trasladada y fracasada Londres. La fundación de San Fernando del Valle de Catamarca, en tierras del pueblo de indios de Choya, en 1683, constituye la última fase de la expansión colonial española en la gobernación del Tucumán, y tuvo el sentido que le daba la reconfiguración de la frontera tras la guerra colonial. La Población del Valle, antiguo asiento rural de los vecinos españoles, fue relocalizada por la fuerza en San

Fernando del Valle, y con el tiempo fue cambiando su apelativo por el de Valle Viejo, de donde traeré mi primera escena. Al otro lado del cerro Ambato, que había representado durante mucho tiempo la división entre el Valle (colonizado) al este y Calchaqui (resistente) al oeste se encuentra Pomán, donde se había trasladado la ciudad de Londres unos cincuenta años antes —a su vez trasladada a la nueva San Fernando del Valle— y de donde viene mi segunda escena.

Con el tiempo la dicotomía geográfica se va matizando en buena medida, dando lugar a asientos rurales de la élite, la chusma urbana y todo tipo de interdigitaciones demográficas entre las dos repúblicas, pero igualmente las dependencias, jerarquías y dicotomías políticas y raciales continuaban reproduciendo las relaciones coloniales originales. Son los cabildos de las ciudades los que participan, a favor o en contra, de las acciones políticas que conducen a inicios del siglo XIX a la independencia de la corona española, y las chusmas urbanas y rurales son movilizadas en la medida de los intereses de las élites. Lo cierto es que la historia de representación política en la conformación del Estado argentino fue una reproducción de la representatividad política española, de manera que territorialmente la nueva nación fue integrada por la adición de provincias —de allí su nombre original de Provincias Unidas— cada una de las cuales se definía en torno a una ciudad. Una vez establecido el Estado argentino de esta manera, y a medida de los intereses comunes de las élites de las provincias más poderosas, el ejército nacional procedió a la guerra contra los pueblos indígenas de la Pampa (los rankülche), la Patagonia (los mapuche, aönikenk, selk'nam y yamana) y el Chaco (los qom, wichí, nivaklé, pilagá, mocoví, mbya y avá). Estos pueblos derrotados en la guerra fueron, a su vez, reducidos en campos de concentración, y sus territorios fueron incorporados a la nación argentina bajo la forma de territorios nacionales, bajo jurisdicción militar. Estos fueron transformándose en provincias (es decir, divisiones administrativas con representación política) a lo largo de la segunda mitad del siglo XX, a medida que en sus respectivas ciudades capitales se conformaban grupos de población blanca que pudieran encarnar la representatividad política territorial. Hubo solo un territorio nacional anómalo, tanto en su formación como en su transformación: el Territorio Nacional de Los Andes. Este fue incorporado a la Nación Argentina no por una guerra colonial sino mediante un laudo arbitral del presidente de los Estados Unidos entre Chile y la Argentina, en 1900. Se trataba de parte del territorio que en 1879 Chile había obtenido de Bolivia en su guerra contra este país y el Perú. Ese territorio, entonces llamado Puna de Atacama, fue reclamado previamente a Bolivia, país que había reconocido la soberanía argentina como manera de condicionar la neutralidad de este país en la guerra. Antes de Chile había sido, entonces, de Bolivia, y antes de la independencia boliviana en 1825, había sido parte del Virreinato del Perú y luego de su desprendimiento, del Virreinato del Río de la Plata. En 1943, el Territorio Nacional de Los Andes, en lugar de provincializarse como los demás territorios, fue desmembrado en tres y su territorio (y junto con el territorio, sus habitantes) entregado a las provincias de Jujuy, Salta y Catamarca. La porción que le fue dada a Catamarca es Antofagasta de la Sierra, de donde traeré la tercera escena.

La primera escena tiene lugar en San Isidro del Valle Viejo, una localidad del conurbano de Catamarca, el 11 de octubre de 2004, el día del *contrafestejo* del Descubrimiento.[69] Se trata de un acto convocado por la Municipalidad de Valle Viejo, y que tiene como escenario la Plaza del Indio, en donde varios monumentos recrean motivos derivados de iconos de la arqueología local, magnificados en torreones, fuentes y paseos. Para la ocasión han sido invitados los caciques de las comunidades indígenas existentes en Catamarca, es decir, aquellas comunidades locales que han decidido presentarse ante el Estado bajo esa categoría especial de ciudadanía. Hay actos musicales, desfile de los estudiantes de los colegios del departamento y varios discursos. Entre ellos, se da lectura a la ordenanza municipal que establece la fecha de fundación de Valle Viejo el 19 de abril de 1668. La disposición, impulsada por el secretario de Cultura, hermano del intendente y profesor

---

69   He escrito sobre esta escena en "Archaeology on Both Side of the Iron Bars", *Archaeologies* 1(1): 111-118.

de Historia, viene a reparar un error histórico por el cual Valle Viejo adolecía de fecha de fundación como ciudad. Dado que no se encontró el acta de fundación —lógicamente porque tal fundación nunca existió— se decidió establecer el 19 de abril como la fecha a celebrar, tomando en cuenta que esta es la fecha en la cual se celebra al indígena americano. De 1668 son los más antiguos documentos escritos referidos a la Población del Valle que ha conseguido el Secretario de Cultura municipal, y se ordena entonces que el Departamento de Historia de la Universidad Nacional de Catamarca y la Junta de Estudios Históricos de Catamarca tomen debida nota de que, a partir del 11 de octubre de 2004, la ciudad de Valle Viejo fue fundada el 19 de abril de 1668. Todos felices, ya que, también desde entonces, la administración pública y las escuelas de Valle Viejo considerarán al 19 de abril como día festivo y, por supuesto, no laborable, una circunstancia largamente anhelada y que ponía a empleados de Valle Viejo en desventaja con los empleados de la muy cercana jurisdicción de San Fernando del Valle de Catamarca, que sí, como llevo dicho, cuenta con un acta de fundación y, por consiguiente, con su día festivo no laborable.

Encontramos en esta escena al estado municipal de Valle Viejo movilizando la retórica clasificatoria multicultural del estado nacional Argentino (a los caciques, a las willpalas, a la fecha celebratoria del indígena) para inventar administrativamente una verdad histórica acerca de un significante —la ciudad—, ya vaciado de su significado como invención administrativa de la frontera colonial. La ciudad aparece en la escena de Valle Viejo como un puro significante y, al mismo tiempo, como el lugar del deseo. La historia es producida *performativamente* mediante el acto administrativo de fijar la fecha de celebración de una fundación que nunca sucedió, no porque esa historia tenga un significado como pasado común, sino porque constituye una promesa de ciudad. La ciudad aparece en la escena de Valle Viejo como un patrón de normalidad de ciudadanía y de estado, un patrón que se origina en la historia y cuyo acomodamiento puede implicar la modificación de la historia de un plumazo si resulta necesario. Lo indígena es traído como otro significante, pues mientras se festeja a "nuestros indígenas" lo que se produce es ese "nosotros" normal respecto del cual los indígenas constituyen su referencia relacional. La ciudad es en Valle Viejo el deseo del Estado, que dice encarnar un nosotros que se expresa como poseyendo a lo indígena; configurando una simbolización fálica en donde lo indígena y la ciudad conforman los términos de sus respectivas ausencias.

El 21 de abril de 2006 apareció en el matutino local *La Unión* una noticia que ponía en evidencia de una manera bastante curiosa la política de la identidad indígena:[70]

> Descendientes de la comunidad Diaguita, de Pomán, se sienten ofendidos con el libro *Pueblos de indios de Pomán, Siglo XVII-XIX*,[71] y que pronto se presentará en la Universidad Nacional de Catamarca, por la calificación que reciben. Mediante nota, solicitaron que la autora, Gabriela de la Orden de Peracca, revea el mismo, y modifique la denominación "indios" por la de "diaguitas calchaquí".
>
> POMAN– Gabriel Antonio Ferreyra, descendiente del último cacique "Chasampi" de Mutquín, en el departamento Pomán, sostuvo que "sin conocer el contenido del libro, entendemos que desconocen nuestras raíces, que son diaguitas calchaquí". Por ese motivo, presentaron una nota al decano de la facultad de Humanidades, licenciado Luis Eduardo Segura, en la que solicitan modifiquen el título. El libro va a ser presentado en un acta académico el próximo 27 de abril, en el Salón Amarillo de la UNCA.
>
> "Si bien Ferreyra reconoce que es casi imposible que esto suceda, por cuanto ya el ejemplar debe estar

---

70 He escrito sobre esta escena en "This is Not an Answer to the Question 'Who is Indigenous?'", en *Archaeologies 3(3): 313-339*.
71 *Pueblos Indios de Pomán: Catamarca (siglos XVII a XIX)*, de Gabriela de la Orden de Peracca, Editorial Dunken, Buenos Aires, 2006.

impreso, nosotros queremos dejar un precedente antes de la salida del libro sobre nuestra opinión, como descendientes del cacique Chasampi".

"Contó que los antiguos habitantes de este pueblo fueron de la parcialidad Calchaquí, descendiente de la gran nación diaguita, aculturada por el Imperio incaico, a partir del año 1400 aproximadamente; por espacio de 200 años se habló el quichua. Recibieron el nombre de "Mutquy", que significa "olor", luego transformado en Mutquín".

"Para nosotros, esto es un agravio, porque Mutquín nunca fue un pueblo de indios. Según la cerámica de superficie, es de la llamada la Aguada, de unos 300 a 600 años, o sea que contamos con más de 1400 años, por esa razón no pueden tratarnos con el apodo que nos puso Colón, al llegar a la isla Guanini", resaltó.

El título no solo no fue modificado sino que, dos años y medio después, se presentó en el mismo lugar y por la misma autora un segundo libro, ahora titulado *Los pueblos de indios en Catamarca colonial*.[72] Esta escena señala, en primer lugar, la ingenuidad *presentista* de muchos historiadores a la hora de poner en el discurso presente categorías políticas que adquieren sentido dentro de configuraciones de diversidad pasadas, y que en el contexto en el que son emitidas resultan interpelaciones que tanto pueden suscitar sujeciones como resistencias a la sujeción. En esta escena, la resistencia de Ferreyra al apelativo "indio", una resistencia que lleva algo más de 300 años de demora, resuena, en cambio, actual, si la leemos como resistencia al más reciente apelativo "indígena" bajo el cual el estado establece su política multicultural que tanto es reificación de la diferencia —ante lo que Ferreyra no parece dispuesto a rebelarse— cuanto una reducción a una misma posición de sujeto como lo otro del patrón de

---

72 *Los pueblos de indios en Catamarca colonial*. Gabriela de la Orden de Peracca y otros, Editorial Dunken, Buenos Aires, 2008.

normalidad. Es precisamente desde el patrón de normalidad, con asiento en la universidad y en la ciudad de San Fernando del Valle, que es posible no solo escribir acerca de la gente de Pomán en términos de una categoría naturalizada como figura histórica, sino también hacerlo sin creer que deba uno hacerse cargo de las consecuencias. Es desde la posición de "la ciudad" que se puede hablar de "los pueblos de indios", y ya sea que se cuestione (Ferreyra) o no (de la Orden) la validez de la configuración de diversidad que le presta contexto significativo al significante "indio", lo que ni uno ni otro dicen ni cuestionan es que esa configuración de diversidad se enuncia desde un patrón de identidad normal que, por lo mismo, se refuerza como lo no cuestionado ni cuestionable. Mediante su referencia al conocimiento universitario sobre la cultura de la Aguada, que Ferreyra estatuye como la referencia de verdad histórica contra la cual rechaza el apelativo colonial, se niega a cuestionar a la universidad como el asiento del conocimiento acerca de la historia que se enuncia por encima y en contra de la memoria histórica de los mismos pueblos en nombre de los cuales él resiste la designación colonial.

En esta escena la ciudad aparece como el lugar incuestionado de la normalidad de la identidad, al mismo tiempo que es el lugar incuestionable de la designación de su propio exterior en relación al cual se define.[73] Lo irónico del caso es que la resistencia a la designación se produce sobre la base del acomodamiento a la misma maquinaria epistémica que se rechaza.

En Antofagasta de la Sierra hay un museo, llamado Museo del Hombre de Antofagasta de la Sierra, que fue montado por sendos equipos de arqueólogos basados en Buenos Aires y Tucumán. Durante unos pocos años realicé, con la participación de estudiantes de doctorado y de pregrado, maestros y profesores de las escuelas locales, personal municipal y pobladores ancianos de la comunidad de

---

73   Una teoría de la relacionalidad de la discursividad y la realidad desde el cual tomo algunos conceptos de este texto, en *Cuerpos que importan*, de Judith Butler, Editorial Paidós, Buenos Aires, 2002.

Antofagasta, algunas coinvestigaciones acerca del museo, los discursos académicos de la arqueología, los signos de la identidad, etc. Uno de los temas que en estas investigaciones volvía una y otra vez a la discusión eran los dos cuerpos humanos momificados que están alojados y exhibidos en el museo. El equipo de arqueología de la Universidad Nacional de Tucumán descubrió y excavó los restos, cuya momificación natural en condiciones de extrema sequedad ha llevado a la conservación de los tejidos cutáneos, el cabello y las ropas de los difuntos. Sin dar parte a la comunidad los cuerpos fueron llevados a San Miguel de Tucumán, donde fueron sometidos a análisis de variado calibre. Al cabo de dos años, el hallazgo de los cuerpos fue anunciado a la prensa, en una presentación oficial en San Fernando del Valle de Catamarca y luego llevados al Museo del Hombre de Antofagasta de la Sierra. El mismo procedimiento, que contó con el aval de la Dirección de Antropología de la Provincia de Catamarca, fue seguido primero con el cuerpo de un bebé y luego de unos años, en 2005, repetido con el de una mujer.

En marzo de 2007, una mujer de la comunidad realizó un hallazgo circunstancial junto a una peña. Se trataba del cuerpo momificado de un bebé y, por lo tanto, la policía lo llevó inmediatamente al museo. Allí, Ernestina Mamaní, la encargada del museo y una de nuestras compañeras de investigación en el mismo, sostuvo que se trataba de un antepasado y que entonces correspondía enterrarlo en el cementerio, dado que no podían cometer ellos el mismo error que los arqueólogos al dejar en el museo el cuerpo de dos familiares de la comunidad. Ante su posición, la Dirección de Antropología de la Provincia consideró que el cuerpo del bebe, siendo patrimonio arqueológico, entraba bajo su jurisdicción y que enviaría a un personal técnico a Antofagasta; mientras tanto el bebé debía ser alojado en el cuartel de la Gendarmería Nacional, un cuerpo especializado del ejército formado para defender las fronteras con los estados limítrofes y reciclado durante la década de 1990 como fuerza especializada en la represión de la conflictividad social interna. Al cabo de unos días se apersonó la arqueóloga Edith Valverdi, de la Dirección de Antropología, cuyas actuaciones fueron registradas por Ernestina Mamaní, Laura Roda y Wilhelm Londoño, estos últimos antropólogos de mi equipo.

La funcionaria determinó que, en principio, dado que se trataba de un entierro junto a una peña, y que la disposición del cuerpo y de los objetos acompañantes era muy similar a aquélla que tenía el hallazgo del Bebé de la Peña (el bebé exhibido en el museo y que según los arqueólogos tiene 4000 años de antigüedad), era un caso indudable de hallazgo arqueológico y que, por lo tanto, correspondía al patrimonio de la provincia y debía ser llevado a San Fernando para su estudio en la Dirección de Antropología. Ernestina, y con ella otros pobladores locales, se opusieron arguyendo que tanto el bebé entre manos como el que está en el museo eran antofagasteños y emparentados con ellos mismos, y que por lo tanto no dejarían que se lo llevasen del pueblo. Como evidentemente lo que estaba en juego era la movilización y/o la represión de la memoria social conforme se aplicara uno u otro marco de configuración de la diversidad, esta escena desembocó en una agria discusión cuyo escenario fue Tebenquiche Chico, un sitio arqueológico que yo mismo excavé durante la década de los noventa en territorio de la vecina comunidad de Antofalla.

Como parte de las actividades de la Semana del Museo, parte de la población de Antofagasta, más los antropólogos del gobierno y los de mi equipo, visitaron la comunidad de Antofalla, con el fin de conocer de primera mano las razones por las cuales los antofalleños habían decidido presentarse ante el estado nacional como comunidad indígena. Aprovecharon entonces para visitar Tebenquiche Chico, en donde todo el grupo recibió una clase ofrecida por el cacique de Antofalla, quien al término de su explicación dijo que esas eran las casas de los antepasados y que el lugar y los hallazgos pertenecían a la comunidad. Dicho esto la arqueóloga gubernamental discutió agriamente con la comunidad, una situación que permitió poner en discurso el supuesto de normalidad blanca desde el cual ella designaba al bebé como arqueológico y a los antofagasteños y antofalleños como blancos (criollos o mestizos, es decir, desprovistos de vínculo tradicional con la tierra) para, finalmente, echarle la culpa a Alejandro Haber por todos los males que le había acarreado la Puna durante su estadía.

Al cabo acordaron que examinaría el cuerpo del bebé en la dependencia de la gendarmería, examen que mostró que el bebé, por muy mucho que se pareciera al otro bebé de 4000 años, tenía bajo la ropa un cordel de hilo sintético y que, por lo tanto, no tendría más de 15 o 20 años de enterrado. Este último descubrimiento permitió destrabar el conflicto, pues se demostró que *no era arqueológico en modo alguno*, y fue entonces enterrado en el cementerio con una ceremonia en la que participó la comunidad de Antofagasta. Lo que no pudo desarticular el descubrimiento del hilo sintético fue la asociación metafísica que la mente de la arqueóloga gubernamental, y de toda la arqueología tras ella, había establecido entre lo indígena y lo arqueológico, entre la *forclusión* de la memoria local y la manipulación experta de los parientes. El descubrimiento del hilo sintético entre las ropas del bebé intervenido por la Dirección de Antropología —una intervención que, recordemos, se basaba en su extraordinario parecido de situación de hallazgo y disposición con el "incuestionablemente" arqueológico Bebé de la Peña—, vino así a cuestionar el propio supuesto mediante el cual el cuerpo del Bebé de la Peña de 4000 años es manipulado por los expertos y exhibido en el museo, una actitud que es expresada —como mínimo— como irrespetuosa por parte de los antofagasteños. Es decir, vino a cuestionar el patrón de normalidad de la ciencia desde el cual lo incuestionado deviene en "incuestionable".

En esta escena la ciudad aparece como el lugar desde donde se desarticulan las relaciones significativas entre la comunidad y sus antepasados, se reprime la memoria local y se reactualiza el trauma colonial. Es en la identificación política con el otro lado de la normalidad que la comunidad local se apoya para resistir la violencia experta del Estado, y para cuestionar el patrón de normalidad de la ciudad, la universidad y la gobernabilidad. En esta escena no solo se resistió eficazmente la designación realizada hacia el exterior desde la ciudad, sino que se cuestionó el patrón de normalidad que permite alimentar la fantasía del lugar que *designa-pero-no-puede-ser-designado*; es en base a esos cuestionamientos que se dimensiona públicamente el restablecimiento de las relaciones de cuidado de los dioses y se evitan sus intentos de domesticación.

En las tres escenas, que acabo de describir brevemente, se pueden ver distintos grados de actuación de la ciudad como significante colonial que, al ponerlos en movimiento, se nos aparecen como una frontera entre la ciudad como lugar del deseo de Occidente y su exterior como aquello que es necesario penetrar: la frontera. La frontera es un espacio no meramente físico, sino un espacio definido por la carencia de aquello que constituye la normalidad desde la cual la ciudad se enuncia. Al mismo tiempo, vista la ciudad desde la frontera, se abre un cúmulo de posibilidades, de fortalecimiento de las memorias locales, que no tardan en establecerse como los lugares desde los cuales se sostienen los regímenes de cuidado de la tierra y los dioses y las teorías de la relacionalidad que se posicionan en alternativa al deseo de la ciudad. Si la ciudad es vista, no desde su propia enunciación, sino desde su exterior epistémico, aparece como promesa que no puede ser cumplida. También desde afuera podría uno preguntarse si incluso la ciudad puede ser reconstituida por la realidad de la vida.

Hijos del (des)arraigo

Vamos a comenzar por una frase esperada: estamos aquí para mirar las fotos de niños del oeste rural de Catamarca que nos ofrece Eduardo Aroca.[74] Podría parecer que esa es la frase que nos da licencia para pasar ahora a hablar de la fotografía, del fotógrafo y de lo fotografiado, y olvidarnos con cierta comodidad del hecho fundamental que la muestra de Aroca en realidad nos ofrece: el que nos encontremos aquí, en este lugar, para observar fotos de niños campesinos de Belén y Antofagasta. Lo primero que quiero decir, entonces, es que Aroca, al montar esta muestra, crea una situación cultural en la que deseo detenerme, una situación que no es el que haya niños en el campo del árido cordillerano, ni que ellos hayan sido fotografiados, sino que haya un público en la ciudad capital interesado en observarlos y que, en consecuencia, hasta aquí se ha acercado. Una situación que podría parecer banal, pero que demuestra no serlo si tan solo reconociéramos que no es algo que se dé a la inversa: este es un fenómeno urbano, capitalino; el de reconocer en la fotografía una manera de ver los rostros de quienes están lejos. Y esa lejanía, que la fotografía pretende acercar pero al mismo tiempo reafirma, es una lejanía geográfica, pero también cultural. Cuando digo distancia cultural no pretendo

---

74   Este texto fue leído el 3 de abril de 2009 con ocasión de la inauguración de la muestra fotográfica *Hijos del arraigo*, de Eduardo Aroca, en el Centro de Cultura y Turismo Municipal de San Fernando del Valle de Catamarca, y hasta ahora permaneció inédito. Agradezco a Aroca la invitación a participar en su inauguración, y muy especialmente por facilitar las fotografías secuenciadas que formaban parte de la muestra original y acompañan esta publicación.

significar que se trata de culturas diferentes, sino que la lejanía que experimentamos respecto de los niños fotografiados en esta muestra se origina en nuestra cultura urbana, de clase media tal vez, más o menos blanca, que precisa constatarse distante de lo campesino, de la pobreza, de lo indio o kolla, y que se complace cuando la distancia cultural queda reafirmada por una distancia geográfica, y entonces queda en libertad para pensarse históricamente distante. Algo así como que al fotografiarlos a ellos, al ver las fotografías, me sitúo yo mismo como alguien que fotografía a los niños campesinos o los ve en las fotografías, una situación de mí mismo que me pone a la distancia de los niños fotografiados, que me constituye como diferente. Y es situado como diferente y distante que puedo, luego, tener distintas actitudes o emociones: admiración, placer estético, pena, conmiseración, voluntad de intervención, etc. Quiero, entonces, invitarlos a reflexionar sobre el hecho de esta muestra, y para ello les propongo considerar a la cámara de Aroca como un dispositivo técnico que nos introduce en la ficción de la distancia esencial entre lo fotografiado y quien lo observa; con lo cual no quiero decir que no haya distancia, sino que se trata de una distancia que nuestra cultura urbana necesita construir y sostener. Pero ese necesitar la distancia fotográfica revela su propio límite, porque en últimas esta cámara duda de ella, esta muestra no está cómoda ni nos deja allí cómodamente instalados. Es una relación de distancia elaborada culturalmente sobre la intuición de saberse, sin embargo, del otro lado de la cámara. Una vinculación doble y contradictoria que, viendo las tomas en esta muestra, Aroca, cámara en mano, ha intuido. Y es acerca de las marcas de esa intuición que quisiera referirme.

Más allá de los niños, que son el tema explícito del ensayo fotográfico de Aroca, en este se reiteran insistentemente ventanas y puertas, pero sobre todo las ventanas. Ventanitas, diríamos, porque son pequeñas las aberturas en las casas kollas en donde la luz del sol es exageradamente intensa, y las diferencias de temperatura son abruptas entre adentro y afuera, día y noche. Pero no es una explicación de la funcionalidad arquitectónica de las ventanitas lo que en verdad me interesa, sino el hecho de que son las ventanitas un símil del dispositivo técnico con el cual Aroca las trae: su cámara; y, trayéndolas con insistencia, nos llama la atención no solo sobre las ventanitas, sino sobre la cámara en sí misma. A la analogía entre la cámara fotográfica y nuestro ver las fotografías en la muestra, Aroca nos propone añadirle otra capa metafórica, las ventanitas.

Y es que las ventanitas son precisamente aquello que, cuando estamos dentro, nos permite ver hacia fuera y, si estamos fuera, nos permite pispear para adentro. Aunque, en rigor de la verdad, hay que decir que la diferencia de luz entre adentro y afuera es mucho mayor de la que puedan captar el ojo o la cámara. Cuando entramos en una cocina de una casa, tal como algunas de las que aquí aparecen fotografiadas, nuestra primera sensación es la de habernos quedado completamente ciegos. Acostumbrados a la intensa luz del día, que nos obliga no pocas veces a entrecerrar los ojos, entramos en un ambiente oscuro, tiznado por el hollín como el dintel de la casa de una de las tomas, lo que nos hace abrir los ojos como buscando algo de la luz que hasta hace un instante nos invadía, solo para llenarnos los ojos del humo de la leña que, en la conchana o la cocina de fierro, arde bajo el caldero de la mágica preparación que elabora la 'mama'. Y no hace falta más que seguir la invitación de Eduardo para sentir el aroma de la comida que se escapa por la puerta de la cocina en la toma más alejada de la puerta, cuyo dintel muestra su tizne en la otra foto de la misma secuencia. Se trata de una escenografía doméstica remarcada por una tenaz diferencia de luminosidad; la cocina es el entorno amniótico por excelencia, allí donde de a poco vamos descubriendo el banquito en el que se nos invitaba a tomar asiento, como la silla que aparece en primer plano con el cojín todavía hundido, lentamente descubrimos los hilos de luz que se cuelan entre las pajas del techo, los enseres y preparativos, los niños colaborando y jugando entre las piernas de la mama, el cariño envolvente de la crianza de la vida. Una escenografía, en fin, excesiva en sensaciones, una escenografía que no está hecha para ser vista a la distancia teatral, sino que *nos hace* envolviéndonos con sensaciones, con vibraciones, con caricias. Ese es, en definitiva, el lugar donde se crían los niños que Aroca nos trae, el lugar donde se cría el arraigo del que nos quieren hablar Aroca y los niños. Asomándose a las ventanitas con su ventana fotográfica, sugiere ese mundo interior, el mundo interior que también nos enuncia (*Figuras 6a, 6b* y *6c*). Y una vez que hemos sentido el calor de la cocina, es decir, que nos hemos dejado cocinar como alimento de la vida, estamos preparados para reconocer esos arraigos, esos regímenes de crianza, también en las visiones exteriores, en las cuales los niños se muestran abrazando cabritos y corderitos, se muestran, en fin, como criaturas y criadores, jugando con los hermanitos, trayendo la leñita para la cocina, sentaditos junto a la mama que está esquilando en la vega, ovillando el hilo de llama junto a la casa.

Ese es el mundo que Aroca nos trae en el rostro de sus hijos del arraigo, ese es el mundo que es Catamarca desde hace milenios, y que ha devenido en mundo interior solo porque ha venido a imponérsele otro mundo, que es el urbano, el expansivo, el mundo que designa pero que no se deja designar, el mundo que se establece como el plano de la normalidad. En rigor, aquél es el único mundo que ha probado ser posible a largo, larguísimo plazo. El nuestro, el mundo de la ciudad, es muchísimo más reciente, de una historia más corta y, también, ahora que también ha contraído la escala, las miserias y las plagas de las ciudades, aún más dudosa.

Figura 6a. Fotografía de Eduardo Aroca.

Figura 6b. Fotografía de Eduardo Aroca.

Al otro lado del vestigio

Figura 6c. Fotografía de Eduardo Aroca.

Probablemente lean ustedes en mis palabras un alegato en contra del progreso, y si acaso es que lo pensaron ustedes o bien es el pensamiento de quien tienen a la par, les propongo que hagamos otra detención, otro alto, que enfoquemos —ya que estamos frente a un ensayo fotográfico— ese pensamiento. Pues qué sería poner en términos de progreso, es decir, de un cambio a lo largo de una línea de tiempo, sino transformar en distancia histórica aquello que nuestro estar aquí viendo las fotos de los niños campesinos nos presenta como distancia geográfica. Y así como en un principio les proponía ver a esa distancia como un efecto de la cámara fotográfica, vista esta como una metáfora cultural, es decir, como una elaboración cultural del mundo urbano de clase media acerca de su otro, el mundo pobre campesino, quiero llamar la atención sobre la puesta de estos dos mundos en distintos momentos de una misma línea de tiempo, de tal manera que se pueda decir que uno de ellos está más cercano del progreso que el otro. Y quiero llamar la atención sobre esta ficción de creación de una distancia histórica entre quien ve y quien es visto, porque es esa la ficción que hace posible la disposición, no pocas veces bien intencionada, que motiva un sinnúmero de intervenciones en los mundos campesinos, y que conforma el hostigamiento mediante el cual acaba produciéndose la *descampesinización* que atraviesa la región desde hace tres décadas. Pues qué otra cosa sino nos quiere decir Aroca con su estética de la ventana habitada una vez por la niña y otra por la adolescente, luego seguidas de la ausencia (*Figuras 7a, 7b y 7c*). Pudiendo seguir a la niña ya seguramente mujer, la cámara se ha quedado fija en el lugar de la crianza, en el lugar en donde se es, un lugar que se queda vacío porque sus hijos e hijas son víctimas, no de su lugar, que es el que les da el arraigo, sino de la descampesinización que, como nos cuenta Eduardo, las más de las veces se traduce en una migración a la ciudad para ocupar los roles más oprimidos de la vida urbana: servidumbre, prostitución, cirujeo, etc. Y allí está el dolor que nos quiere transmitir este ensayo. Una herida que no es algo que podamos ver, sino que es un lugar *desde donde ver* a Catamarca. Ese es el mensaje de este ensayo fotográfico. Porque si bien la niña que pudo ser fotografiada en donde está hoy, probablemente en alguno de los barrios periféricos de esta misma ciudad, o atendiendo los menesteres domésticos de alguna casa de clase media, Eduardo prefirió traernos la ventana vacía, la ventana de la casa en donde antes se asomó sonriendo, su lugar de crianza, su arraigo, su mundo interior.

Y es en ese lugar del dolor desde el cual prefiero ver tanto las fotos como a mi mirar las fotografías. Pues al poner las fotografías en sus historias de vida, Aroca nos propone romper con las determinantes técnicas de su arte, que se revelan, ellas también, como convenciones. Un clic instantáneo es transformado en secuencia de lugar, en historia que es siempre historia de crianza, pero que muchas veces termina siendo de despojo. De crianza de un mundo y de despojo de ese mundo. Arrojados los niños a la máquina de trituración, acabarán mucho más lejos de sus mundos contenedores de crianza que lo que la técnica fotográfica pudiera significar. Allí el clamor que se oye en estas paredes. ¿Pero qué es lo que ese clamor clama?

Figura 7a. Fotografía de Eduardo Aroca.

Hijos del (des)arraigo

Figura 7b. Fotografía de Eduardo Aroca.

Figura 7c. Fotografía de Eduardo Aroca.

A mi modo de ver, no clama asistencia, porque los niños están fotografiados en sus mundos de contención; no clama cultura, porque textos e imágenes declaran por ella su admiración; no clama progreso, porque ha querido poner al desnudo las historias reales que aquel canto de sirenas conlleva. A mi modo de ver, a mi modo de ver este ensayo, el mundo del interior no clama otra cosa que reconocimiento. Reclama ser reconocido como un mundo en sí mismo, como un mundo sostenido por regímenes de crianza propios y valederos, por conocimientos prácticos que le son útiles y por conocimientos profundos que le son necesarios, por una relación amniótica con la tierra que le es vital, por un amparo a los dioses que es también un amparo de los dioses. Reclama que cese el hostigamiento jurídico que desconoce las relaciones tradicionales con la tierra, el hostigamiento cultural que desconoce los conocimientos locales y a los conocedores locales, el hostigamiento ambiental que desconoce la larguísima historia de relación evolutivamente exitosa entre las poblaciones campesinas y el entorno, el hostigamiento académico que desconoce la validez del conocimiento local y su prioridad local, el hostigamiento político que desconoce las capacidades y modos locales de organización y de demanda; el hostigamiento económico que desconoce la vitalidad de las relaciones entre la gente, el paisaje, los animales, el agua, las plantas, enceguecido por medir toda relación en términos de su rendimiento mercantil. Clama reconocimiento. Solo comenzando con el reconocimiento es posible pensar en una relación constructiva. Y los mundos interiores que aquí se cuelan por las rendijas de las ventanitas frente a las cuales nos ha querido poner Aroca, que llevan siglos siendo objeto de hostigamiento, han recibido una condena a muerte que se ha querido confirmar a lo largo de las últimas décadas. La renovada voracidad del mercado de tierras y metales, la nunca antes vista disponibilidad de capitales de inversión, y la muchas veces vista disponibilidad de los recursos políticos y jurídicos del Estado a favor de esos capitales y en contra de los hijos del arraigo, es decir, contra quienes deberían ser reconocidos por el capital y el Estado como los dueños intransferibles de sus mundos de crianza, se han conjugado para dar forma y continuidad a este proceso de destrucción de la Catamarca campesina. Una Catamarca que, insisto, es la única que ha demostrado ser capaz de autorreproducirse por milenios sin implicar en ello ni la degradación ambiental ni la indigencia social ni la vergonzosa inequidad de la que la Catamarca voraz ha demostrado ser capaz en mucho menos tiempo. ¿Será por eso que el Negro Aroca nos ha puesto también frente al gesto sublime del alumbramiento del santito? ¿Será, acaso, un ruego a los dioses el que nos enseña la niña del Culampajá? ¿Será un ruego por nosotros que, como este ensayo sugiere, nos vemos incómodamente situados de un solo lado de la cámara? ¿Será que nosotros nos vemos también como esos hijos del arraigo, a punto de ser arrojados del mundo que nos contenía?

Vamos a terminar por una frase no esperada: las fotos de niños kollas que nos ofrece Eduardo Aroca están aquí para mirarnos. Al mirarnos mirándolos, desnudan toda disposición complaciente con nosotros mismos, y nos recuerdan que estamos de este lado de la foto quienes carecemos de un régimen de cuidado de la tierra, de crianza de la vida, y de amparo de las relaciones. Nos invitan, pues, a calzar las uyutitas, a pasar al otro lado de la cámara, a tomar asiento en la silla aún caliente, en fin, Catamarca: a aprender a escuchar y a aprender a aprender de estos niños y de sus mundos interiores, a cambiar desconocimiento y voluntad de intervención por reconocimiento y voluntad de diálogo, voracidad, poder y demás cantos de sirena por crianza de la vida, en definitiva lo único que con certeza sabemos que esta tierra siempre ha querido de sus hijos.

Disciplina, plasticidad y alteridad en el estatuto epistémico del arte indígena

David Blanasi vivía en Wugularr, Arnhem Land (Australia) y era un reconocido pintor, fabricante y ejecutante de didjeridu.[75] Sus pinturas sobre corteza y discos vendían por millares, tenía contratos con sellos discográficos, hacía giras por el mundo; la prensa especializada lo consideraba un artista aborigen de primer orden. Aunque ganaba mucho dinero, una medida incuestionable del éxito —también artístico— dentro de la sociedad capitalista, este se evaporaba de sus manos tan pronto como llegaba a su comunidad. Daba entrevistas, le hacían notas, aparecía en televisión. David encajaba perfectamente bajo el rótulo de artista. Los auditorios extraños apreciaban su arte musical. Un día se fue. Es decir, salió a caminar por el monte, por el desierto, sin decir nada a nadie. Probablemente se cobijó al pie de unas rocas y se puso a cantar los cantos masculinos de su clan hasta que, como indica la tradición, se convirtió en espíritu. Hay quienes aseguran haberse comunicado con él.[76]

---

75 Una primera versión de este texto fue publicada como epílogo al volumen *Arte indígena. Categorías, prácticas, objetos*, coordinado por María Alba Bovisio y Marta Penhos, pp 157-163; número 4 de la Serie Inter/Cultura = Memoria + Patrimonio, Colección Con-Textos Humanos, Doctorado en Ciencias Humanas, Facultad de Humanidades, Universidad Nacional de Catamarca y Grupo Editor Encuentro, Catamarca y Córdoba, 2010; y luego modificado para su publicación en *Páginas de cultura* 4, 2011.
76 La historia de David Blanasi me fue contada por Claire Smith, quien también me introdujo en su música. Más información y referencias se encuentran en su libro *Country, Kin and Culture*.

Este cuento sobre David Blanasi (tengo otros pero aburriría) va en el siguiente sentido: el que se pueda hacer una lectura categorial desde la *episteme* hegemónica (tal como sería considerar artista a Blanasi, y obras de arte lo que hizo) solo habla de la dificultad que tiene esa episteme (normalmente la occidental) para advertir las propias condiciones de reproducción de la hegemonía. Hay otra lectura al otro lado de las cosas —generalmente la hay—; muchas veces son lecturas que no se molestarían si se les dice *arte*, no porque se lo crean ni porque lo necesiten sino porque han aprendido la coexistencia con lenguajes hegemónicos. "Esa imagen se puede ver pero la historia es un secreto" dijo David Blanasi.[77] Es decir, incluso dicen en lenguaje artístico lo que lingüísticamente *no dicen;* o, mejor, porque no pueden decir lo que *no dicen*. Se expresan en frecuencias que el lenguaje hegemónico no capta o mal interpreta (las artes populares, las costumbres folklóricas, la broma y el juego, en fin, géneros que, siendo comprendidos como secundarios, hilvanan haceres y decires [de]generados pero generatrices). Esos haceres y decires subalternos tienen sentido en y dan sentido a teorías locales de relacionalidad.[78] Fuera de ellas

---

Survival of an Australian Aboriginal Community, Wakefield Press, Kent Town, 2004. Su música puede escucharse en el álbum *Didjeridu Master*, Lates, Australia, 2001.

77 "That picture you can see but that story him secret", dijo David Blanasi a Claire Smith. Smith, op. cit., p. 174. Traducción mía.

78 Debo disculparme con los amantes del castellano por este barbarismo (que ya ha aparecido anteriormente en el texto), que asumo con todo el peso que tiene el concepto de barbarie para denotar a la vez que denunciar la violencia epistémica en que se sostiene la diferencia colonial. *Relacionalidad* refiere a teorías otras acerca de relaciones posibles y/o correctas entre los seres en el mundo. David lo llama *law* en criol (que he traducido en la Nota 92 como *ley*). He utilizado, en otros textos, otras designaciones para la misma idea: *metapatrón* (traducido de *meta-pattern* de Herzfeld) y *uywaña* (verbo aymara aru por criar, cuidar, proteger, entre otras acepciones). Otros antropólogos han tenido similar dificultad, optando, por ejemplo, por *ciencia social melanesia* (Marilyn Strathern), *relationality* (James Weiner) o *perspectivismo* (Viveiros de Castro). Es para mí el contexto de la justicia no solo en términos culturales como interculturalmente hablando, lo cual tiene consecuencias serias

pueden ya pasar inadvertidos o ser denominados, clasificados y cosificados como otra cosa. Incluso pueden medirse exitosamente en el mercado. En ninguno de estos casos pierden necesariamente sus sentidos locales. Al contrario, muchas veces pueden expresar sus sentidos locales dado que tienen sentidos hegemónicos. Entonces, están tan enredados en relacionalidades locales como contrapuntean los sentidos hegemónicos. David Blanasi ejecutaba con su didjeridu las músicas de los espíritus de las aves, los peces, los canguros y los dingos, junto a un cantante, dos percusionistas y algún aprendiz que finalmente heredó su conocimiento. Tras la muerte de su amigo cantante, partió. El sentido de su partida —muy cerca del sentido de su vida— tal vez haya tenido muy poco que ver con que sus conocimientos se considerasen arte y él mismo artista, incluso artista aborigen. Que su relación con la música y con el didjeridu fuesen arte, religión o ciencia es una preocupación que no forma parte del mundo que sostiene sus haceres y que estos ayudan a sostener. No es ningún privilegio el que se los considere arte o no, no representa ninguna justicia. La única justicia permanece en la manera localmente relevante de relacionarse con los seres del mundo, en la teoría local de relacionalidad; *law* en sus palabras.

Desde esta posición me propongo[79] discutir el estatuto epistémico del arte indígena. En el reciente volumen que María Alba Bovisio y Marta Penhos le dedican al tema, Gustavo Verdesio y Florencia Ávila lo sospechan y entreven algo en los confines de sus propios entendimientos. Guillermo Wilde se dedica con consecuencia a un marco relacional,

---

para el multiculturalismo. En este texto abordo solo algunas de ellas. Una de las primeras consecuencias es que no hay traducciones directas de relacionalidad en las lenguas imperiales, y por ello prefiero forzar el idioma para hacerlo decir aquello para lo cual está hecho para callar. Es más, cuanto más pienso en ello más me doy cuenta cuán pertinente es esta palabra bárbara para la discusión planteada.

79 Este texto es una versión modificada de "Disciplina, plasticidad y alteridad. Un epílogo para el arte indígena", en María Alba Bovisio y Marta Penhos, op. cit., pp 157-63.

inspirado en la obra final de Alfred Gell,[80] que le abre el camino. Lucila Bugallo arriesga su propio domicilio más allá de sus confines. Los textos de Ticio Escobar, María Alba Bovisio y Marta Penhos, Pablo Wright y Marta Penhos, y María Hellemeyer se mantienen cercanos a lo artístico como tal, y procuran abrirlo para que en esa categoría calcen otros objetos y prácticas. Con esa intención de abrir lo artístico, ese campo es objetivado, criticado y revisado. En fin, los distintos textos recopilados en ese libro pueden ser más o menos ubicados a lo largo de un espectro de respuestas a la pregunta por el estatuto epistémico de un conjunto de cosas a las que cabría considerar arte indígena, o acerca de la justicia o pertinencia de considerar una cosa tal como el arte indígena. ¿Qué implica preguntarse por la pertinencia del arte indígena?

Tal vez haya yo inaugurado este texto trayendo a la memoria a David Blanasi como contrapeso a la presentación de Ángel PitaGat en el texto de Pablo Wright y Marta Penhos.[81] De acuerdo a ellos, en lo plástico existe alguna experiencia estética que, con independencia del contexto cultural, lo hace merecedor de ser considerado arte, y si se trata de contextos indígenas debe ser, pues, arte indígena. El caso de Ángel PitaGat, quien dibuja a pedido del etnógrafo Pablo Wright los personajes de la cosmovisión qom, es sin dudas un caso de detalle para explorar la categoría de arte indígena, con el añadido de presentar una situación intercultural. Me intriga, no obstante, el pretendido alcance de la experiencia estética como clave de entrada a la categoría de arte, que estaría condensada en algunas expresiones de los *informantes* que ubican el sentido de lo plástico allí donde los autores quieren encontrarlo. "Al dibujar un perro del monte, un *jaq'a'* de brillantes ojos rojos y cola bifurcada…, Ángel lo rodeó de una guarda azul y

---

80 *Art and Agency: An Anthropological Theory*, de Alfred Gell, Oxford University Press, Oxford, 1998.
81 "Los dibujos de Ángel o las encrucijadas del arte indígena", de Pablo Wright y Marta Penhos, en María Alba Bovisio y Marta Penhos, op. cit., pp 103-22.

blanca, una suerte de extraño arco iris patrio que podría significar el cielo, y ante la pregunta '¿y esto qué significa? ¿Por qué lo pusiste?', simplemente respondió 'porque queda más lindo'".[82] En mi modo de ver las cosas, el que Ángel PitaGat diera esa respuesta no significa que su *hacer el objeto* tuviera la intención de producir en él o en otro una experiencia estética. Es decir, el "queda más lindo" dicho por Ángel PitaGat no es lo mismo que el "queda más lindo" dicho por Pablo Wright (aun cuando solo conocemos el "queda más lindo" de Ángel PitaGat mediante el particular trabajo de descontextualización y recontextualización realizado por el etnógrafo y los autores-editores de sus dibujos y palabras). Entre uno y otro "queda más lindo", cabe suponer, hay algo más que la socialización en técnicas de representación visual (televisión, dibujo, pintura, etc.);[83] lo que discurre en el medio es la experiencia moderna de lo estético como campo autónomo.[84] Claro que existe la experiencia de lo bello,[85] pero el campo de experiencia que esa belleza supone es diferente (y utilizo esta palabra con un sentido que excede a la no equivalencia).

---

82 Ibídem. pág. 122.
83 Respecto de los medios técnicos en el arte indígena, y en esepecial en torno al vídeo indígena, es muy importante el contrapunto entre James Weiner, "On Televisualist Anthropology: Representation, Aesthetics, Politics", en *Tree Leaf Talk*, Berg, Oxford, 2002; Javier Sanjinés C., "Mestizaje cabeza abajo". La pedagogía al revés de Felipe Quispe, "El Mallku", en *Indisciplinar las ciencias sociales*, editado por Catherine Walsh, Freya Schiwy y Santiago Castro-Gómez, Universidad Andina Simón Bolívar-AbyaYala, Quito, 2002; y Freya Schiwy, "Descolonizando el encuadre: vídeo indígena en los Andes", en *(Des)Colonialidad del ser y del saber*, editado por Freya Schiwy y Nelson Maldonado-Torres, Signo–Duke University, Buenos Aires, 2006.
84 "La estética de la crianza. Los santos protectores del ganado en la Puna de Jujuy", de Lucila Bugallo, y "Objetos indígenas en el arte de la misión: entre el análisis estético y la interpretación cultural", de Guillermo Wilde, en María Alba Bovisio y Marta Penhos, op. cit., pp 85-102 y 123-141.
85 Y en ese sentido es relevante el argumento de James Weiner en *Tree Leaf Talk*.

Las flores en la señalada andina están allí para producir belleza;[86] incluso la belleza de los animales es materia de comentario durante el acontecimiento. Ahora bien, leer esa belleza como enmarcada en un género autónomo de lo bello es ya solo posible si tenemos la experiencia de lo artístico como un campo posible, es decir, independientemente de que los sujetos que deban disfrutar la belleza de las flores (o cuyas miradas esa belleza pretenda atraer) sean otro tipo de otros, esta vez no los indígenas sino los dioses.[87] El que quede más lindo debería ser comprendido como una frase muy distinta de acuerdo con el marco epistémico en el cual se lo enuncia, y el contexto intercultural del enunciado; por más que materialmente corresponda a las mismas palabras. Lo mismo vale para el ejemplo del brazalete del cacique chamacoco Túkule al cual este agrega una hilera de plumas rojas "para que sea más hermosa".[88] Gustavo Verdesio[89] pareciera develar más agudamente el riesgo implicado en asimilar experiencias otras a una categoría tal como arte indígena, una categoría que no ha sufrido ella misma aún una reconstrucción desde un marco epistémico otro.[90] El que los dibujos de Ángel PitaGat puedan ser leídos en clave de *obra de arte* no significa que lo sean para él o su mundo, o mejor, que el sentido que sus dibujos tienen en su mundo pase centralmente por ser considerados obras de arte.[91]

---

86 Bugallo, op.cit.
87 Ibídem.
88 "Arte indígena: zozobras, pesares y perspectivas", de Ticio Escobar, en María Alba Bovisio y Marta Penhos, op. cit., pp 17-31.
89 "Esto no es una pipa: el discurso sobre la cultura material de los constructores de montículos de tierra en los Estados Unidos y Uruguay", de Gustavo Verdesio, en ibídem, pp 73-84.
90 Bugallo, op. cit.
91 "If that story gada meaning we can't tell him, just leave him that and don't talk that name, don't tell anyone. Just leave that picture in that book but no story, that's the way him go. Might be sometime you can put it. I got a lot of story for that art, can't tell him name, sometime you might put him longa book and you put my name too, might be I get killed. Too many law" ("Si esa historia tiene significado no podemos contarlo, solo déjalo así y no hables ése nombre, no le digas a nadie. Solo deja la imagen en ese libro pero sin historia, esa es la manera en que anda.

Así, no es que no sea lícito hablar de arte indígena. Claro que lo es. Aún así insisto en que no se trata de cambiar o expandir las categorías del lenguaje para que lo diferente sea llamado con los nombres de lo hegemónico. Cuando el objetivo se enuncia en términos de una convivencia en la diversidad, suele perderse de vista la manera en la cual la hegemonía se constituye en la diferencia, y se nubla la visión del propio lugar hegemónico. Y si de lo que se trata es de pensar en el arte indígena, ha de tenerse en cuenta que es una categoría que atraviesa al menos dos campos relacionales ya constituidos en la diferencia[92] (cada uno por su cuenta, aunque en el fondo en una misma historia): lo indígena y lo artístico. Tanto lo indígena como lo artístico se constituyen en la diferencia respecto de su otro, aunque de manera respectivamente inversa: cada uno en sus respectivos campos, lo indígena ocupa la posición estructural opuesta a la de lo artístico. El que el intento usual consista en nombrar a lo indígena desde el lugar del arte, y no a la inversa, nombrar el arte occidental desde el lugar de lo indígena, habla a las claras sobre cuáles son las geografías de enunciación hegemónica.

Aunque no explícitamente, la constitución independiente de ambos campos aparece en el texto de Gustavo Verdesio;[93] no en sus palabras sino en las huellas que estas dejan, donde es posible ver la constitución hegemónica de lo indígena en el discurso de la normalidad. El autor, incluso esforzado por reivindicar a las víctimas del coloniaje, se muestra mejor equipado para ver lo invisible en los Estados Unidos que en su Uruguay. Aún aludiendo a lo indígena como parte de la fantasmática identitaria, permanece solidario con el imaginario de desaparición de los indígenas del Uruguay. En este sentido, y forzando a Verdesio a decir lo que tal vez no disponga, es

---

Podría ser que alguna vez puedas ponerlo. Tengo un montón de historia para ese arte, no puedo decir su nombre, alguna vez podrías ponerlo en un libro y poner también mi nombre, yo podría ser muerto. Demasiada ley"), entrevista de Claire Smith a David Blanasi, traducción mía. Smith, op. cit. pág. 174.

92 Lo que Sanjinés, op. cit. y Schiwy, op. cit., insinúan en discusión con Weiner, op. cit.
93 Verdesio, op. cit.

probable que haya que considerar que el espectro no es el indio sino su ausencia. Es decir, no hay manera de acercarse al *de dónde salieron* los uruguayos sin partir de un piso en el que los indios *están* ausentes (remarco el verbo en presente del indicativo porque no es que no estén, sino que están en su carácter de ausentes, negados). Podría ser, entonces, en relación a esa ausencia que se configura el imaginario identitario uruguayo en el texto de Verdesio (y tal vez sea lícito extender lo mismo para los rioplatenses en general).[94] La dificultad de examinar críticamente el proceso histórico de exterminio de los otros reside en que es el mismo proceso mediante el cual se constituye el *nosotros*. Si se examinara de cerca el proceso histórico se vería, tal vez, que en el exterminio también hay continuidad (de las prácticas, aunque no de las categorías de enunciación). Llegados aquí, los cerritos, como signo del discurso hegemónico acerca de lo indígena, no como práctica cultural indígena, operan de manera distinta en los distintos regímenes de invisibilidad, como propone Gustavo Verdesio.[95]

Tal vez sea en el texto de María Hellemeyer[96] donde se deje entrever la dificultad que supone que el arte indígena se encuentre en la encrucijada de dos campos constituidos inversamente respecto de la diferencia colonial. Y es que, en su comparación de tres museos argentinos metropolitanos genéricamente diversos (bellas artes, etnografía y ciencias naturales) el texto quiere mostrar la manera en la cual el evolucionismo ha contribuido a la invisibilización de la historia y el arte indígenas. Ahora bien, el que en un museo etnográfico o naturalista no se enfatice el carácter estético o artístico de un objeto, puede deberse tanto a una cuestión de evolucionismo

---

94 José Luis Grosso examinó de qué maneras la constitución de la ausencia (en la diferencia) se expresa en Santiago del Estero, *Indios muertos, negros invisibles*, número 1 de la Serie Inter / Cultura = Memoria + Patrimonio, Colección Con-Textos Humanos, Doctorado en Ciencias Humanas, Facultad de Humanidades, Universidad Nacional de Catamarca y Grupo Editor Encuentro, Catamarca y Córdoba, 2008a.
95 Verdesio, op. cit.
96 "Arte indígena o el triunfo del evolucionismo", de María Hellemeyer, en María Alba Bovisio y Marta Penhos, op. cit. pp 55-71.

como a una de género. Es decir, las maneras en las cuales cada museo describe el mundo están enmarcadas, además de en teorías y prejuicios históricamente contextuales, en géneros discursivos y disciplinarios. Esos marcos genéricos hacen que la belleza sea o no relevante como criterio museográfico. Ni un museo de ciencias naturales ni uno de etnografía son menos o más evolucionistas porque recurran a criterios estéticos para conformar sus discursos de exposición, sino que lo son en los términos en que sus propios encuadres disciplinarios establecen sus objetos y métodos. La sombra que la diferencia deja en el texto de María Hellemeyer es la no observación de la ausencia de lo inverso: en un museo de bellas artes no se incluye una interpretación cultural del artefacto-cuadro ni una explicación de las formas de vida representadas en el mismo. Ante el supuesto, sostenido todo a lo largo del texto de Hellemeyer, de que funge como medida de evolucionismo o de su ausencia el que un objeto sea incluido o no dentro de una categoría como *arte*, cabe preguntarse: ¿no es ese un supuesto netamente evolucionista en sí mismo? Tal vez no sea la categoría *arte* una medida simple de evolucionismo, ni de negación o afirmación del pasado o el presente. Tal vez debamos preguntarnos por el género de cada museo, es decir, por los marcos disciplinarios, pues la propia existencia de ellos mismos como campos diferentes podría ser lo que renueva el evolucionismo, *preteriza* la alteridad, y recapitula la cultura colonial. El que exista algo que sea *arte* distinto a algo que es *cultura*, y distinto a algo que es *naturaleza* (las tres esferas cuya existencia independiente sostienen, entre muchas otras cosas, la posibilidad de museos de bellas artes, etnografía y ciencias naturales) es en sí mismo un fuerte supuesto tan evolucionista como colonial. Ese es, precisamente, el supuesto ignorado en la obra inicial de la arqueología del noroeste argentino.[97] Cuando Ambrosetti dejó de ignorar ese supuesto, se disciplinó; Lafone Quevedo lo hizo en menor medida, tal vez prefirió el silencio que caracterizó a la última década de su vida; no sabemos qué hubiera hecho Quiroga de no haber

---

97 De lo que me he ocupado en "Supuestos teórico-metodológicos de la etapa formativa de la arqueología de Catamarca (1875-1900)", Publicaciones CIFFyH 47, pp 31-54. Córdoba, 1995.

muerto. Se trata de un supuesto evolucionista el que el paso de la naturaleza a la cultura y de esta al arte estén alineados con el paso del tiempo; pero antes de ser evolucionista se trata del supuesto de la modernidad europea. Lo que hace el evolucionismo, o las ciencias naturales y la antropología que abrazan el credo evolucionista, es disciplinar ese supuesto, es decir, incorporarlo a las metafísicas de cada una de las ciencias y disciplinas. De resultas que el evolucionismo no estaría ya en la manera en la cual la ciencia interpreta y narra la diversidad, sino en el edificio mismo del museo, y en la definición misma de la ciencia, donde pasaron a tener lugar la interpretación y la narración. Que los pioneros del norte[98] hayan sido soslayados de la historiografía disciplinaria (Ambrosetti es el *padre* por su obra disciplinaria en Pampa Grande y La Paya y no por su arqueología calchaquí), dice mucho acerca de la manera en la cual esta se comprende a sí misma. Ello ha quedado consolidado como el canon historiográfico popularizado por Madrazo,[99] según el cual la disciplina antropológica argentina surge mediante la institucionalización de un campo ya solo habitado por el positivismo evolucionista, en lugar de ocurrir mediante un proceso de disciplinamiento en el transcurso del cual se dibujaron los límites. Estos fueron las definiciones de objetos y métodos que consagraron unas visiones y excluyeron otras. Nuevamente tenemos en este caso una constitución de los lugares de enunciación de la diversidad (aquí los museos) en el mismo sitio de producción de diferencia colonial. La diferencia que se enuncia en el tiempo, la *diacronización* de la alteridad o negación de la contemporaneidad,[100] es el nudo del evolucionismo como antes lo fue de otros discursos europeos.[101]

---

98 A los que he llamado filólogos-historiadores, en Haber, op. cit. 1995.
99 Que Hellemeyer, op. cit., reproduce en buena medida.
100 En términos de Johannes Fabian, *Time and the Other*, New York, Columbia University, 1983.
101 Tal vez comenzando por la propia inauguración de la historiografía en la Grecia clásica, ver Thomas Abercrombie, *Pathways of Memory and Power*, Madison, University Of Wisconsin, 1998.

Disciplina, plasticidad y alteridad

La dificultad de reconocer el trabajo de la constitución hegemónica de la diferencia lleva a su reproducción en el mismo discurso que pretende revelar los mecanismos de producción de la desigualdad. Así, toda pretensión de corrección política del discurso del arte indígena podría mostrar su arraigo hegemónico cuando refiere tanto al pasado como al presente indígena. No es que arte indígena no refiera al pasado y al presente, sino que probablemente no refiera a la particular relación entre pasado y presente implicada en ese enunciado, sino a otra relación. Esta otra relación tal vez sea más cercana a la que Bugallo[102] convoca tanto al pasado como al futuro en la comunicación con los dioses en la que las flores y otras plasticidades se hacen y se muestran. Otra relación espaciotemporal y de subjetividad-cuerpo, en donde las cosas pueden ser tanto vehículos de la conversación con los dioses como subjetividades sagradas ellas mismas. "La puna, el cerro, la tierra, pero también la zamba, la vidala, la copla, la chacarera, no son simples maneras de decir lo que no se puede decir de otras maneras, ni solo vehículos de afectividad de uno a otro. Tienen ellos mismos sensibilidad, demandan acciones, dicen y callan, agencian guitarrero y bailarín".[103] Tanto las *heteroglosias* como las intersubjetividades ampliadas quedan excluidas del campo del arte indígena que se define por la emergencia de la experiencia estética a partir de *objetualizaciones* tales como la plasticidad. La diferencia entre estas posiciones es más una distancia epistémica que una diversidad teórica.[104]

Y he aquí, de acuerdo a mi lectura, el significado del libro de Bovisio y Penhos. La descripción cartográfica a la cual convocan las autoras deviene un alimento para el pensamiento; tal vez no tanto por representar posiciones dentro del campo del arte indígena, sino por inspirar movimientos de ese campo en sí mismo. Prefiero leer los textos allí incluidos (también el mío) más como movimientos que como posiciones, aunque

---

102 Bugallo, op. cit.
103 "Ruidos malditos en el país folklórico", del Colectivo Música, Socialidad y Movimientos, en *Crisis* 5: 44-46, 2011.
104 Tal como lo ejemplifica Javier Sanjinés, en op. cit.

probablemente las convenciones escriturales nos exhiban más estáticos que dinámicos. Ese libro significa una suma de cuestionamientos que atraviesan distintos planos de aquello que sea el arte indígena; aporta una serie concatenada de tensiones en las que las políticas del conocimiento se dan cita en un campo cuya integridad es en sí mismo parte de las tensiones en juego. Se muestran allí las encrucijadas entre la disciplina de la plasticidad de los otros y la plasticidad otra de la indisciplina. El arte indígena se encuentra enclavado en una encrucijada entre proyectos complementarios de domesticación de la diferencia. La normalización esteticista de heteroglosias populares; la normalización identitaria de relacionalidades otras. Del lado de adentro del arte indígena hay belleza en las cosas para complacer a los dioses, y belleza en las cosas que son, ellas mismas, dioses. Del otro lado del objeto de arte indígena hay heteroglosia, ritualidad y subjetividad, por sí solas o en conjunto desbordantes del estatuto epistémico del arte indígena que pretende marcar ese objeto.

Tres miradas en la vitrina

> *Un etnógrafo se interesa por sus cualidades, y no por su intensidad, al sustituir la inmediatez de su explosivo devenir por un muro de distancia. Es decir, estamos propiamente ante una ciencia que le conquista al objeto el derecho a contemplar, propiedad gracias a la cual el objeto llega a ser objeto.*
>
> Mijaíl Ryklin, "Los cuerpos del terror. Hacia una lógica de la violencia"[105]

Tres miradas: al fondo la de Juan Carlos,[106] al medio la de la máscara de oro, como tenue reflejo la mía, las tres te contemplan a ti, y se contemplan entre sí.[107]

Juan Carlos me mira *(Figura 8)*. En su mirada hay complicidad: ambos estamos jugando el juego que nos propone la máscara y su marco —vitrina y libreto—. Juan Carlos Piñacué Achicué es mi colega, lo conozco desde que estaba terminando sus estudios de grado en la Universidad del Cauca, cuando en

---

[105] En *En torno a la cultura popular de la risa. Nuevos fragmentos de M. M. Bajtín (Adiciones y cambios a* Rabelais*)*, compilado por Tatiana Bubnova, páginas 103-25. Editorial Anthropos y Fundación Cultural Eduardo Cohen, Barcelona y México, 2000.

[106] Agradezco a Juan Carlos Piñacué Achicué que aceptara la exposición. Esta viñeta es, en el fondo, un intento por transformar en conversación lo que pudo ser una objetivación, razón por la cual también le agradezco su interpelación.

[107] Una versión de este texto fue publicada en la *Revista Colombiana de Antropología* 49(2), 2013.

Al otro lado del vestigio

Figura 8. Juan Carlos Piñacué Achicué, la máscara de oro, y el reflejo. Fotografía de Alejandro Haber.

noviembre de 2008, en un intermedio durante el Congreso Colombiano de Arqueología de Medellín, tuvimos la oportunidad de compartir un café (qué más) y una charla. Me habló de sus estudios, de su pueblo nasa y su familia. Me habló de la Minga de Resistencia que por esos momentos se encontraba en Cali presta a partir en la larga marcha a Bogotá. Le hablé de los estudios de posgrado en mi país y las ofertas de becas. En el taller sobre las huacas[108] volvimos a compartir, y en la visita al museo estaba en el pequeño grupo cuando Les Field comentó sobre la máscara y su notable semejanza

---

108 Organizado por Les Field y Cristóbal Gnecco, realizado en enero de 2011 en Bogotá y Villa de Leyva, con el auspicio de la Universidad de Los Andes y la Wenner-Gren Foundation for Anthropological Research. Como parte de las actividades del taller se realizó la visita de todo el grupo al Museo del Oro. Este texto integra el conjunto de reacciones a esa visita. Agradezco a Les y Cristóbal no solo la invitación a participar en el taller sino cada uno de sus cuidados y provocaciones para un raro ejercicio de pensamiento colectivo.

con el rostro de los nasa. La relación de inmediatez entre los rostros nasa y la máscara de Tierradentro alojada en el Museo del Oro daba por tierra con el temerario aserto según el cual "Los actuales indígenas paeces llegaron a la región después de la conquista", con el cual termina el panel "La gente y el oro en el alto Magdalena", una afirmación del terror que parece haberse vuelto parte del sentido común disciplinario regional.[109] Le propuse que posara tras la máscara para una foto: vestigio con vestigio,[110] una captura irónica de la objetivación museográfica y la denegación museológica de la historia nasa. Los que estábamos allí, también Juan Carlos, disfrutamos de la ocasión. A los efectos de medir la calidad de la representación, la máscara es mucho más fiel imagen del rostro de Juan Carlos que mi foto lo es de la escena. Aunque tal vez esta apelación a la representación no sea más que un rápido intento de sosegar una relación inquietante. Que el pueblo nasa heredara el rostro de sus antepasados, y que estos se volvieran piedra de metal, sugiere que aquello que se encuentra preso del museo excede enormemente la valoración del objeto, incluso su peso en metal.

En la foto, solo muy tenues se ven los reflejos de mi propia mirada, jugando allí el papel del observador, pero observado por Juan Carlos y por el dios de oro. Ellos me interpelan en mi lugar de observador arqueólogo/etnógrafo, ya fallido conquistador de sus derechos de contemplarme. La leve imagen de mi espectro en el vidrio de la vitrina fenece mi *exotopía*. Mi imagen también me mira, aunque es tan tenue que más parece una de esas sombras que los amantes de la fotografía esotérica identifican con la presencia de fantasmas. Mi mirada espectral es justamente lo que tendría en común con las arqueologías nacionalistas una lectura objetivista del rol de la arqueología en la construcción de los nacionalismos. Me refiero a la inmediatez, incluso si espectral, del autor respecto a la imagen del otro. Me gusta

---

109 Según adelanta la investigación de Luis Gerardo Franco.
110 En el capítulo 14, "Nometodología y arqueología indisciplinada"

que esos reflejos vengan a constatar la banalidad de las escrituras exotópicas, tan características de la arqueología (incluso de las más críticas) como del Museo del Oro.

El rostro de oro también me mira, negándose en su contemplación a aceptar mi propia negación de su mirada. Y no solo me mira. También me dice, desde su encierro, que los dioses están prisioneros en el Museo del Oro,[111] como en cualquier museo, como en todo texto arqueológico que los reduce a objeto al negarles el derecho a contemplar al autor, a interpelarlo, a conmover su obstinada reducción a dimensión material administrable mediante mensura y clasificación, seco hueso de la corporalidad colectiva expropiado ya de su derecho a réplica.

Delante y detrás del rostro de oro, sendos vidrios provocan otro juego de reflejos, por lo que aquél también es capaz de contemplarlo a Juan Carlos mientras él me contempla. Y a través mío, te contempla a ti, lectora, así como el dios de piedra de metal fijamente te mira, y hasta yo mismo te estoy mirando mientras escribo. Te decimos: no estás allí simplemente para mirarnos, como si estuviésemos en la vitrina, reflejamos el negativo de tu mirada. Como su dios, Juan Carlos está encerrado tras el vidrio; yo lo estoy como lo está mi reflejo; tú lo estás una vez que —tres miradas— te hemos contemplado. La vitrina que nos separa nos refleja. Cuerpos encerrados en la misma violencia.

---

111 "Los dioses y diosas están prisioneros, no tienen alimentos, no tienen visita de sus familiares, están como castigados", palabras recogidas en *Ezuama*, de Amado Villafaña, cineasta arahuaco. Agradezco a Amado Villafaña por compartir su material, y a Wilhelm Londoño por provocar la oportunidad.

La disciplina, después y al revés

Teorías arqueológicas y marco disciplinario

Dicho sencillamente: la arqueología se propone conocer el pasado mediante el estudio de sus restos materiales.[112] Hay un tiempo llamado *pasado* que se ha ido antes de que nosotros llegáramos. Algo material ha quedado de ese tiempo, e incluso si no ha quedado tal como era entonces, algo ha quedado de ese material original. Estudiando esos restos materiales en el sentido inverso podemos conocer cómo fueron esas cosas en el pasado, y conociéndolas también podemos conocer cómo fue el pasado.[113]

¿Cómo funcionaba el pasado? ¿Cuáles eran las fuerzas que lo gobernaban y las relaciones entre ellas? ¿Cómo hemos de considerar la cantidad y calidad de material original que resta en los restos, y del pasado que resta en el material? Todas estas cuestiones están entre las muchas especificaciones teóricas y metodológicas que determinan las diferencias entre una *teoría* y otra dentro de la disciplina arqueológica. Es el *marco* disciplinario, es decir, el conjunto básico de comprensiones comunes sobre el objeto y el método, el que

---

112 Una versión de este texto fue publicada como "Anatomía disciplinaria y arqueología indisciplinada", en *Arqueología* 19, 2013.
113 Este capítulo tiene la desmedida pretensión de abarcar la entera disciplina y sus contornos. Difícilmente pueda, bajo esas condiciones, ser otra cosa que un esquema muy simplificado, y hasta cierto punto injusto para con casos, autores y situaciones específicas. Incluso a pesar de ello, considero que el esquema que aquí adelanto es válido para comprender —y discutir— las solidaridades de la arqueología en materia de política de conocimiento.

mantiene el debate teórico bajo el paraguas de la misma disciplina. Es la comprensión común la que nos hace decir que un trabajo particular es *arqueología,* sin considerar la creciente variabilidad de maneras de hacer arqueología. Los nombres y las definiciones del objeto —que llamaremos *lo arqueológico*— pueden cambiar de una *teoría* a otra (por ejemplo, registro arqueológico, cultura material, cultura arqueológica, pasado material, restos materiales, etc.; o prueba de hipótesis, interpretación, inferencia, etc.) pero, más allá de esa variabilidad se mantiene algún sentido que es común a todas las teorías.

Dado que el tiempo ha pasado, el pasado se ha ido; una representación común del paso del tiempo desde el pasado al presente, y luego al futuro, es la línea de tiempo, cuya manifestación natural es la estratigrafía. Estamos en el presente separados del pasado por una distancia mensurable en la línea de tiempo. Parte de la materia que existió en el pasado permanece en el presente; de allí que hablemos de restos materiales. Estudiando esos restos materiales, los practicantes de la disciplina podemos conocer el pasado de donde provienen. Estos son los obvios principios básicos comunes de la disciplina, y suenan obvios para un lectorado disciplinario porque es un lenguaje cultural, es decir, naturalizado. Ahora quisiera desarrollar una mirada externa sobre ese lenguaje disciplinario.[114]

Anatomía disciplinaria

Mirando la disciplina desde fuera de ella,[115] pareciera que su definición metodológica del objeto (conocer el pasado mediante

---

114 Advierto que, como toda mirada externa sobre la propia cultura, este capítulo puede provocar alguna incomodidad. No sé si sirve de consuelo, pero a mí también me la provoca. Y hasta cierto punto es el objetivo de este capítulo. Llegado a ese punto el objetivo es que ocurra alguna transformación en las condiciones que aquí se describen.

115 Verse desde afuera de uno mismo, del propio lenguaje o cultura no es algo que pueda reducirse a un ejercicio metodológico. En este caso supone ya alguna indisciplina, toda vez que la anatomía

los restos materiales) implicara una división entre el conocedor (nosotros/as, los/as arqueólogos/as) y el pasado cognoscible, y una trascendencia de esa división mediante el método arqueológico (un camino para la obtención de conocimiento). En la disciplina arqueológica (dentro de ese singular juego del lenguaje), mi relación con lo arqueológico (el pasado y sus restos) es una relación epistemológica, y no ontológica. Así, la pretensión disciplinaria es que mi relación con lo arqueológico me afecta como conocedor, no *como ser*. En los términos de este lenguaje, existe una ruptura metafísica que separa a los seres conocedores y conocidos como diferentes órdenes de seres. Y, una vez que el lenguaje disciplinario deviene en lenguaje aceptado, esa ruptura solo puede ser atravesada por una relación asimétrica de conocimiento.[116] La contribución de la disciplina a la colonialidad[117] es la objetivación disciplinaria de una división anterior: la diferencia colonial entre conocedor/colonizador y conocido/colonizado. Esa diferencia no es tan solo una diferencia entre posibles sujetos, sino que ella misma constituye la subjetividad. Las subjetividades coloniales así constituidas son objetivadas en el marco disciplinario, de modo que la relación asimétrica entre conocedor y conocido deviene tan natural que ni siquiera es teorizada; queda *fuera* de la teoría, pero *en* el marco disciplinario. De esta manera, la solidificación de la colonialidad es reproducida en las representaciones disciplinarias modernas de la historia (precolonial) y en las maneras correctas de tratar con sus restos.[118] Colonizado y colonizador están constituidos en el mismo diferencial de poder que conocido y conocedor.

La idea de restos materiales, es decir, algo que ha permanecido en su materialidad, implica que no ha permanecido en una cualidad inmaterial o, que lo que ha permanecido, no siendo material, no es conducente al conocimiento —es decir, la

---

disciplinaria es un camino hacia ello, tal como adelanto en el apartado sobre la arqueología indisciplinada.
116 Haber, 1999, op. cit.
117 *Colonialidad del saber y eurocentrismo,* editado por Edgardo Lander. Unesco y Clacso, Buenos Aires. 2000.
118 Haber, 1999, op. cit.

relación normal— acerca del pasado.[119] La afirmación de la materialidad es al mismo tiempo la negación de su negación (o una tachadura). Así, el pasado solo puede ser conocido y tratado por medio de su materialidad, es decir, excluyendo su inmaterialidad; en términos del diferencial de poder, ello es lo mismo que decir:

material = ~~inmaterial (alma, espíritu, sentimiento)~~

Al mismo tiempo, los restos materiales del pasado solo pueden ser mediados por la busca de conocimiento. La definición de restos materiales excluye restos *otros-que-materiales* del pasado: la descendencia y la memoria.

restos materiales = ~~parentesco, subjetividad~~

conocimiento de restos materiales = ~~descendencia, memoria~~

En la metafísica disciplinaria, la descendencia y la memoria están construidas como si estuvieran separadas de la relación de la disciplina con su objeto. Si existen, son relaciones no disciplinarias. Estar relacionado con el pasado mediante parentesco o memoria no es algo que pueda sucederme en mi capacidad de arqueólogo (ni en general como individuo disciplinado).

Sin embargo, la descendencia y la memoria son tipos de relaciones muy comunes en el contexto social e histórico en el que se desarrolla la disciplina arqueológica. Ambas son fundamentales en una sociedad capitalista: hacen posible la transferencia de la propiedad de una generación a la siguiente, transformando las relaciones capitalistas —la propiedad del capital que se realiza en más capital— en relaciones de clase —el grupo social propietario—. El mismo hecho de que haya propietarios y no propietarios, y que estos últimos se encuentren obligados a vender su fuerza de trabajo a los primeros —notas esenciales de la estructura

---

119 Haber, 2009a, op. cit.

social capitalista— solo es posible mediante diferenciales que operan en relaciones de descendencia y memoria. *Dentro del capitalismo*, mediante la descendencia y la memoria —recordemos, los restos inmateriales del pasado—, la relación con el pasado no es solo una relación de conocimiento: afecta el *ser* de individuos y colectivos. Pero *mediante* la ruptura metafísica arqueológica, es decir, *a través* de la frontera colonial o, dicho de otra manera, en la relación del capitalismo *con su afuera*, la relación disciplinada con el pasado y sus restos está solo mediada por el conocimiento obtenido por el método arqueológico. Esto explica cómo el marco disciplinario recapitula la diferencia colonial: la condición de posibilidad de la disciplina es la exclusión de los restos inmateriales de los vencidos de la relación lícita (normal, disciplinaria). La disciplina solo puede existir con base a la exclusión de su *otro* (o, lo que viene a ser lo mismo, como tachadura de las relaciones ontológicas entre los vencidos y sus descendientes).

La disciplina construye a su otro como *fase predisciplinaria*, variadamente llamada especulativa, inicial, pionera, lega, etc. Lo predisciplinario es comprendido por la disciplina como un período en el tiempo superado por la llegada de la disciplina.[120] Los otros renuentes a incorporar el lenguaje y los supuestos disciplinarios son usualmente considerados saqueadores o *huaqueros,* y consiguientemente excluidos y castigados como anormales o subnormales. La arqueología representa su historia como una línea progresiva desde la ignorancia al conocimiento, solidificando en su propia genealogía la reproducción de la diferencia colonial y la violencia epistémica y, al mismo tiempo, naturalizando su propia comprensión de la historia. El principal rol de la arqueología dentro de la colonialidad es escribir en tiempo pretérito acerca del pasado que es su objeto, un proyecto que llamamos *preterización histórica*. La preterización histórica es posible cuando los *acercamientos-otros* a la misma cosa (lo arqueológico) son ellos mismos escritos en

---

[120] *Memorias hegemónicas, memorias disidentes: el pasado como política de la historia,* de Cristóbal Gnecco y Marta Zambrano. Universidad del Cauca, Popayán. 2000.

pasado, proyecto que denominamos *preterización epistémica*. La preterización histórica se combina con la preterización epistémica como una cláusula fundadora de la disciplina. Es decir, la diferencia colonial es diferencia epistémica y ambas son constitutivas de la subjetividad disciplinaria o, aun mejor, objetividad y subjetividad coloniales quedan constituidas por el mismo conjunto de violencias.

Aunque en términos materiales pueda decirse que la disciplina es una cosa (literatura, lenguaje, leyes, etc.), vista en perspectiva pragmatista, es decir, tomando en cuenta su performatividad, vemos que la disciplina es una fuerza continua tendiente al estado de disciplina, antes que un período delimitado y acotado institucionalmente. La disciplina como proceso sucede también antes de la institucionalización de la disciplina y en contextos posdisciplinarios. Puede decirse que el principal logro de la disciplina ha sido transformar su propio lenguaje (preterización) en la relación hegemónica con lo arqueológico, disciplinando así la manera en la cual la sociedad trata con el pasado y sus restos. La metafísica disciplinaria fue socializada en la ley, los tratados internacionales, la escuela, los medios, etc., a partir de un proceso de disciplina que comenzó a fines del siglo XIX e inicios del XX. Puede decirse que ella es la relación hegemónica con el pasado en las relaciones internacionales y en la mayoría de culturas nacionales desde las últimas décadas.

La disciplina después de la disciplina

Los contextos poscoloniales plantean nuevos desafíos a la arqueología disciplinaria. Estos consisten en la renovada expansión de las relaciones mercantiles, incluyendo las expansiones sobre áreas geográficas nuevas o abandonadas por la explotación de recursos (por la inversión de capital), la construcción de infraestructura para la expansión capitalista (energía y transporte de bienes y recursos) y el desarrollo de nuevas mercancías *inmateriales*, principalmente en el área turística. En esos contextos de *frontera poscolonial*, la disciplina es transformada de maneras en las que el conocimiento ya no es más un fin en sí mismo, sino que es parte de procedimientos administrativos o desarrollos mercantiles orientados a la expansión capitalista. Al mismo tiempo, el apoderamiento político y cultural de pueblos indígenas y movimientos sociales implica nuevos escenarios en los cuales ya no es posible el monólogo disciplinario.

La disciplina se acomodó para tratar con esos contextos poscoloniales de frontera: el impacto arqueológico, el turismo patrimonial y la arqueología indígena se desarrollaron como subcampos de intervención. Trascendiendo las relaciones de búsqueda de conocimiento, la arqueología dialoga con otros valores (desarrollo, justicia social, paz) que junto al conocimiento gobiernan la *arqueología posdisciplinaria*,[121] tal como puede ser llamada la reconversión de la arqueología para capacitarla con el fin de que participe en contextos poscoloniales de frontera.

En la arqueología posdisciplinaria, la metafísica disciplinaria es puesta en diálogo con proyectos de inversión de capital, estrategias ingenieriles y la política multicultural. La arqueología posdisciplinaria es lo suficientemente flexible como para acomodarse a diferentes escenarios, y la extraordinaria diversidad de campos de intervención, tal como puede verse en cualquier foro nacional, multinacional o internacional de importancia, es una medida de su flexibilidad respecto de los contextos de intervención (y no tan solo de variabilidad teórica). Lo que resta de la disciplina arqueológica es su marco metafísico, y este constituye la verdadera condición de posibilidad de la arqueología posdisciplinaria.

La disciplina arqueológica establece el juego de lenguaje que enmarca los diálogos con otras fuerzas (por ejemplo, ancestros, dioses, territorio). El impacto arqueológico es un ejemplo: trata de la medición de los efectos de un

---

[121] El prefijo pos–, en este como en otros casos de uso más corriente, como posmodernidad y poscolonial, refiere a situaciones que son tanto de superación de una instancia previa como de su recapitulación y continuidad.

proyecto sobre los restos arqueológicos y la cuantificación de los costos y prioridades para su conservación. La idea disciplinaria de *restos arqueológicos* es recapitulada, con las ya mencionadas implicancias para la reproducción de la metafísica disciplinaria. Pero también se reproduce la idea arqueológica de tiempo e historia lineales: mediante su inclusión en un procedimiento administrativo orientado a la implementación de un desarrollo capitalista, implícitamente supone la fatalidad del desarrollo capitalista, como si este estuviera gobernado por la progresión temporal.

La arqueología indígena es otro campo en el que usualmente, aunque no siempre, se recapitula la metafísica arqueológica. Entrar en un diálogo[122] con comunidades indígenas por lo regular significa el desarrollo de relaciones asimétricas (arqueólogos enseñando a los locales, locales participando de equipos arqueológicos, arqueólogos ayudando a indígenas, indígenas transformándose en arqueólogos, etc.). Lo que usualmente no se desafía en esas aplicaciones es la episteme arqueológica, sus verdaderos cimientos: la materialidad de los hallazgos arqueológicos, su cualidad de medios para conocer el pasado.

En la arqueología posdisciplinaria el foco teórico se desplaza *desde la epistemología a la ética,* y quedan realzadas las cuestiones de *práctica correcta*. Así como la epistemología era el marco de la teoría en la arqueología disciplinaria, es ahora el turno de la ética enmarcar a la teoría dentro de la

---

122 Me refiero aquí a las prácticas que tienen al diálogo como objetivo en sí mismo o como método de intervención. El diálogo es una palabra malversada por el multiculturalismo, que encubre nuevas maneras de dominación, tales como, por ejemplo, las estrategias más eficaces de colonización pedagógica. Desarrollo en los Capítulos 12 y 14 de este mismo volumen (así como en *Evestigation, nomethodology and deictics: movements in un-disciplining archaeology* en *Reclaiming Archaeology. Beyond the Tropes of Modernity,* editado por A. González Ruibal, pp 79-88. Routledge, Oxon. 2013b) la idea de conversación como situación de exposición a la propia transformación, que está esquemáticamente descrita en el último párrafo de este apartado.

arqueología posdisciplinaria. Pero la teoría se detiene allí donde se alcanzan los marcos de contención disciplinaria. La metafísica de la diferencia, implícita en los marcos disciplinarios, es así recapitulada, incluyendo la diferencia colonial dentro de relaciones hegemónicas.

La recapitulación de la colonialidad tiene poco que ver con las intenciones políticas o éticas de los individuos que hacen arqueología. Incluso cuando se busca un diálogo horizontal, el mismo ya está enmarcado en un particular lenguaje (un juego de lenguaje) que se supone es el lenguaje natural que describe el mundo (la posición hegemónica). Socavar el lugar hegemónico desde el cual la arqueología disciplina las relaciones con el pasado y sus restos, implica escuchar y aprender de las relaciones subalternas al pasado y sus restos, mudar el domicilio de la escritura y desarrollar posiciones para indisciplinar a la arqueología de su metafísica disciplinaria.

Arqueología indisciplinada

El desarrollo, en cualquiera de las variantes diversamente adjetivadas que lo reinventan tras las críticas al desarrollo, es el lugar del deseo de la discursividad hegemónica.[123] El tiempo lineal, que la metafísica arqueológica contribuye a construir como la normalidad universal, es condición de posibilidad de Occidente como lugar de enunciación de la expansión neocolonial bajo las retóricas del desarrollo. Describir la anatomía de la disciplina, y su complicidad con los discursos hegemónicos que expanden el proyecto moderno y occidental, es un movimiento en el sentido de la indisciplina.[124] Pero indisciplinar la arqueología no acaba,

---

123 *Más allá del Tercer Mundo*, de Arturo Escobar. ICANH, Bogotá. 2005.
124 "The Hand of the Archaeologist: Historical Catastrophe, Regimes of Care, Excision, Relationality, Undisciplinarity", de Nick Shepherd y Alejandro Haber, en *Uncertain Curature: In and Out of the Archive*, editado por Caroline Hamilton y Pippa Skotnes, Jacana Press, Johannesburg & Cape Town. 2014.

sino que comienza por esta tarea, ya que la indisciplina consiste fundamentalmente en su transformación en relación con otros espacio-tiempos.[125]

En ese sentido, la indisciplina no se orienta a disolver la arqueología. Por el contrario, es la disciplina la que sutura las mayores potencialidades (contra-hegemónicas) de la arqueología. Entre estas, la arqueología es una habilidad de reconocer instancias de inmediatez.[126] Aquello que es al mismo tiempo pasado y presente es, a fin de cuentas, sobre lo que la arqueología posa su mirada y, si bien introduce allí una cisura moderna, lo arqueológico es, de hecho, arcaico y contemporáneo sin mediación. Esa misma inmediatez de lo arqueológico está en la base de la atracción que ejerce sobre todos, disciplinados o no. La afección producida por la inmediatez de lo arqueológico, la movilización interna, también es inmediata a la percepción externa. Se ve tanto como se siente, se conoce externamente tanto como afecta internamente. El que la disciplina aleje de la experiencia la inmediatez, la afección y la sensibilidad, no dice nada acerca de lo arqueológico, sino de los efectos de la disciplina moderna que introduce una ruptura entre pasado y presente, materia y espíritu, razón y sensibilidad, intelecto y afecto, tal como quedó más arriba expuesto a la manera de la tachadura. La arqueología se indisciplina en cuanto se orienta a recuperar la inmediatez, al dejarse llevar al mismo tiempo por aquello que la huella muestra —la impronta— y por lo que oculta —la pisada, la planta, el pié, el caminante—. La violencia moderna colonial secciona las relaciones constitutivas dejando parte de ellas a la vista y ocultando otra parte. Lo oculto, no obstante, no desaparece de la existencia sino que permanece acechando, en su desaparición, las relaciones modernas disciplinadas.[127] La arqueología indisciplinada restablece (*religa*) las relaciones seccionadas en el seno de relacionalidades ampliadas. Pero

---

125 Haber, 2013b, op. cit.
126 Capítulo 14 en este volumen, y en Haber, ibídem.
127 Capítulo 14 en este volumen; "Ruin memory. A hauntology of Cape Town", de Nick Shepherd; en. González Ruibal, op. cit., pp 233-243.

no lo hace sola ni siguiendo un protocolo preestablecido con alguna pretensión de alcanzar mayor objetividad. Sino que lo hace en conversación localizada en la frontera poscolonial.

En la frontera la arqueología se encuentra con lugares de teoría, es decir, teorías localizadas que ya son teoría de su relación con lo hegemónico. El desprendimiento del lenguaje ya comenzó allí donde movimientos sociales locales, campesinos, indígenas y defensores de la vida deben establecer su lugar de habitación como domicilio de la teoría, deben pensarse a contrapelo la discursividad hegemónica y relacionarse variadamente con ella. Es en conversación con esa teoría local de frontera, teorías de la relacionalidad local, que la arqueología puede emprender el camino de su propia descolonización.

La arqueología, encargada de inscribir y escribir en términos afines a Occidente las relaciones constitutivas entre los derrotados, sus descendientes y sus *agenciamientos* territoriales, ha desarrollado una habilidad para atravesar mundos, géneros y lenguajes. Tiene una particular destreza para seguir relaciones allí donde el cotidiano se detiene; mas no simplemente relaciones de pensamiento, sino reflexiones filosóficas que van allende el sentido común como vehículo meramente intelectual; la arqueología también se ha entrenado en el acoplamiento del pensamiento y la sensorialidad, atravesando una y otra vez los límites modernos entre palabras y cosas, dejándose agenciar las ideas por las cosas, afrontando compromisos corporales del conocimiento. La arqueología, ya no disciplina sino *tekné* que se deja conducir por la relación no visible de la cosa visible, las relaciones ocultas, reprimidas, violentadas, que anidan en lo concreto, en lo visible, en lo tangible del mundo, despojada de los supuestos disciplinarios, deviene una *nometodología decolonial* para las ciencias sociales y humanas.[128] No es que interese aquí como una más refinada estrategia objetivadora, sino precisamente por su potencialidad de reconocimiento de la diversidad de soportes de relaciones como efecto del ejercicio de la violencia

---

128 Capítulo 14 en este volumen; Shepherd, op. cit.

moderna colonial, interesa como táctica —en el sentido del dejarse tocar— de religazón intersubjetiva e interepistémica del lugar del conocimiento hegemónico. Al fin de cuentas, es este el lugar que hay que descolonizar; es aquí donde hay que aprender el conocimiento como relacionalidad.

La serpiente del carnaval

Escribir en/sobre el carnaval

En retrospectiva, incluso parece que esta historia ha sido guiada por una mano invisible.[129] Lo cual es una dificultad para escribirla: escribir en el orden *correcto* de los acontecimientos imprimiría la sensación de que los acontecimientos simplemente sucedieron a lo largo de una línea. Y me parece a mí que esa imagen arruinaría todo. Los acontecimientos suceden ondulantes, aparecen debajo del suelo, desde el lado interno de las cosas. Pero para de una vez comenzar, lo haré cerca del comienzo (pero tal vez no propiamente en el inicio); al menos este capítulo tiene un comienzo, y tal vez la lectora crea que este capítulo comienza, después de todo, en el comienzo. Estoy en Cuenca, Ecuador, y es carnaval. La gente del pueblo está de fiesta, y yo estoy en un oscuro cibercafé intentando responder a la convocatoria de ponencias sobre la diferencia ontológica que hizo Ben.[130]

---

129 Una versión de este texto fue publicada en *Complutum* 23(2), 2012.
130 Una primera versión de este texto fue presentada en la Sesión "Worlds Otherwise": *Archaeology, Theory, and Ontological Difference*, coordinada por Ben Alberti e Yvonne Marshall, en el Theoretical Archaeological Group 2010, reunido en Providence, Estados Unidos, en el mes de mayo. Remito en la alusión al contexto material (y social y cultural) de la escritura sobre la diferencia ontológica incluso en la escritura académica dirigida a una calificada audiencia, a la diferencia ontológica implicada en el propio contexto, lo cual en definitiva constituye uno de los ejes de este texto: la diferencia ontológica no puede ser mero objeto de la escritura sin devenir asimismo su lugar, a menos que optemos por una domesticación multicultural de la diferencia.

Escribir es un desproporcionado esfuerzo si pensamos en el mundo de relaciones que siempre quedará fuera de la escritura. La gente está feliz y bebiendo fuera de este texto.

Minería y bebida en la frontera

Al finalizar la jornada de trabajo conduje al grupo de estudiantes con quienes realizaba un relevamiento en Ingaguassi, un sitio arqueológico minero, hacia Fénix, el campamento de una mina de litio en donde nos alojábamos, no sin antes efectuar la esperada parada en la escuela primaria de La Aguadita,[131] una de las dos que hay en la costa del salar del Hombre Muerto. José María,[132] el único maestro de la escuela, nos estaría esperando allí con tazas de té, alguna buena conversación y un par de tragos de whisky o aguardiente antes de entrar en la ley seca del campamento de la minera transnacional. Esa tarde nos demoramos en llegar a la escuela ya que, partiendo de Ingaguassi, un hombre se acercaba a las ruinas de una casa junto al camino de tierra, con una mula y un burro cargados de alforjas. Percibí sus dudas y sospechas cuando me bajé del vehículo y me le acerqué. La tartamudez contribuyó inicialmente a esa impresión primera, hasta que aprendí que su poderosa elocuencia precisaba tiempos más largos de enunciación. Andrés iba a lavar oro del sedimento de descarte de la mina abandonada en la década de 1960 llamada mina Incahuasi, junto a, y ladera abajo de, la más antigua ruina de Ingaguassi. Él sospechaba —sospeché— que yo pudiera informar a la policía: el Estado reconoce la propiedad de las minas, como de otros aspectos del territorio, de quien pagó por un título, no de quien las cuida. Comprometí mi complicidad

---

Mantengo esa original referencia, a pesar de que esta versión es una extensa reescritura de aquélla.

131 Hechos ocurridos durante la primera temporada de campo en Ingaguassi, en noviembre de 2003. La investigación estaba entonces financiada por la Fundación Antorchas (Proyecto 14116/167. Paisajes de enclave en el área de Antofalla. Segunda mitad del segundo milenio d. C.).

132 Este y los siguientes nombres son ficticios con el objeto de preservar la identidad de los interlocutores locales.

pidiéndole que me enseñara a lavar oro y trayéndole cada mañana agua casi dulce desde la escuela; comenzamos así una larga, profunda y amistosa conversación, parte de la cual está hilvanada en la historia que aquí traigo. Andrés estaba muy interesado en el hecho de que yo fuera arqueólogo y profesor universitario. Preguntándome cosas simples y profundas, al principio acerca de mi conocimiento sobre ciertos fenómenos y luego sobre mi relación con el conocimiento acerca de ciertos fenómenos, me llevó, lenta pero insistentemente, a los límites de mi conocimiento.

En busca de la agencia indígena, contra los imperios

Ocupé varias temporadas en Ingaguassi (*Figura 9*) en busca de los incas en el área. Pero mientras los arqueólogos anteriores a mí habían asegurado que Ingaguassi era el principal sitio inca en el altiplano meridional,[133] mi investigación, así en conjunto como en detalle, mostró que cada pieza de evidencia de agencia estatal inca era tan evanescente como el delgado aire de los Andes. Los arqueólogos acostumbraban, y aún lo hacen, a hablar de *imperio* para referirse a los incas, quienes —según ellos— conquistaron el Kollau (es decir, las tierras del sur que incluyen el altiplano) en busca de metales preciosos. Una operación estratégica a gran escala que habría incluido la construcción de caminos y centros administrativos y la dispersión de rasgos arquitectónicos y objetos estandarizados es leída a tono con la narrativa del imperio. Es decir, el modelo interpretativo del *Imperio inca* supone la existencia de ciertos rasgos (caminos, poblados planificados, estilos arquitectónicos, estilos artesanales) como integrados en un

---

[133] "La ocupación inka en la puna meridional argentina: Departamento Antofagasta de la Sierra, Catamarca", de Daniel E. Olivera, en *Comechingonia. Revista de Antropología e Historia* 9(2): 31-72, 1991. *Los inkas del Kollasuyu. Origen, naturaleza y transfiguraciones de la ocupación inka en los Andes meridionales*, de Rodolfo A. Raffino, Ramos Americana, La Plata, 1981.

Figura 9. Ruinas de Loreto de Ingaguassi, Antofagasta de la Sierra, Catamarca, Argentina. Fotografía de A. Haber.

sistema de dominación, de modo que la observación de alguno de estos rasgos es generalmente leída como parte de un *todo integrado* o sistema que, va de suyo, confirma el modelo del *Imperio incaico*. Tratándose de una mina de oro la presencia de rasgos arquitectónicos y objetos muebles de tipo incaico fue rápidamente anotada por los que visitaron el lugar antes que yo. Tras una sistemática investigación en Ingaguassi y otros dos sitios contemporáneos nada de ello pude comprobar: o los rasgos diagnósticos no existían o bien no eran diagnósticos. Lo único que quedaba en pie era la asociación imaginaria de minería metálica, imperio y tiempo precolonial, que formaba la base del modelo del Imperio incaico. El carácter puramente imaginario de esa asociación fue el primer descubrimiento en Ingaguassi.

Incluso los historiadores que estudian documentos escritos e investigaron el sitio, aunque no supieron dónde está realmente ubicado,[134] resultaban refutados por mi investigación. No encontré huella alguna de los incas en el sitio pero tampoco del estado colonial español en los inicios del asentamiento.

---

134 "Rebelión y Carnaval en Inguaguasi (San Pedro de Atacama) 1775-1777", de Jorge Hidalgo Lehuedé y Nelson Castro, *Estudios atacameños* 17: 61-90, 1999.

De acuerdo a mi investigación, la historia del asentamiento comenzó con el emplazamiento de varias casas rectangulares de un único cuarto, alineadas al norte directamente sobre las blancas vetas cuarcíferas ricas en oro, con su único vano de entrada hacia el este, cada una con una bocamina, un molino de piedra, maray o quimbalete y un horno.[135] Estas casas, construidas por familias indígenas locales a fines del siglo XVII o comienzos del XVIII, formaron una aldea minera indígena al cabo de la derrota armada de la larga resistencia *calchaquí*, palabra que, significando "guerrero", acabó por resultar un topónimo para la frontera occidental del Tucumán y un etnónimo para su población, en el sur del Perú español.

Revolución y carnaval; la serpiente

Mi búsqueda de agencia indígena, en lugar de las agencias imperiales inca o española privilegiadas por las literaturas arqueológica e historiográfica, fue incluso más allá del asentamiento inicial en el sitio. De hecho, uno de mis intereses centrales fue su abandono. En 1775, Ingaguassi fue el escenario de uno de los primeros levantamientos anticoloniales, lo que eventualmente desembocó en 1781 en la gran rebelión del altiplano contra el colonialismo europeo, liderada por Túpac Amaru, Tomás Katari y Túpac Katari.[136] Me cautivó entonces la concordancia del significado de los nombres militantes de

---

135 *Paisajes de enclave en el área de Antofalla, Puna de Atacama. Segunda mitad del segundo milenio d. C. Informe*, de Alejandro Haber, Fundación Antorchas, Buenos Aires, 2004; "Reframing Social Equality Within an Intercultural Archaeology", de Alejandro Haber, *World Archaeology* 39(2): 281-297, 2007b; "Arqueología de *uywaña*: un ensayo rizomático", de Alejandro Haber, en *Producción y circulación prehispánicas de bienes en el sur andino,* editado por Axel E. Nielsen, M. Clara Rivolta, Verónica Seldes, María M. Vázquez y Pablo H. Mercolli, Brujas, Córdoba, 13-34, 2007a.

136 "Rebeliones andinas en Arica, Tarapacá y Atacama, 1770-1781", de Jorge Hidalgo Lehuedé, en *Entre la retórica y la insurgencia: las ideas y los movimientos sociales en los Andes, siglo XVIII*, editado por C. Walker, Centro de Estudios Bartolomé de Las Casas, Cusco, 1996.

los líderes[137] con el único motivo de decoración figurativa que hallé en la cerámica indígena en el sitio (y en otros dos sitios relacionados, Agua Salada y San Antonito): una pequeña serpiente modelada reptando hacia la boca de la jarra, aplicada en las asas adheridas al labio (*Figuras 10a y 10b*).

Figuras 10a y 10b. Ejemplos de decoración aplicada e incisa sobre asas cintas adheridas al labio de jarras, característica de la cerámica indígena del área de Ingaguassi en el siglo XVII. Fotografía de A. Haber.

La interpretación de los historiadores sobre la rebelión iba desde una creciente resistencia a los *repartimientos* (una distribución compulsiva de bienes europeos a ser pagada sobre el precio de mercado por las comunidades indígenas)[138] hasta la inversión de roles en tiempos de carnaval (la rebelión de Ingaguassi estalló durante Carnestolendas de 1775).[139] Mi propia interpretación de la rebelión se relacionaba con la

---

137 *Katari* es serpiente en lengua aymara y *amaru* en lengua quechua.
138 "Tierras, exacciones fiscales y mercado en las sociedades andinas de Arica, Tarapacá y Atacama, 1750-1790", de Jorge Hidalgo Lehuedé, en *La participación indígena en los mercados surandinos. Estrategias y reproducción social, siglos XVI a XX*, editado por Olivia Harris y otros, CERES, La Paz, 193-231, 1987.
139 Hidalgo y Castro, op. cit.

secuencia arquitectónica del sitio.[140] Una primera fase consistió en ocupaciones campesinas indígenas, en las cuales las familias indígenas agenciaban su propio acceso a la extracción y procesamiento del mineral, conservando su acceso directo a los piques de mina, e implementos de molienda y reducción ubicando sus casas directamente sobre las vetas. Las siguientes fases arquitectónicas mostraban una historia de transformación sucesiva de las antiguas casas campesinas en complejos compuestos de casas y espacios internos amurallados, incluyendo una iglesia orientada hacia el oeste y varios compuestos orientados hacia la iglesia en una disposición de plaza y calles (*Figuras 11a, 11b, 11c, 11d y 12*).

La rebelión, entonces, sucedió para resistir la pérdida de control de la mina por la población indígena, tal como lo evidencia la amenaza que los europeos proferían: harían de Ingaguassi otro Potosí, lo que significaba que obtendrían control sobre la mina y sobre la fuerza de trabajo tal como era el caso en Potosí mediante el esquema de trabajo forzado, llamado *mita*.[141]

Pregunta por la veta

En este momento (en el argumento si no en el tiempo) viene la pregunta que me hizo Andrés al año de conocerlo. Nos encontramos por casualidad en la escuela de La Aguadita, donde retomamos nuestra conversación de pocas y difíciles palabras: "¿Qué cree usted, que es arqueólogo y profesor, es verdad o no que la veta crece de noche?" Esta pregunta me llevó varios años de reflexión, acerca del hecho concreto de que la veta creciera, acerca del significado de la noche como un tiempo para la agencia de la veta, sobre la correcta y esperada relación con la veta, acerca del concepto de verdad, sobre mi relación con la verdad y los dioses, y sobre las consecuencias de ser parte yo de esa conversación.

---

140 Haber, 2004, 2007a, 2007b, op. cit.
141 Establecido en 1570 por el Virrey Toledo.

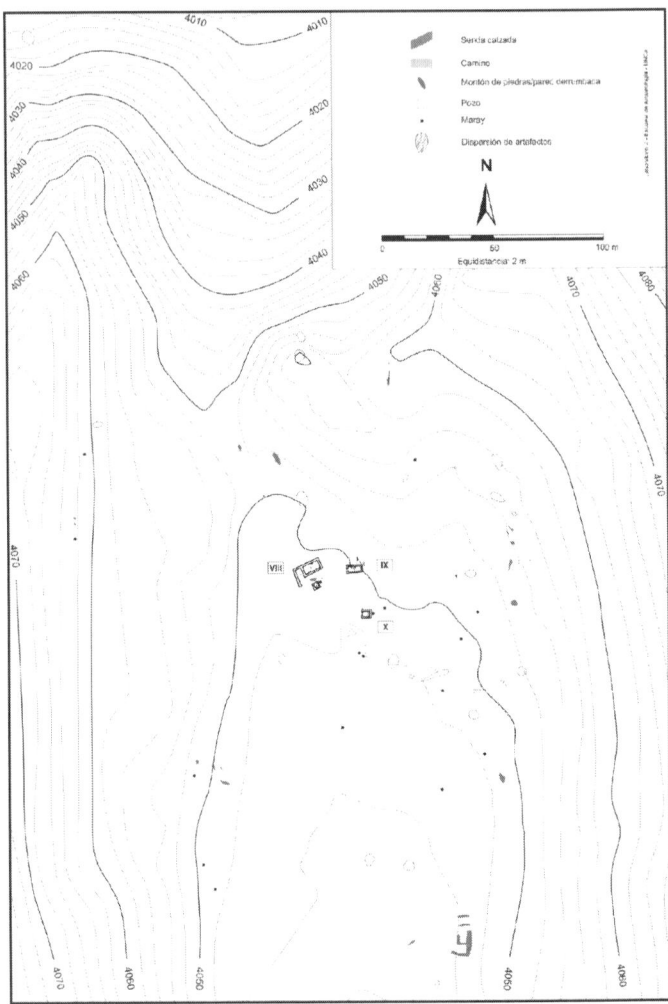

Figura 11a. Fases sucesivas de instalación arquitectónica en el área alta (poblado) de Loreto de Ingaguassi. Se observa una primera fase (s. XVII o principios del S. XVIII) de ocupaciones sobre las vetas pero sin orientación sistemática.

La serpiente del carnaval

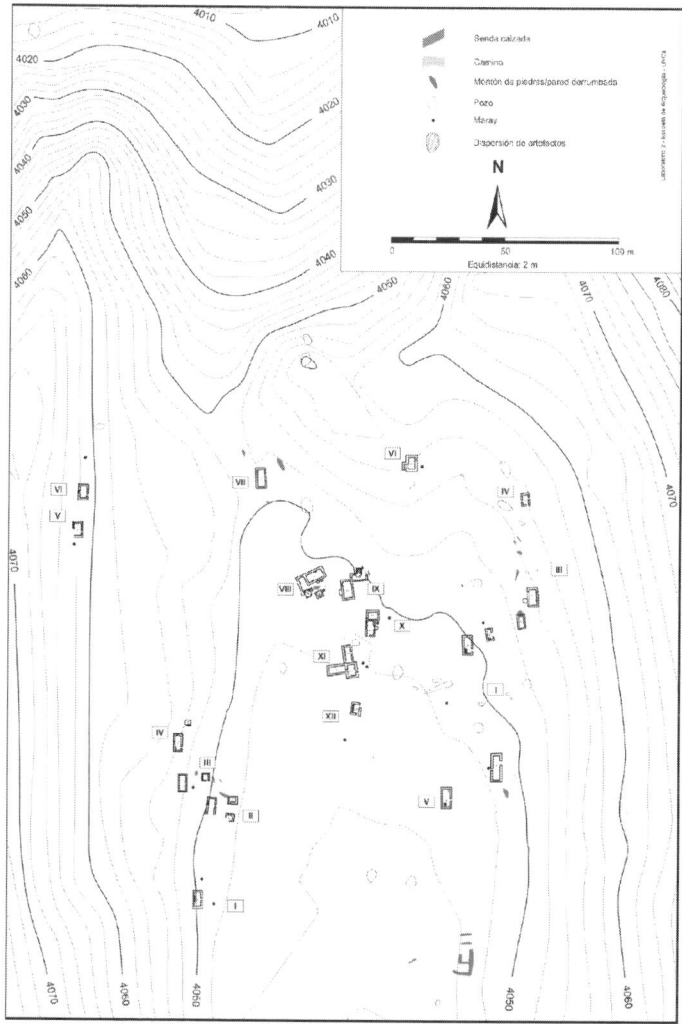

Figura 11b. Fases sucesivas de instalación arquitectónica en el área alta (poblado) de Loreto de Ingaguassi. Se observa una segunda fase (mediados del s. XVIII) de proliferación de casas orientadas sobre las vetas.

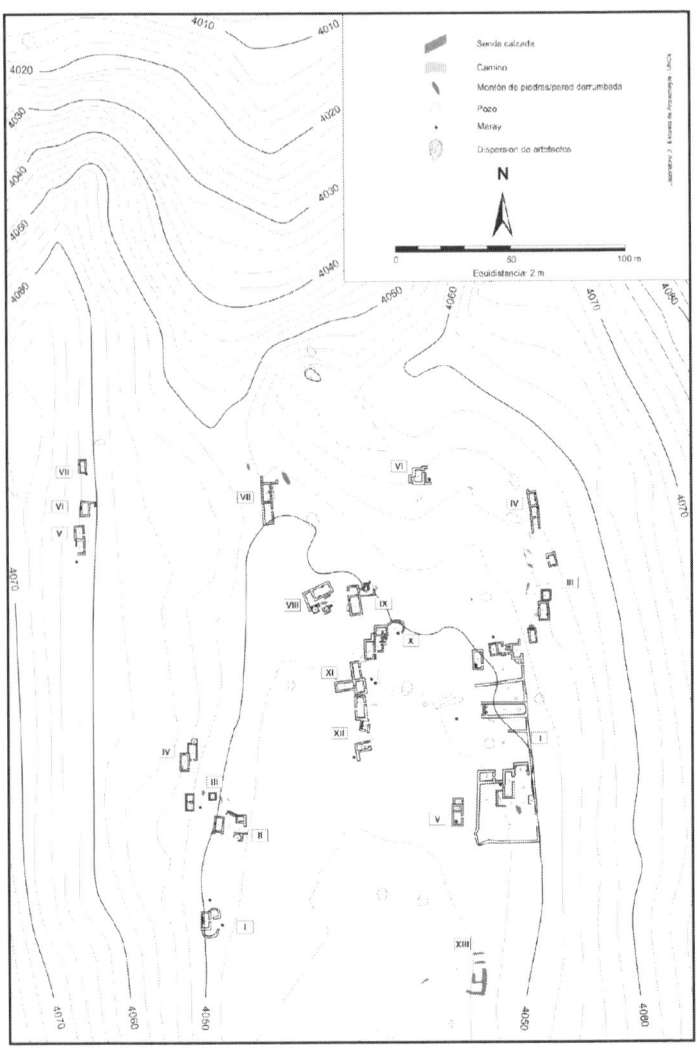

Figura 11c. Fases sucesivas de instalación arquitectónica en el área alta (poblado) de Loreto de Ingaguassi. Se observa una tercera fase (tercer cuarto del siglo XVIII) de realineación de casas en torno a la iglesia.

La serpiente del carnaval

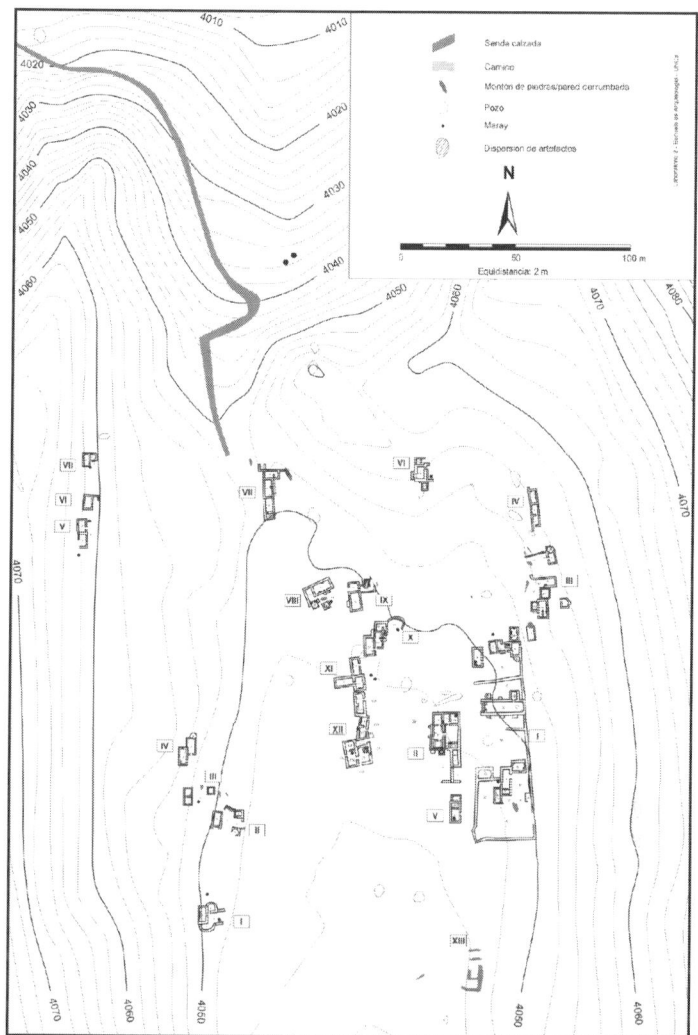

Figura 11d. Fases sucesivas de instalación arquitectónica en el área alta (poblado) de Loreto de Ingaguassi. Se oberva una cuarta fase (s. XIX) de reconstrucción y reocupación.

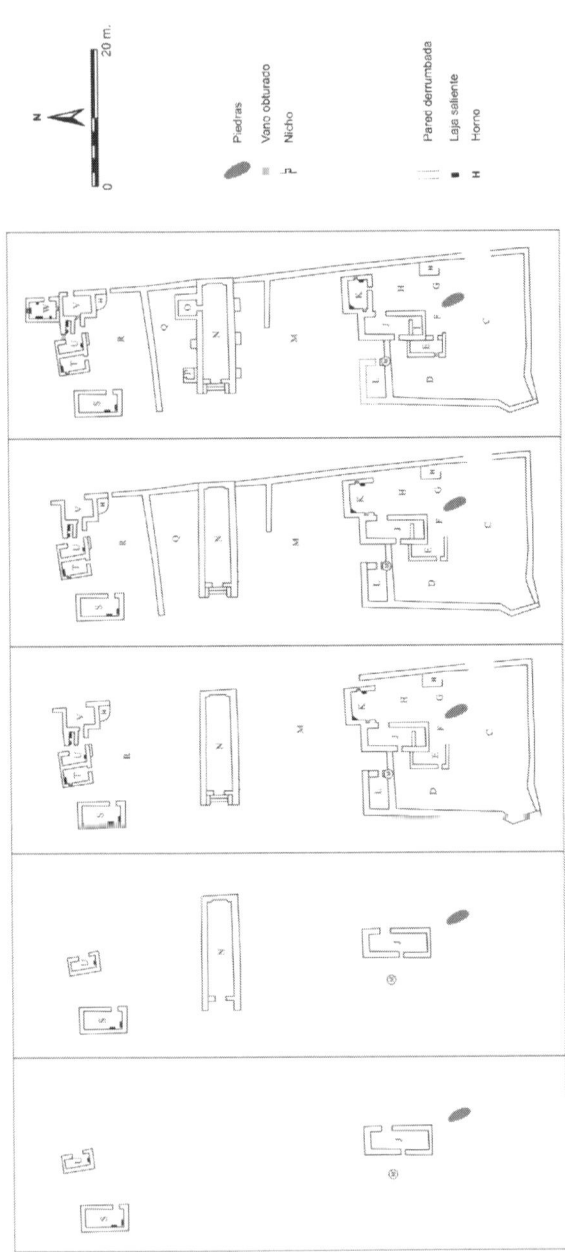

Figura 12. Fases sucesivas de instalación de casas indígenas orientadas norte-sur con puerta al este, construcción de la capilla de Nuestra Señora de Loreto de Ingaguassi, y reorientación de las casas en torno a la capilla y reestructuración de las mismas como solares coloniales.

Con el tiempo comprendí que la veta no era simplemente un objeto a ser explotado sino un ser potente con el cual había que relacionarse apropiadamente, y que la ubicación de las casas alineadas sobre la veta tenía tanto que ver con un acto de apropiación social doméstica de los recursos minerales como con un acto de crianza de la veta y, recíprocamente, de crianza de la familia que allí vivía. También comprendí por qué las casas indígenas en primer lugar fueron orientadas hacia el este, es decir hacia el sol naciente, mientras que la relación con el dios de la mina era practicada en la oscuridad subterránea. Pero el involucrarme con esta ontología local no era meramente acerca de conocer, tal como habría asumido su rol clásico un etnógrafo. Al mismo tiempo, otros procesos interrelacionados, es decir, que solo aparentemente eran otros, se estaban desarrollando en el área. Y estos procesos no solo me involucraban como conocedor, es decir, en mis relaciones con la verdad, sino sobre todo como habitante, es decir, en mis relaciones con el mundo, incluyendo en ellas a mis relaciones con la verdad.

Cuidando a los antiguos

Los meses de verano transcurrieron en nuestra tercera temporada de campo excavando una de las casas que consideré podrían ser iniciales en la secuencia del asentamiento. El grupo dormía en la escuela de La Aguadita y caminaba los 40 minutos hasta el sitio cada mañana y de regreso a la tarde, siempre con la compañía de Ubalda, que cuidaba de su nieta fuera del horario de clase. Ella aprendió a leer los números del instrumento de medición, y nos enseñó, entre otras cosas, a recoger una piedra blanca al comenzar a caminar y apilarla junto a la excavación. El cansancio de la caminata quedaría con la piedra y no con los caminantes, y la *apacheta* (*Figura 13*) —así el nombre de la pila de piedras— que se formó día tras día, era asimismo el lugar para dar hojas de coca y alcohol antes de comenzar las tareas cada mañana. Estábamos allí para realizar una excavación arqueológica; pero resultó, gracias a Ubalda, en una relación diferente con los *antiguos* (el sitio/objeto/ser/lo arqueológico). Ser parte

Figura 13. Apacheta de piedras blancas formada junto al recinto a lo largo de la temporada de excavación en Ingaguassi. Fotografía de Wilhelm Londoño.

de esa inesperada conversación fue el acontecimiento más importante de ese verano, y la *apacheta* fue su resultado más visible. Las palabras no fueron necesarias.

Otra vez la minería. Movimientos indígenas y sociales

Al año de iniciar mi investigación en el área del salar del Hombre Muerto, un grupo de pobladores me visitó en mi casa en San Fernando del Valle de Catamarca, pidiendo consejo en relación a sus intenciones de presentarse al Estado como una comunidad indígena y así reclamar el reconocimiento a su propiedad de la tierra y recursos. La población local vive en asentamientos dispersos alrededor del salar del Hombre Muerto, criando llamas y ovejas, y realizando varias actividades productivas tradicionales, muchas de ellas clasificadas por el Estado como ilegales (por ejemplo, la minería, la cacería, etc.). El área del Salar —como gran parte de la provincia de Catamarca— está completamente repartida en propiedades mineras, varias de ellas explotadas por grandes compañías, entre ellas RTZ y FMC. Las mineras ocupan el territorio de la gente, cortan sus caminos,[142] explotan sus recursos, y mantienen una sostenida hostilidad hacia los locales, incluyendo el reclamo de despoblamiento del área porque "no hay nada que hacer allí" salvo, claro, su propia actividad minera. Esta hostilidad se extendió incluso a la escuela local, en donde el maestro mantenía el único control de producción de la mina de litio. Con marcas de lápiz del mismo tipo que yo estaba acostumbrado a usar para contar los puntos del truco, sobre la pared junto a la pequeña ventana de la cocina, representaba cada camión cargado de mineral que desde allí podía verse atravesar el Salar desde la mina hacia los centros de concentración previos a la salida del país. Así, contabilizaba la duplicación de la producción de mineral en el lapso de un año, aumento que permanecía sin ser declarado a las autoridades argentinas, manteniendo regalías e impuestos en el mínimo posible. Eventualmente, la escuela fue alquilada por el estado provincial a otra compañía minera para ser utilizada como campamento para una campaña de exploración.[143] El proceso de organización comunitaria fue eventualmente desactivado unos meses más adelante, y los líderes locales emigraron temporalmente a otras provincias. Mientras las autoridades educativas provinciales adujeron que los pocos estudiantes que permanecían allí al menos eran alimentados por el servicio de *catering* de la minera en contraprestación por el uso del edificio escolar, mi denuncia

---

142 Incluso obligando a los pobladores locales a pedir permiso de paso en los portones de las propiedades mineras cada vez que necesitan dirigirse a algún otro lugar o transitar por el territorio.
143 El programa de exploración incluía perforaciones en el sitio arqueológico Ingaguassi, supuestamente protegido por el estado argentino a partir de su declaración como Monumento Histórico Nacional en 1943.

en los medios de comunicación de la conversión de una escuela primaria en un campamento minero fue acompañada por otros profesores universitarios y, en conjunto con otras luchas locales, acompañó al movimiento social por la vida y en contra de la megaminería en Catamarca.[144] Fue esa una de las últimas veces que los diarios locales nos publicaron algún texto denunciando los atropellos de las mineras y la genuflexión del Estado, en la medida en que el cerco mediático se hizo ya abiertamente impermeable a toda letra crítica con la nueva conquista colonial. Al menos, alcanzó para que lo levantara Mona Moncalvillo desde Radio Nacional, que me entrevistó por teléfono, mientras conversaba paralelamente con la Directora de Educación de la provincia quien aducía que los niños que yo había visto durmiendo junto a sus madres bajo unas chapas y maderas detrás del edificio de la escuela-albergue no eran tales o, en sus palabras, "no había matrícula". Aproveché para narrarle a Mona la omnipresencia de las mineras en el oeste de Catamarca, que controlaban la asistencia a escuelas, hospitales y servicios comunitarios básicos, poniendo dentro de los esquemas de *responsabilidad social empresaria* aquello que son compromisos ineludibles del Estado, cuya retirada cómplice sumerge a las poblaciones en una trampa de complacencia de la cual es extremadamente riesgoso escapar. Me dio la impresión que Mona no me escuchaba muy convencida de la veracidad de mis palabras, que estas sonaban exageradas en los parlantes del estudio en Buenos Aires; tal vez así se lean también en estas páginas.

---

144 Para un contexto más amplio y tal vez necesario acerca de la megaminería y las resistencias a la misma en la Argentina, remito a *Minería trasnacional, narrativas del desarrollo y resistencias sociales*, editado por Maristella Svampa y Mirta A. Antonelli, Biblos, Buenos Aires, 2009; y para el particular contexto catamarqueño al texto "Minería trasnacional, conflictos socioambientales y nuevas dinámicas expropiatorias. El caso de Minera Alumbrera", de Horacio Machado Aráoz, en el mismo volumen, 205-228.

Conocer y vivir en la frontera

Relacionarse con otra ontología no es solo una cuestión que ataña al conocer. Ni siquiera es meramente involucrarse con la diferencia cultural radical. Debido a que la diferencia cultural es en primer lugar diferencia colonial, involucrarse con una ontología no occidental puede implicar el habitar la *frontera* (colonial). Desde la frontera, Occidente es desafiado como proyecto de conocimiento, pero también como proyecto de intervención. En este sentido, habitar la frontera no es una simple estrategia para obtener control sobre una sección del mundo (ni, al menos, obtener control mediante el conocimiento). Habitar la frontera implica ser transformado como conocedor pero también como habitante o, dicho de otro modo, ser transformado como conocedor debido a que uno es transformado como habitante.[145] En esta historia que traigo aquí, el colonialismo —y particularmente la minería— está implicado tanto en la historia-objeto a conocer como en las relaciones sociales en las cuales se pretende conocer esa historia. En ambos contextos, histórico (conocido) y presente (conocedor), las relaciones coloniales son solo una cara de la moneda; la otra cara es la colonialidad del conocimiento, es decir, la asumida superioridad de un conocimiento (cristianismo, ciencia, arqueología, universidad) sobre otro (ontología local).[146] Esta colonialidad de conocimiento crea las condiciones epistémicas para la continuación del colonialismo: es considerada ilegal la práctica local, son ignorados los conceptos locales de derechos sobre las tierras. Mientras tanto, y como parte de la misma colonialidad epistémica, los expertos alimentan los proyectos del Estado y las empresas.

En tal escenario poscolonial, incluso el comprender una cosa en particular como un objeto arqueológico, y consecuentemente nombrarlo como tal y aplicarle la legislación pertinente, es ya una posición orientada a la renovación del colonialismo. La relación entre minería y universidad no se agota en un mero

---

145 Haber, 2009a, op. cit.
146 Haber, op. Cit.

planteo de corrección ética, ni tampoco en la supuestamente necesaria protección de una esfera independiente de pensamiento crítico. Son los contextos poscoloniales posmodernos los que arrojan a la ciencia y a la universidad a los entramados de la frontera colonial, donde los sentidos políticos les vienen dados por su historia relacional y por su lugar discursivo. Pretender una autonomía de esos contextos, encubrirse en la mera voluntad cognoscitiva, modular la relación de acuerdo a supuestos estándares éticos, son todas maneras de eludir el terrible hecho de encontrarse en el frente de fricción ya agenciado epistémicamente por los dispositivos disciplinarios. Uno puede dedicarse *a lo suyo* y esgrimir una u otra coartada, o bien agradecer la enorme oportunidad que la interpelación puede ocasionar en el propio domicilio. La ciencia o la serpiente.

Hay otro lado que permanece invisible desde fuera, un lado interno que vive en una red completamente diferente de relaciones.[147] Cabe advertir que por la palabra diferente no quiero decir que esa red sea independiente o aislada. Aunque a veces se mantiene con independencia y en aislamiento, siempre está relacionada a la cultura hegemónica, es decir, lo hace a través de relaciones de hegemonía/subalternidad. La diferensia[148] está construida sobre relaciones interculturales. Desde el discurso hegemónico, la ontología local es reducida como diversidad cultural, objetivada en proyectos de conocimiento y administrada por la política multicultural. Los seres en relación son disectados unos de otros y puestos a disposición de los proyectos de expansión colonial: tierra, agua, minerales, animales, fuerza de trabajo

---

147 "Animism, Relatedness, Life: Post-Western Perspectives", de Alejandro Haber, *Cambridge Archaeological Journal* 19: 418-430, 2009b.

148 De acuerdo a la ortografía propuesta por José Luis Grosso en "Constitutivo, construido. Símbolo, espacio-tiempo y praxis crítica", en *Cuerpos y Emociones desde América Latina*, compilado por José Luis Grosso y María Eugenia Boito, Centro de Estudios Avanzados CEA, Programa de Acción Colectiva, Universidad Nacional de Córdoba – Doctorado en Ciencias Humanas, Facultad de Humanidades, Universidad Nacional de Catamarca, Córdoba, 2010.

humana, paisajes, artesanías o costumbres son enunciados por la ciencia, disponibilizados por el Estado y explotados por el capital. La arqueología tiene una contribución central en estos procesos de expansión de la frontera. Pero allí, lejos de la luz de la razón, mora otra relacionalidad, oscura y resistente, ocupada en reproducir las relaciones que son, ante todo, relaciones de crianza.[149]

Tiempo de carnaval y la semiopraxis de la serpiente

Hay una ontología viva del lado de adentro del mundo. Dicha ontología, como una serpiente, sale a la superficie en ciertas circunstancias. Se hace visible en la temporada de carnaval en que se renuevan las relaciones de cuidado de los dioses de la mina. En este sentido, el carnaval no es tan solo una inversión de la vida normal, sino la apertura a la luz del día de una red viviente de relaciones. En esta red poblada de seres sagrados están incluidos los antiguos, no como objetos de conocimiento del pasado, sino como seres potentes que viven y se crían bajo tierra, demandan obligaciones y protegen a los vivos. Ello tiene implicancias muy fuertes para una arqueología: el tiempo y la materia, constitutivos de la metafísica disciplinaria, tienen otros significados. El tiempo no es lineal en alguna forma posible, a pesar de poder ser narrado secuencialmente; el pasado vive heterogéneamente en el presente. La cultura material no es meramente material, y no puede ser manipulada como materia inerte sin ofender su sensibilidad y potencia. Estas comprensiones de la materia como animada y del tiempo como no lineal conllevan una partida respecto de los principios nucleares de Occidente, entendido este como una teoría de la historia. Estos principios, consolidados por la historiografía occidental, son guardados y reproducidos por la arqueología

---

149 Haber, 2007, op. cit.

disciplinaria, en su rol de expandir la teoría occidental de la historia más allá de sus propios confines, es decir, Occidente como civilización y la escritura como su registro.

Acercarse al lado interno de las cosas implica comunicarse, como habitante y como conocedor, con relaciones que solo se ven durante el carnaval, usualmente con la ayuda de la ingesta de alcohol, que alimenta a los dioses subterráneos y libera la memoria histórica dando lugar a los brindis (*ch'alla*).[150] Pero en tiempo de carnaval las cosas no son meramente dichas, enunciadas de una manera literaria. La danza, el movimiento, los gestos, la música e incluso la materialidad de las enunciaciones proferidas son hasta más elocuentes que la comunicación lingüística implicada. En este sentido, y continuando con el paralelo que estoy trazando aquí, queda tanto fuera del texto como dentro de este. Abandonar a Occidente implica, en primer lugar, partir de su lugar de normalidad y desplazarse hacia la frontera.

Beber con los dioses

Volví a Ingaguassi junto a unas 60 personas de Antofagasta de la Sierra,[151] el pueblo más cercano, en cuyo museo estaba realizando algunas actividades con estudiantes y maestros de la escuela y público en general. No era esa la primera vez que me habían invitado a realizar actividades comunitarias sobre la cultura y la historia locales. De hecho, un año antes había dado un curso sobre esa temática a casi 50 personas interesadas. Fue mi continuo cuestionamiento acerca de los desacuerdos epistémicamente violentos del explicar la historia local a la gente local lo que me llevó a desarrollar otras metodologías en la siguiente oportunidad, esta vez más dialógicas. En aquel curso[152] había presentado, entre otros resultados de varios años de investigación, lo que había hecho en Ingaguassi. Mi ortografía de *Ingaguassi* como

---
150 Abercrombie, op. cit.
151 En ocasión de la Semana del Museo, en abril de 2006.
152 En octubre de 2005.

distinto a *Incahuasi*, que yo había tomado respectivamente de la ortografía documental del período colonial español y de la ortografía de Mina Incahuasi en el siglo XX, fue confrontada por algunos participantes en el curso. Fueron observadas con interés mis fotografías de las ruinas de la capilla de Nuestra Señora de Loreto, la primera iglesia cristiana en el área y sitio original de la imagen de la Virgen de Loreto, que es actualmente la patrona de Antofagasta (*Figura 14*).

Figura 14. Restos de la capilla de Nuestra Señora de Loreto de Ingaguassi, del siglo XVIII. Fotografía de Alejandro Haber.

De hecho, mi primera sorpresa al retornar aquella vez a Ingaguassi fueron las hileras de piedras blanqueadas a la cal que marcaban el camino desde la entrada de las ruinas del poblado hasta la puerta de la iglesia en ruinas. Se me explicó que la Virgen de Loreto había sido llevada unos meses atrás en visita a su primer hogar en Ingaguassi.

Durante la visita que estoy narrando, tuve una segunda oportunidad para sorprenderme cuando la gente, queriendo compartir con la tierra su almuerzo, eligió el lugar de nuestra pequeña apacheta junto a la excavación arqueológica en el verano anterior, para cavar el pozo para la boca de la Pachamama. Uno por uno, cada uno de los presentes dio hojas de coca y alcohol a la Pachamama a través de ese hoyo junto a la excavación arqueológica (*Figura 15*). Como parte de la misma historia, este fragmento resalta el aspecto no lingüístico de la comunicación intercultural. Nuestro *estar allí* como arqueólogos comunicándonos con los dioses resultó ser más eficiente en su materialidad, que cualquier cosa medianamente interesante que habríamos podido hallar o decir acerca de las excavaciones.

Figura 15. Ch'alla (ofrenda, brindis) a la Pachamama junto a la apacheta formada en la anterior temporada de excavación arqueológica. Fotografía de Wilhelm Londoño.

Otro brindis

Este capítulo explota la historia ontológicamente intrincada de mi vinculación con un sitio arqueológico minero, el mismo sitio donde estalló uno de los primeros levantamientos anticoloniales durante el carnaval de 1775. Comenzando con la vinculación usual de un arqueólogo con la investigación antecedente, e identificando y expandiendo la inclusión de diversas agencias en la historia, se diversifica rápidamente para incluir no solo mi consideración intelectual de la agencialidad, sino también mi ser agente político y criatura viviente. Ello significa que el mismo lugar desde el que se realiza arqueología se muda cuando sus propios cimientos se ponen en conversación, y la arqueología se transforma de empresa de busca de conocimiento en un escenario interculturalmente relacionado. Pero aun aceptando el impacto en mí mismo de ser habitante en los escenarios en los cuales soy conocedor, este último rol no queda excluido sino transformado. En este sentido, este texto explora la semiopraxis interrelacionada en el curso de la historia —en su doble sentido de lo sucedido y lo que se dice acerca de lo sucedido— que aquí narro. Ello solo a veces incluye la escritura, y solo a veces mi autoría, ya que devienen actores centrales en la conversación, la actuación y la oralidad así como las subjetividades colectivas y heterogéneas. Tal como ocurre en tiempo de carnaval, lo que se dice, con o sin palabras, se dice en conversaciones *a través* de ontologías, en donde los lugares y los personajes pueden verse sorprendentemente invertidos. En este texto está implicado el lugar de la teoría dentro de una conversación más amplia, acerca de su propia mudanza y desde un lugar en mudanza. Lo diré seguidamente de otra manera.

La minería y el colonialismo están diversamente relacionados en este capítulo; una de las maneras en que se relacionan es usualmente invisible, inesperada, no lineal, carnavalesca. Implica una poética que es la expresión de un conjunto de relaciones en el mundo distintas a las relaciones coloniales y capitalistas. Dicha poética es actuada (*escrita*) desde un lugar ontológicamente diferente, pero que vive subalternamente a las relaciones hegemónicas, corporizadas por el estado, la ciencia y el capital. El tiempo de carnaval no está delimitado por un particular par de fechas, sino por la relación con la cultura hegemónica. La arqueología y la universidad ya están ubicadas dentro del conjunto hegemónico de disposiciones culturales y de poder. Pero algo sucede —o puede acontecer— cuando uno es tocado por la diferencia ontológica como diferencia colonial; cuando uno decide abandonar las intenciones hegemónicas de normalidad de la posición dominante (Occidente/ciencia/disciplina/

expresión lingüística/Estado/universidad/desarrollo/etc.). Esas conversaciones devienen constitutivas, y el lugar de la escritura (de la arqueología), libre de su previa atadura con la posición de normalidad, se muda a diferentes estancias en la frontera. No es que sea descubierta una diferente ontología y uno se mude a ella. La diferencia ontológica, construida en la diferencia colonial, ya estaba en relación. Las diferentes ontologías están construidas en sus mutuas relaciones de diferencia. Pero estas relaciones de 'diferensia' (nuevamente, 'diferensia' colonial) no son simplemente una cuestión de diversidad. La 'diferensia' colonial implica relaciones asimétricas de hegemonía, en donde una es la posición hegemónica, el lugar de enunciación, el lugar de la normalidad, y la otra es el lugar de la anormalidad, de la abyección. Ambas posiciones siempre fueron interculturales en su relación. Así, no es que lleguemos desde un lado a descubrir el otro. Pero puede ser el caso que interpelados y tocados por otro espaciotiempo, descubramos el supuesto de normalidad que nos fija en el lugar hegemónico y, entonces, nos mudemos de allí. Dicho movimiento implica una mudanza de la escritura, y una escritura de la mudanza.

No es que la universidad se deba una profunda reflexión acerca de su lugar en la colonialidad debido a que es un lugar privilegiado de conocimiento crítico que se deba preservar; se la debe en la misma medida en que es también un modo de habitar en los mismos contextos de frontera, los cuales comportan unas necesarias mudanzas que cuestionen, desplacen y aparten su lugar en la colonialidad. La denuncia y oposición a los lazos financieros, políticos y culturales con las trasnacionales mineras que la universidad ha, ya tolerado ya activamente promovido, no son algo distinto del necesario trabajo teórico de desprendimiento de las categorías y supuestos que recapitulan la colonialidad del conocimiento creando las condiciones de posibilidad de la expansión de la frontera. La teoría de la historia que opera como supuesto de las movilizaciones discursivas que producen la reactivación fronteriza es, al fin y al cabo, la misma teoría de la historia que la investigación arqueológica lee en el mundo como si fuese una parte constituyente de ese mundo objetivo. Otras teorías de la relacionalidad viven al otro lado de las cosas, en la contracara del mundo normal. Su potencia es precisamente la de la interpelación táctica de los propios supuestos modernos coloniales. ¿Cuáles son las consecuencias para el conocimiento cuando uno es movido como habitante y como conocedor? Una de las consecuencias es que el conocimiento deviene entretejido en complejas maneras con relacionalidades para las cuales los cánones de validación están completamente desprovistos de preparación. Es esa una de las razones de la posible desproporción de este texto: la escritura no puede pretender representar enteramente lo que sucede en la investigación cuando el conocimiento se muda a la frontera. Puede presentar algunos vislumbres, ciertas imágenes parciales y no pocas evocaciones. Al menos puede transmitir la idea de que hay otra realidad en otro tiempo, construida por relaciones entre el lado interno de las cosas; y que dicha realidad, como la serpiente, resiste la dominación y, tal como sucede en tiempo de carnaval, retorna y cautiva.

Conversación con Ernestina Mamaní

El jueves 23 de noviembre de 2006, en una reunión de trabajo de un proyecto de arqueología intercultural en el Museo del Hombre de Antofagasta de la Sierra, provincia de Catamarca, República Argentina,[153] sucedió la conversación que transcribo a continuación.[154] Cada grupo de coinvestigación, integrado por una estudiante de arqueología y una integrante del personal del museo y/o de otras áreas de cultura de la municipalidad de Antofagasta de la Sierra, presentaba el estado de su indagación acerca de la particular pieza del museo que había seleccionado. La consigna era anudarle historias a cada objeto, historias que las ofrecían los ancianos del pueblo, los descubridores de la pieza, el personal del museo y los textos escritos por arqueólogos. No importaba tanto elaborar una narración objetiva como expandir la intersubjetividad. Ernestina Mamaní había elegido una pieza para investigar junto a Laura Roda. Se trataba de una laja en cuya mitad inferior Anacleto Chaves había pegado tejas (fragmentos de cerámica) y flechitas (puntas de proyectil), dibujando los volcanes de Antofagasta hacia arriba. Realizada aparentemente hacia la época en la cual un equipo de arqueólogos comenzó a visitar su casa para realizar excavaciones, esa pieza estaba allí colgada en una pared. Permaneció en lo de Chaves hasta que Rita Mamaní, encargada del museo, se la pidió para exponerla durante la semana del museo, para finalmente quedar allí como

---

153 Programa de Voluntariado Universitario: Proyecto Promoción de Patrimonio Cultural e Histórico en Sociedades Puneñas: El Rol de los Museos Locales, coordinado por Alejandro F. Haber, Escuela de Arqueología, Universidad Nacional de Catamarca. Antofagasta de la Sierra, 17 al 30 de noviembre de 2006.
154 Una versión de este texto fue publicada por Alejandro Haber, Ernestina Mamaní y Laura Roda en *Archaeologies* 3(3), 2007.

parte de la exposición permanente, en una yuxtaposición sin concierto aparente entre paneles explicativos de la historia evolutiva local y vitrinas con objetos (incluyendo momias) preparados por arqueólogos. Ese fue el contexto en el cual se desarrolló la conversación, de la cual el texto que sigue es tan solo un fragmento. Hondamente emocionada y emocionante, Ernestina revela en este testimonio toda la capacidad opresiva de la arqueología, al mismo tiempo que su potencial emancipador. Voces quebradas por la conmoción que producen, al ser dichas, lágrimas y silencios cuya expresividad no puede ser volcada en el texto, fueron las acompañantes de lo que allí se dijo y que aquí se reproduce. Con Laura Roda hemos preferido respetar el formato de la conversación, pues el diálogo no fue simplemente la manera en la cual se expresó Ernestina sino, como ella lo explica, la condición de su decir. Es en la conversación que trascurre lo que se dice y quienes lo dicen; ello explica las aparentes contradicciones, las interpelaciones, y las provocaciones. Es difícil adjudicarle, entonces, una autoría a este texto. Lo que sí sabemos es cuan fundamental es leer y releer esta *Conversación con Ernestina Mamaní*, a quien le estamos honestamente agradecidos. En la reunión estuvieron presentes Valeria Alonso, Daniela Fernández, Alejandro Haber, Carolina Lema, Ernestina Mamaní, Sergio Mamaní, Soledad Meléndez, Mariela Ramos, Laura Roda, Noelia Rubio, Natalia Seco y Alicia Zerpa. Laura Roda transcribió y preparó este texto para su publicación, con la supervisión de Ernestina Mamaní.

La conversación

—Ernestina: Y bueno, yo elegí el trabajo de don Anacleto Chaves[155] para que Laura me ayudara a investigar esa pieza, ya que es diferente al resto de las cosas que están acá en

---

155 Vecino de Antofagasta de la Sierra, quien sobre una laja dibujó los volcanes más importantes de la zona, el Antofagasta y el Alumbrera, debajo de los cuales pegó distintos tipos de tiestos, puntas de flechas, fragmentos de torteros y piedritas del lugar. Actualmente este trabajo se encuentra exhibido en el Museo del Hombre de Antofagasta de la Sierra.

el museo, pues podía recuperar tanto la historia de los que habitaron antes, como la de don Chaves. Para esto fuimos a hablar, a preguntarle a don Chaves. Pero él, no solo nos ayudó a saber sobre la piedra,[156] sino que también nos preguntó a nosotras qué haríamos con ese objeto, qué pensábamos.

—Laura: Él decía que los que tenían estudio eran los arqueólogos y que entonces a ellos él les preguntaba cómo hacían los antiguos para hacer las flechitas, cómo hacían para que durara tantos años la pintura de las vasijas. Estas preguntas nos hicieron pensar acerca de si solamente los arqueólogos pueden decir esas cosas, o si también la gente de la villa puede. Nos preguntamos de quiénes son esas flechitas, quién puede hablar de ellas, qué relación tienen los antofagasteños con eso.

—Ernestina: Don Chaves, en una parte del relato dijo que a las tejitas y flechitas que están en su trabajo las juntó en diferentes partes mientras "andaba andando cuidando ovejas", o sea, mientras realizaba una tarea cotidiana. Fue juntando estas cositas, recolectándolas en una caja, y en un determinado momento realizó el trabajo. Pero eso no quita que él supiera de qué tipo de cerámica se trataba ni nada. Él dice que al no ser estudiado, no sabe. Para don Chaves no tiene un significado especial la forma en que colocó las cerámicas y las flechitas. Lo hizo sin pensar que para otros, o nosotros, ese trabajo iba a ser importante. Lo hizo de casualidad. Por ejemplo, él dice: "yo nunca pensé que lo que hacía era importante. Lo hice por hacerlo y después me di cuenta de que yo no era tan tonto". Cuando lo trajo para acá, para el museo, recién se dio cuenta de lo que él hizo, y de que no era tan tonto. Después le preguntamos por qué había dibujado los volcanes ahí, por encima de las cositas. Nos respondió que los volcanes son muy importantes para él porque pertenecen a su departamento.

—Alejandro: Chaves hizo ahí algo bárbaro porque claro, uno cotidianamente caminando, llevando las ovejas para

---

156 Trabajo realizado por don Chaves.

acá y para allá, mira hacia abajo y encuentra tejitas, y mira hacia arriba y encuentra los volcanes. Y es lo que puso ahí. Puso las tejitas en el suelo y los volcanes arriba.

—Laura: Bueno, y si bien hay una parte donde, al preguntarle por el cuadrito, don Chaves dijo que "Eso lo tienen que estudiar los arqueólogos que son los estudiados", por otro lado nos dijo que él hizo al cuadrito "con el fin de conocer". Y ahí empezó a hablar de que los maestros que tenía en la escuela eran todos correntinos o alemanes, y que no le enseñaban nada de las cosas de acá. "Nada de lo que había en la superficie", dijo. Entonces él agarró e hizo el cuadrito, para conocer más. Estas cosas nos generaron todo el tema de pensar quién sabía, quién podía decir o hablar sobre los objetos, qué sabía o no sabía Chaves, qué sabía o no la gente, si el que tiene el objeto sabe.

—Ernestina: Y no hablamos de arqueólogos, porque los arqueólogos no trajeron esa pieza al museo. O sea, fue Rita[157] la que trajo eso, primero para la Semana del Museo y después se quedó. Para ella, esa pieza era muy importante, se quedaba mirándola desde que era chica e iba a visitar a don Chaves, ya que la lajita estaba colgada a la entrada de su casa. Ella quería compartir con el resto de la gente esa pieza, por eso la trajo, para que todos la conozcan. Y para mí eso fue muy importante porque ahí aprendí que nosotros sí podemos, sin un arqueólogo, saber, recuperar lo que nos pertenece. No es necesario que el arqueólogo nos dé la pieza, nosotros también podemos hablar de una pieza, recuperar una pieza. Y todo esto a partir de la pregunta que nos hizo don Chaves de cómo hacían las flechitas. Para él era importante saber eso para saber algo siquiera en la vida. Y eso estuvimos pensando hoy. Laura tiene una visión de ver las cosas y yo otra porque yo soy de

acá y ella es de otro lado, de Rosario, y no tiene las mismas costumbres que nosotros y tampoco sabe las cosas que tenemos como creencias, como mitos o por qué las tenemos.

---

157 Rita Mamaní, hermana de Ernestina y entonces encargada del Museo del Hombre de Antofagasta de la Sierra.

—Alejandro: Esto que decís vos Ernestina, que ella no es de acá... (Ernestina interrumpe).

—Ernestina: Bueno, esa pregunta que nos hace don Chaves, esa de cómo hicieron las flechitas, o qué nos une a nosotros con esas cosas, yo respondo de una manera y con la ayuda de algunas otras preguntas que nos habíamos hecho con Laura hoy. Por ejemplo, qué teníamos que ver nosotros con los aborígenes, o sea, con los indios y qué nos une a ellos o por qué nosotros hasta la actualidad seguimos conservando algunas de sus costumbres. Bueno, yo entiendo que los que vivían acá supuestamente eran los aborígenes o los indios. Con ellos tenemos algunas relaciones porque si no, no podríamos seguir con las costumbres o mitos que tenemos. De algún lado nuestros ancestros habrán continuado con eso y con los mitos. ¿Y qué es lo que nos lleva a ser diferentes? O sea, nosotros somos diferentes a ellos, pero en sí tenemos relación con ellos. Somos diferentes porque vestimos diferentes, o porque ahora tenemos otras costumbres diferentes, o cosas diferentes que ellos no tenían, pero conservamos las costumbres y seguimos respetando los mitos que ellos tenían. Otra cosa que ella me preguntaba era si teníamos derecho o no a excavar las cosas. En mi punto de vista, no tenemos derecho a sacar nosotros las cosas de ellos, o a cavar.

—Laura: Ahí los dos, digamos, los arqueólogos y la gente del pueblo.

—Ernestina: Claro, porque sería una falta de respeto a otra persona. Porque a mí no me va a gustar que alguien, por ejemplo, que Alicia junte mis cosas y vaya y las exponga. Yo no voy a estar de acuerdo con eso. Para mí eso sería una falta de respeto. Más allá de que se encuentren en nuestra propiedad, para mí sería una falta de respeto. Pero sí tenemos obligación de cuidar las piezas. Porque es como dijo don Chaves cuando nosotras le preguntamos si él había excavado alguna cosa y dijo que no. Pero también dijo que si vamos por ahí y nos encontramos con una pieza que por ejemplo, sacó el agua o llevó allí el viento, no la iba a dejar ahí para que pase un vehículo y la rompa. No, eso hay que levantarlo, para protegerlo, para cuidarlo. Otra cosa que nos preguntamos es de quiénes son las cosas que están acá en el museo, porque esas cosas no son de nosotros. Los objetos que están en el museo son supuestamente de los aborígenes, o sea de los indios, pero nos pertenecen a nosotros por el solo hecho de estar en nuestra tierra. Y como fueron encontrados acá en nuestro departamento, somos nosotros los dueños, los responsables de cuidar esas piezas que están acá en el museo. Como así también recuperar la historia de cada pieza. Eso nos toca a nosotros, no a los antropólogos. Nos corresponde a nosotros recuperar la historia, porque no vamos a ir a decirles a los antropólogos que le vayan a preguntar a don Chaves por qué hizo el cuadrito. Podemos hacerlo nosotros, y son cosas que no sabíamos que podíamos hacer. Pero con esto, con su ayuda, sé que yo lo puedo hacer y no esperar que venga alguien y se lo ponga a hacer.

—Laura: Aparte por ahí veíamos que, por ejemplo, para ella los objetos que estaban acá eran de los aborígenes, es decir, los habían hecho otras personas, pero la historia que eso tiene, esa sí que es de todos y es esa historia la que los une.

—Ernestina: Claro, la historia en sí de esa pieza fue creada en realidad por nosotros, o sea por gente de nuestra época. Porque un aborigen no se paró y dejó la historia ahí. O sea que la abuela creó la historia de esa pieza, y le contó a otro, y le han contado a otro, y el otro contó, y así. No vino ya escrita cada historia de cada pieza. Y nos une también a ellos las costumbres, los ritos. Algunas costumbres son obligaciones. Sí o sí las tenemos que realizar nosotros. Por ejemplo, nosotros siempre tenemos el carnaval, el esperar a las Almas,[158] el dar de comer con respeto a la Madre

---

158 Para el 1 y 2 de noviembre de cada año, las almas de los difuntos vuelven a visitar sus casas. Para esperarlas se preparan bebidas y alimentos de distintas clases, incluyendo figuras humanas y escaleras hechas de pan, para ayudar a que bajen las almas. Al mediodía del 2 se visita el cementerio, adornando las tumbas con flores de papel, para despachar a las almas hasta el año siguiente.

Tierra.[159] Son obligaciones para nosotros, porque si nosotros no señalamos,[160] por ejemplo, no podemos seguir teniendo nuestra hacienda. Así que es para conservar nuestra hacienda. Si yo no lo señalo no voy a poder decir que esto es mío. Porque esto no se trata de lo que diga, sino de que sea mío. Como para conservar nuestras cosas.

—Laura: Claro. Esto lo decía porque veíamos que estaba el objeto, que pertenecía a los antiguos, y la historia, que sí pertenecía a todos. Entonces, yo le preguntaba por qué una cosa sí y otra no, y ella dijo que estaban unidos por los mitos. Eso era lo que los unía. Y después ahí empezamos a hablar de los mitos, de cuáles eran, y ella me dijo cuáles eran los mitos y qué significaban, que era esto que ella contaba de las obligaciones.

—Alejandro: Entonces, la idea es que antiguamente, la gente que vivía acá, tenía los mismos mitos, o semejantes, a los que tiene la gente que vive acá ahora.

—Ernestina: Claro, de alguna manera eso nos une a ellos.

—Alejandro: Y cuando vos hablás de *nosotros* o de *nuestro* ¿cómo sería el nombre de eso?

---

159 Para corpachar o "dar de comer a la tierra" se hace un pozo que representa la boca de la Pachamama, donde se ofrendan cigarrillos, alcohol, gaseosas, hojas de coca y comidas, antes de comenzar una actividad importante como la esquila, la siembra, la cosecha, una excavación o un viaje. El 1 de agosto es el día de la Pachamama o Madre Tierra, fecha en la cual se realiza una gran celebración. Sin embargo, "dar de comer a la Pacha" es una costumbre cotidiana en la zona. Por ejemplo, antes de beber se le convida un trago de vino a la tierra o se levantan apachetas —montículos de piedras— en su honor al costado de los caminos.

160 La señalada es la ocasión durante la cual se marca a los animales nacidos ese año. Para esto, el dueño de la hacienda les coloca flores y chimpus —adornos hechos con lanas de colores— y les recorta las orejas que luego ofrenda a la Pacha. En estas tareas, participan vecinos y amigos que luego son invitados a comer y beber en una gran fiesta, de la cual los animales y sus criadores son los protagonistas.

—Ernestina: En realidad, acá usan la palabra de *nuestros* antepasados.

—Alejandro: Pero cuando vos hablás de *los mitos nuestros* ¿eso tiene algún nombre como antofagasteño, kolla...? ¿Tiene algún nombre o no?

—Ernestina: Y ellos eran nuestros ancestros.

—Alejandro: ¿Eran antofagasteños?

[Silencio]

—Ernestina: Porque era lo que hablábamos con ella hoy. Por ejemplo, si acá tenemos un sitio como el Coyparcito,[161] donde ellos cosechaban y sembraban, quiere decir que no era que venían de afuera o estaban de paso.

—Alejandro: Claro, porque alguien tenía que cuidar las plantas supongo, ¿no?

—Ernestina: Se supone que vivían acá. O sea, pertenecían a acá.

—Rita: Es difícil, porque no eran antofagasteños.

—Alejandro: ¿No eran antofagasteños?

—Rita: Cuando vivían los indígenas no tenían nombre en los pueblos.

—Alejandro: ¿Y qué nombre tenían?

—Rita: No sé.

—Ernestina: Eran antofagasteños porque vivían acá.

---

161 Conjunto arquitectónico asociado a poblaciones agrícolas, debajo del cual se observan líneas que cuadriculan el terreno asociadas a campos de cultivo y canales de riego.

—Rita: Para mí antes no tenían nombres.

—Alejandro: ¿Cómo no tenían nombre?

—Rita: Los que vinieron después le pusieron Antofagasta, no es que ellos, los indígenas se lo hayan puesto.

—Alejandro: ¿Y cómo sabemos eso?

—Rita: Los primeros escritos dicen que...

—Alejandro: Pero antes de los primeros escritos, ¿no hay nombres, las cosas no tienen nombre?

—Rita: Quizás tuvieron otro tipo de nombre. Por ejemplo, se llama Antofagasta por el puerto de Antofagasta de no sé dónde.

—Alejandro: No, es al revés. El puerto de Antofagasta es muy posterior a Antofagasta de la Sierra.

—Rita: ¿Ya los indígenas le llamaron Antofagasta?

—Alejandro: No sé, ¿pero podemos decir que no?

—Rita: No sé en qué idioma habrán hablado antes.

—Alejandro: ¿Y en qué idioma está dicho Antofagasta?

—Rita: En cacán.

—Alejandro: Y bueno, ¿y el cacán no era un idioma que se hablaba?

—Rita: También el quichua.

—Alejandro: El quichua digamos que se hablaba y tal vez hablaban otro idioma también.

—Rita: Pero no se sabe.

—Alejandro: Bueno, no se sabe, de acuerdo. ¿Eso significa que se sabe que no se llamaban de esa manera? Me llama la atención que vos digas "no eran antofagasteños porque no se llamaban antofagasteños". ¿Y cómo sabemos?

—Rita: Yo me imagino, pero no sé.

—Ernestina: Para mí eran antofagasteños.

—Alejandro: ¿Por qué?

—Ernestina: Yo también decía capaz que no eran antofagasteños porque ellos iban de paso. Pero no iban de paso, porque vivían acá, porque para ir de paso no sembrarían nunca, no tendrían todo lo que ellos tenían. O sea que vivieron acá, como nosotros.

—Alejandro: ¿O sea que pueden ser antofagasteños por más que la vestimenta, por ejemplo, sea distinta?

—Ernestina: Claro, yo por ejemplo, no soy de Antofagasta, vengo de Tinogasta, pero ahora soy antofagasteña porque vivo acá, me quedé acá. Que nos vistamos diferente, que tengamos cosas diferentes no quiere decir que no pertenezcamos o que no nos unamos a ellos de por sí, o no haya algo que nos una ahí. Seguimos siendo aborígenes.

—Alejandro: ¿Vos estás de acuerdo con eso?

—Ernestina: Sí. Seguimos siendo lo mismo, si bien no hablamos como los indios, pero seguimos siendo indios.

—Laura: Vos Ernestina… ¿vos pensás que ustedes siguen siendo o son aborígenes?

—Ernestina: Seguimos siendo aborígenes, y no puedo decir que no pertenezco a esto porque no ando desnuda o con un taparrabo. No sé, para mi es eso, estamos unidos. Con otras civilizaciones, por supuesto. Es otra civilización, tenemos otras cosas, pero nunca nos olvidamos de nuestras costumbres que es lo esencial en esto. No perdemos los mitos, seguimos con nuestras costumbres. Ahora si nosotros no creeríamos nunca más en la Pacha, nunca más en el Día de las Almas, no señalaríamos… seríamos todas cosas diferentes, sí. Pero ni aun así porque igual seguiríamos siendo lo mismo. Digamos que somos indios pero más modernos. Claro que hay personas que no creen. No las adultas, personas jóvenes, que no lo toman con el mismo interés. Hay un ritmo que ya se va perdiendo, pero en mi persona queda. Yo si no le doy de comer o si no espero a las almas sé que estoy haciendo mal, porque yo aprendí eso. Igual que señalar el ganado, eso para mí es tanto costumbre como obligación, una de las tantas obligaciones que ellos mismos, nuestros antepasados, tenían. Porque ellos también tenían obligaciones, no es que nosotros nomás, ellos también. O sea que si cosechaban y esas cosas, todo su trabajo lo consumían con su familia. No cosechaban únicamente para ellos. O sea que también tenían obligaciones como nosotros, como la señalada, que es una obligación, más allá de que sea una costumbre, porque si no señalamos no conservamos lo que tenemos. Si yo, por ejemplo, no cumplo con este mito o con uno de esos mitos en general, como dar de comer a la Pacha o esperar a las almas, yo voy a estar pendiente de que no hice bien. Para este año, por ejemplo, no esperé a las almas, y no estoy tranquila porque sé que falté el respeto, no hice lo que tendría que haber hecho. Por ejemplo a mi abuela, que yo la espero siempre para el día de las almas, no la esperé como corresponde este año. Para mí eso es una falta de respeto. Yo sé que ese día vino a compartir conmigo y yo no hice lo que tendría que haber hecho para que ella esté contenta, con el respeto que merece. O sea que estoy esperando que de alguna u otra manera me castigue, por lo que yo no hice. Porque sí te castiga. Si a la Pacha, o sea a nuestra Madre Tierra, vos no le das de comer ella se enoja, no te da la cosecha, te crea un mal tiempo, y esas cosas. Y las almas nos hacen asustar. Nosotros mismos ya, en nuestra conciencia, sabemos que sí o sí algo nos va a suceder si no cumplimos con nuestro deber. Esto no es como venir a trabajar. Yo vengo a trabajar si quiero y si no, no vengo. A lo sumo se va a enojar el intendente. Pero esto no, porque esto es un mito, un respeto que tenemos que tener nosotros. Yo ya estoy pensando "Ay, no le di de comer a la tierra el primero de agosto". No le di de comer porque quizás estaba en Catamarca o porque vine y dije "Ya le voy a dar de comer", y se me pasó el tiempo y no le di.

—Alejandro: Me gustaría aprovechar esta clase que nos está dando Ernestina para preguntarles a las chicas que son estudiantes, si quieren preguntarle algo porque está diciendo cosas muy importantes. Aprovechemos que la tenemos acá hablando.

—Ernestina: No, yo le agradezco mucho a Laura y a usted que nos dio la oportunidad para hacer esto. Yo tengo todo metido acá [señalándose el pecho, llorando] lo que pienso, y hoy día me hizo llorar porque... porque sí. Porque yo tenía acá cosas que nunca en mi vida dije, y que ella me preguntó y pude sacarlas. No fue fácil esto. Quizás yo acá sentada miro y digo "Ellos[162] pusieron y pusieron y estudiaron..." y yo en mi mente tengo otra cosa. Yo sé que no era así como pusieron ahí. A mí me gustó mucho esta oportunidad que ustedes me dieron, porque ella[163] se sentó y me dijo "No, si vos podés, vos podés y vos podés y vos podés", y yo escribía y bueno... Y me di cuenta de que ellos vienen y lo escriben y no piensan en nosotros, sino que escriben porque... porque se sientan y escriben y ya está. Y no es ni igual, ni parecido. Porque nosotros sí tenemos acá en nuestro pueblo todo: personas que pueden relatar una cosa, y que va a salir bien hecha por ellos, y no se va a perder eso. Hace rato le decía a Laurita "Vos me hacés preguntas, y preguntas y... ya me he cansado". Pero no, porque si ella no me hubiera preguntado, no sé, nunca hubiera salido esto de mí. Me preguntó tantas cosas que yo me di cuenta después de un rato que sí podía saber yo. Y no sé, me dio mucha emoción porque, por ejemplo, ella venía y me decía "¡Ah!, me gusta esa cosa, me gustan esas cosas", y yo por ahí digo "Cómo le va a gustar si está fiero". Pero ahora veo que esas cosas sí tienen un significado, y que sí pueden

---

162 Refiriéndose a los científicos, a los arqueólogos en particular.
163 Refiriéndose a Laura.

hablar de una u otra manera de nosotros. Por ejemplo, como usted[164] me preguntaba ayer cuando yo estaba parada allí, sobre qué significaba para mí que yo hubiera estado aquí todos los días y viera a la momia ahí. Y bueno, yo de todo el tiempo que estoy trabajando acá, lo veía como una obligación: ir a limpiar y mostrarla y nada más. Nunca me paré y vi si estaba haciendo bien o estaba haciendo mal, o si le estaba faltando el respeto a alguien. Nunca en mi vida me pregunté. Yo entré acá y trabajo porque es mi trabajo. Lo limpio, lo muestro y digo lo que dicen ahí y ya está. Pero nunca me puse a pensar si yo estaba haciendo mal o estoy faltándole el respeto a alguien, a ese bebé o a la señora[165] que está ahí quizás. Yo nunca pensé pero ahora sí, porque de una u otra manera pertenecen a nosotros y no son un objeto. Yo ahora sé que voy a mirarla de otra forma, voy a ver a esas dos cositas que tenemos ahí de otra forma. Quizás con más respeto. Porque para mí eran una cosa, eran una cosa nada más, nunca me llegó tan adentro como ahora saber que son míos y que por ellos sé quién soy, y que por ellos tengo las costumbres que tengo, y voy a dejar lo que tengo para mis hijos… y así. Porque si no, no sería nada. Sé que mi lugar de trabajo no es un lugar común. Sé que tiene cosas nuestras y cosas que hay que respetar y enseñar para que nuestros hijos puedan progresar. A mí me gustaba ver cómo los arqueólogos cavaban o cómo sacaban las cosas. O capaz que yo misma cuando hago de guía veo como levantan una cosa y otra y no digo nada. Pero con esto, aprendí quizás a querer un poco más lo mío y voy a respetarlo sobre todo porque está acá.

---

164 Dirigiéndose a Alejandro.
165 Refiriéndose al Bebé de La Peña y a la Mujer, momias excavadas por un equipo de arqueología de la Universidad Nacional de Tucumán, actualmente exhibidas en el Museo del Hombre de Antofagasta de la Sierra.

—Alejandro: Las cosas que decís Ernestina son tan importantes y tan profundas que uno no entiende cómo todo esto está armado como si ustedes no tuvieran voz. Cuando hablan dicen cosas tan importantes. Te agradezco mucho.

—Ernestina: Y yo a ustedes por haberme dado esta oportunidad, que para mí no fue un curso, pero que estoy aprendiendo mucho porque quizás mi padre me dijo "Mira, podés hacer eso", y a esta edad que tengo no tenía idea que podía hacer esto y que podía aprender de esto, y lo estoy haciendo. Aprendí que sí les puedo enseñar a mis hijos que no dejen perder la oportunidad y que lo vean con más valor, que yo en mi niñez no lo vi porque nadie me enseñó a verlo de esa manera. Porque yo misma a veces, cuando estoy sola y no hay turistas, me pongo a leer algún que otro cuadro y pienso: ellos dicen que lo encontraron, y dicen que fue así... ¿Será verdad, no será? Cuando viene el turista yo le digo lo que dice ahí. Supuestamente ya lo estudié y lo digo de memoria, pero no voy a decirle otra cosa. Le digo eso porque está escrito ahí. No digo lo que yo siento acá [señalándose el pecho], sino lo que dice ahí. Esa es la explicación que nosotros le damos al turista. Me gustaría que nosotros pudiéramos darle otras explicaciones, o por lo menos decirles cómo vemos nosotros a esas cosas. Por lo menos que ellos respeten lo que nosotros decimos, porque sino ellos no saben qué decimos nosotros y nos ven capaz como un objeto. No nos gusta ser objeto.

—Alejandro: Es muy fuerte lo que decís, porque en realidad son cosas muy fuertes las que están acalladas, silenciadas. A medida que uno escucha que los otros hablan, aprende a callarse la boca. Y todas las cosas que uno siente no salen.

—Rita: Yo creo que como ella hay mucha gente acá que piensa lo mismo. Por ahí por miedo a hablar, o por la reacción de la otra gente, no dicen nada.

—Ernestina: Eso pasa conmigo. Ella es mi hermana y yo nunca le dije "¿Por qué vos me decís que yo diga esto?", no. Ella me reta, me trata, me dice "Mirá, vos empezá por acá y decí tal cosa, y seguí por allá…". Y ya me lo sé de memoria. Pero nunca le dije "Mirá, no es así" o "Dejame decir lo que yo tengo acá" o "¿Por qué es así?"… nada, nunca le pregunté.

—Laura: Yo te quería agradecer por decir todo esto.

—Ernestina: Primero empezamos a discutir, pero no a discutir peleando, porque ella tenía sus ideas y yo las mías y así. Ella me entendía y yo no la entendía a ella, y nos entendíamos. Que una le pregunta a la otra, y la otra le pide perdón. Y ahora ella tiene una visión de ver las cosas y yo otra de ella. Ella puso de su parte y yo la mía para hacer esto.

—Alejandro: Esta es una forma de decir muy fuerte porque está dicha desde el corazón. Eso es algo que lo hace muy auténtico. Todos tenemos que aprender de eso.

—Ernestina: Pero si ella no me hubiera enseñado, yo nunca hubiera podido expresarlo. Nunca le hubiera dado un significado a lo que yo tenía acá. Ella me preguntó y me dijo cómo y pude saber que lo que yo tenía acá lo podía decir, porque lo entiendo. Porque capaz que si no no se hubiera entendido lo que yo quería decir.

Arqueología, desarrollo y colonialidad

Adolescencia en Buenos Aires

La ciudad, el mundo más allá de los límites de la casa familiar, se vuelve cada vez más interesante y atractiva en la medida en que se aleja la infancia.[166] El misterio y la novedad magnetizan la ansiedad de exploración del mundo circundante. A fines de la década de 1970 y principio de la de 1980, el mundo fuera de la casa en un suburbio de Buenos Aires estaba militarizado, y los primeros pasos en la jungla social de peligros y misterios también lo fueron en un paisaje bélico. Me pregunto si haber crecido del lado caliente de la Guerra Fría, de algún modo me preparó para los cambios que sobrevendrían. Mientras las cicatrices visibles de la acción guerrillera de la década de 1970 eran progresivamente borradas de las calles y paredes de la ciudad —y, como aprendería como parte del mismo proceso de crecimiento, también eran correspondientemente escondidas las cárceles clandestinas de tortura y muerte administradas por el gobierno— cada vez más voces de disenso se las arreglaban por hacerse oír aquí y allá. Teatro Abierto, un festival cultural no (o anti) oficial que comenzó en 1981 y que eventualmente alcanzó a sufrir el incendio del teatro por las fuerzas represivas, fue uno de los signos más visibles de que el pueblo no permanecería en silencio. Con el efecto de una gota que horada la piedra, cada jueves a la siesta, la ronda de las Madres de Plaza de Mayo

---

166 Una versión de este texto fue publicada como "Archaeology and Capitalist Development: Lines of Complicity", en el volumen *Ethics and archaeological practice*, editado por Cristóbal Gnecco y Dorothy Lippert, Springer, Nueva York, 2015.

seguía girando, casi solitaria, en silencio pero visiblemente pidiendo por las hijas e hijos desaparecidos. Finalmente, los sindicatos de trabajadores, cuyos miembros coherentes *alimentaron* con miles de víctimas las cárceles clandestinas, se decidieron a organizar su primera manifestación pública contra el gobierno el 30 de marzo de 1982.

A comienzos de la década de 1980, en la medida en que me aburría de repetir en la escuela las bondades de la civilización occidental y cristiana, y me resultaba cada vez más obvia la estupidez de la censura oficial ("Cocaine" de Eric Clapton y "Cambalache" de Discépolo integraban las listas negras junto con miles de libros, canciones y personas), como parte de la composición del propio cuerpo fue creciendo un sentido de desconfianza hacia todo discurso que viniera de medios oficiales (el gobierno, la escuela, la televisión, los libros).

Eran esos los inicios del neoliberalismo. Reagan y Thatcher, aunque más decididamente Videla y Pinochet, preparaban la escena para un nuevo relato sobre la esfericidad de la Tierra. En la Argentina, el miedo a *la imagen de la nación en el exterior* propio de la época de la Copa Mundial de Fútbol de 1978 (jugada en la Argentina), fue repentina pero coherentemente reemplazado por el miedo a que los capitales de inversión no llegaran al país. *Si no vienen los capitales*, se nos decía una y otra vez en el programa televisivo curiosamente llamado Tiempo Nuevo, *no tendremos posibilidades de producción, la economía se paralizará, y no tendremos la tecnología ni siquiera para producir insulina para el tratamiento de la diabetes*. En aquellos días no había verdadera oportunidad de obtener alguna enseñanza de la discusión de estas profecías y, probablemente como consecuencia duradera en la cultura política, la necesidad de capitales acabó incorporada a la opinión pública de las siguientes dos décadas. Se decía que la Argentina no era ni un país desarrollado ni subdesarrollado, sino *en vías de desarrollo*. De algún modo estábamos en la onda del cambio, y mientras nos veíamos como deviniendo algo distinto, al mismo tiempo éramos definidos como careciendo de algo. Mientras a comienzos de la década de 1970 los objetivos populares más comunes eran la liberación y el socialismo, una década más tarde necesitábamos capitales. Entre una y otra cosa debimos soportar el terrorismo de estado.

En la década de 1990 los capitales finalmente llegaron. Estábamos, más que nunca, en vías de desarrollo. La extracción de recursos naturales, el agotamiento de reservas de combustible, el envenenamiento del agua y la tierra, la desposesión de campesinos, la mayor pobreza y violencia urbanas, la mercantilización de la política, el colapso de la educación pública o la reaparición de epidemias inexistentes durante un siglo son varios de los efectos de largo plazo de décadas de neoliberalismo que llevaron en 2001 a la explosión de la Argentina en mil pedazos. El progresivo proteccionismo económico de la década siguiente no alcanzó sino a acentuar el extractivismo. Al mismo tiempo que se producía la succión de la sangre del país, finalmente me convertí en un arqueólogo establecido. El capital, la sangre y la arqueología parecen cosas completamente inconexas.

Se dice que el capital sirve para poner la economía en funcionamiento; la sangre para circular los elementos necesarios para el bienestar corporal y la vida; la arqueología es la ciencia que estudia el pasado mediante los restos materiales. Este capítulo es acerca de las relaciones no obvias entre capital, sangre y arqueología. Es acerca de mi vida, mi historia y mi lugar. Es acerca del mundo en el que vivo, y acerca de mi manera de vivir en el mundo. Hecho en contextos de represión y resistencia, el intelectual debe hacerse cargo de las consecuencias de la represión y la resistencia, es decir, el colonialismo, la colonialidad y la decolonialidad. Como arqueólogo, esto también significa desarrollar sendas decoloniales para comprender la arqueología, el mundo y a mí mismo.

Bienvenida al capital: adiós a la tierra

Se dice que en 1989 finalizó la Guerra Fría, y la década siguiente acarrearía importantes transformaciones. Mientras que el diagnóstico oficial de los países del Tercer Mundo ha sido el de un subdesarrollo secular, su oportunidad de devenir en *economías emergentes* iba de la mano de su extrema receptividad de inversiones extranjeras de capital. En términos prácticos, esto significó la apertura de barreras financieras, la reducción de regalías para la explotación de recursos no renovables, una mayor flexibilidad en las relaciones laborales y una disponibilidad de recursos jurídicos al servicio del gran capital. A lo largo de la larga década de 1990 disminuyó la inversión del estado en salud, educación, infraestructura y ayuda social, mientras distintas formas de represión contenían la protesta social. El rol activo de organizaciones financieras multilaterales, como el Banco Mundial y el Fondo Monetario Internacional, en darle forma a esas transformaciones en las décadas de 1980 y 1990 fue siempre justificada por la supuesta falta de capital financiero. El terrorismo de la dictadura militar verdaderamente se acopló a una pedagogía del terror: *necesitamos capitales para desarrollarnos, necesitamos el desarrollo para sobrevivir.*

En 1989, mientras en Berlín un conocido muro era demolido a partículas del tamaño de suvenir para turistas, me mudé de Buenos Aires a Catamarca. Además de implicar un cambio en el estilo personal de vida desde una megalópolis a una marginal ciudad provinciana, esa mudanza me hizo posible observar la cara de la reactivada frontera colonial que se acercaba. También aprendí a ver mi propio rostro reflejado en el filo de esa frontera. En aquellos días la ciudad veía a la llanura aluvial del valle de Catamarca como monte y tierra improductiva. Recuerdo que no sabía qué responder a las preguntas acerca de qué es lo que la gente de Catamarca hacía. Esas preguntas estaban marcadas con la expectativa de un tipo particular de respuesta: la vida se mide por su relativa inclusión al mercado. Lo que *realmente* importa cuando uno da cuenta de su lugar de habitación es la producción orientada al mercado, incluso mejor si se trata del mercado global. En esos días el monte desértico interrumpido por gigantescas montañas hacia donde me mudé parecía una aldea que no producía mucho más que sus propios habitantes.

En 1990 inicié un proyecto de investigación arqueológica en el área de Coneta-Miraflores inmediatamente al sur de la ciudad de Catamarca, comenzando con una prospección intensiva del piedemonte y la llanura aluvial, lo que me dio la oportunidad de conocer a la gente local. En El Bañado, una pequeña aldea en las áridas llanuras de monte, en vano busqué distintas maneras de involucrar a los locales en el pasado que yo estaba trayendo a la luz. En cambio, aprendí de sus historias. Me contaron cómo, cuando una década antes un puesto policial fue establecido a la entrada de la ciudad, llegó a un fin su producción de carbón de leña que vendían por las calles en carros tirados por caballos. Vivieron entonces de sus reses que pastaban en el monte, así como de varios pequeños cultivos cuando podían extraer agua de riego de los canales, construidos en la década de 1950 con concreto, para transportar agua desde una represa distante aguas arriba hacia dos colonias agrícolas de un programa estatal inmediatamente al sur y al norte del El Bañado. Luego de un par de años dejé ese área de investigación. A mediados de la década de 1990 comenzaron a ser rodeados por plantaciones de olivos, tras la política de promoción gubernamental que incluía diferimientos impositivos y subsidios. La adquisición de la tierra por parte de empresarios olivícolas nunca fue muy clara ni clarificada por el gobierno. La mayoría de las llanuras eran remanentes de tierras comunales de antiguos pueblos de indios o de haciendas largamente desaparecidas y, consiguientemente, los moradores locales no tenían títulos perfectos sino derechos consuetudinarios. Sacando ventaja del estatus jurídico de la tenencia de la tierra, intervinieron especuladores inmobiliarios mediante operaciones mendaces obteniendo y transfiriendo títulos a las compañías de agronegocios.

Veinte años después, el paisaje de la llanura aluvial del valle ha cambiado del salvajismo a la modernidad. Se pueden ver olivares por todos lados, aun cuando permanece invisible el bombeo clandestino de agua de napas subterráneas siempre descendentes. También permaneció invisible el proceso de desposesión de la población local. Sus tierras se redujeron tanto como para que resultara inviable la ganadería, y muchos de ellos migraron a los asentamientos periféricos de la ciudad de Catamarca. Dado que el aceite de oliva producido se destina a la exportación desde Catamarca hacia mercados internacionales, las compañías involucradas en el negocio multiplicaron sus expectativas de ingresos. Al final de cuentas, vinieron los capitales a la llanura del valle y este se desarrolló. En el proceso, los pobladores locales resultaron desposeídos de sus tierras; como resultado, la gente local se hizo cada vez más pobre. Dado que las condiciones climáticas resultaron ser no aptas para la producción de aceite de oliva de calidad *premium*, los capitales comenzaron a irse a otros valles. El paisaje que quedó luego de que pasó el ciclo de la frontera colonial es de plantaciones secas donde sabía crecer el monte, un par de empleados donde solían vivir comunidades rurales, desposesión y pobreza.

Mi proyecto de investigación eventualmente se acabó justo antes de que ocurrieran los cambios principales; alcancé a escribir tres artículos acerca del asentamiento en el área unos diez siglos antes,[167] y uno sobre el proceso de organización política y cultural de la población local que los describía en el proceso de elaborar su identidad como habitantes de un pueblo.[168] Fui incapaz de ligar la memoria social con la historia de la tierra, la voz de la gente con la materia de mi investigación. Mis hallazgos arqueológicos, como los veía entonces, eran *antiguos* y *mudos*, y las palabras de la gente, como entonces las escuchaba, eran sobre un tiempo *reciente*

---

167 "La Aguada en el valle de Catamarca. Detección y caracterización de sitios en la cuenca inferior de Coneta-Miraflores (Huillapima, Capayán, Catamarca, Argentina)", de Alejandro Haber, en *Boletín del Museo Regional de Atacama* 4: 71-83, 1994; "Paisaje y asentamiento. Investigaciones arqueológicas en la cuenca del río Coneta-Miraflores (Huillapima, Capayán, Catamarca)", de Alejandro Haber, en *Revista del Museo Municipal de Historia Natural (San Rafael)* 25: 123-139, 1996; "Construcción de categorías de paisaje en Capayán", de Alejandro Haber, Juan Ferreyra, Gabriela Granizo, Marcos Quesada y Fernanda Videla, en *Shincal* 6: 83-100, 1997.

168 "Diálogos en el Bañado. Relaciones socioculturales en la construcción científica y popular del pasado", de Cynthia Pizarro, Alejandro Haber y Rodolfo Cruz, en *Revista de Ciencia y Técnica* 2: 43-63, 1995.

y poco profundo. En mi idea de la historia estaba implícita una concepción lineal del tiempo, así como mi idea de los restos se enfocaba en la materialidad. Yo pensaba que estaba hablando y escribiendo separadamente acerca de la historia local y de la gente contando la historia local. No podía ver, no obstante, hasta qué punto estaba interviniendo en (des)hacer la historia de la gente local. La historia duele, ahora que el tiempo se ha ido y que la tierra casi se ha marchado.

¿Qué es exactamente lo que me duele como arqueólogo? Aún sintiéndome en solidaridad con los pobladores locales, la manera en la cual la disciplina arqueológica me había equipado con los medios para obtener conocimiento me ubicaba en el lado colonialista de la frontera. Buscaba conocimiento en el campo. Me interesaba la historia larga, y buscaba hallazgos arqueológicos en una extensa área de llanura aluvial cubierta de monte xerófilo y bosque abierto. Hallé varias dispersiones de cerámica, sondé varias, y finalmente excavé una que parecía tener un piso arcilloso.[169] Los pobladores locales no estaban tan interesados en mi investigación como en mi presencia, pero eran reacios a identificarse con los indígenas que yo admitía eran responsables de los restos.[170] Ellos hablaban de su propia historia en el área, y contaban cuentos de los *indios*, pero yo no era capaz de oír esas historias como historia. Mi fe en mi privilegiada capacidad para acceder a la historia antigua de alguna manera me impidió aprender de la memoria local como historia en sí misma. No es que me sienta responsable de la reciente expansión colonial en el área; sé que ese proceso tuvo su propio impulso, y que aún lo tiene. Pero también reconozco mi contribución personal a la violencia epistémica e histórica sobre la gente local. Mis datos arqueológicos eran ellos mismos una construcción *predatoria* que succionaba la cultura y la historia local, tanto en términos materiales como epistémicos. Materialmente, yo extraía cosas del suelo. Epistémicamente, me conducía como si las condiciones metafísicas de mi

---

169 Haber, 1994, op. cit.
170 *"Ahora ya somos civilizados". La invisibilidad de la identidad indígena en un área rural de la Provincia de Catamarca*, de Cynthia Pizarro, Universidad Católica de Córdoba, Córdoba, 2006.

disciplina hubiesen sido universales y naturales, y como si mi concepción del tiempo, la materialidad y el conocimiento fuesen *naturalmente* correctas. Mi propia constitución como experto en la *localidad* fue función directa de mi *predación* de la *constitución local*.

La *predación epistemológica* es, de hecho, corolario de una *predación epistémica*[171] o, aún mejor, una predación ontológica incorporada a lo largo de los años formativos en la universidad. La episteme occidental necesita alimentarse de la destrucción de otras epistemes; el ser occidental vive a través de la transformación de su otro. Occidente solo existe en su frontera. Y la frontera de Occidente siempre es bélica. En tiempos poscoloniales, la arqueología se volvió una más de las armas usadas en el campo de batalla. Una vez que te encuentras en el campo de batalla armado con un arma en la mano, puedes resultar herido si no sabes a qué lado apuntar. Este texto es acerca de rehacer decisiones, considerando las maneras en las que la arqueología, la historia y el conocimiento ya son armas en la guerra *tibia*.

Vivir en la frontera colonial

Una de las principales características del renovado ciclo actual de colonialismo es la disponibilidad de enormes cantidades de capital de inversión de riesgo. La fluidez financiera hace posible la recolección de capital de diversas fuentes y su inversión en operaciones igualmente diversas. También alienta la omnipresente aparición de *brokers*, un nuevo tipo de especialistas en la transformación de conocimiento en mercancía.

En el caso de la llanura del valle de Catamarca, por ejemplo, una combinación de distintos tipos de conocimiento fue transformada por los *brokers*: ingeniería olivícola, procesamiento y comercialización de aceite, técnicas de irrigación en tierras

---

171 *Metafísicas caníbales. Líneas de antropología posestructural*, de Eduardo Viveiros de Castro, Katz, Buenos Aires, 2010.

áridas, situación jurídica de la tenencia de tierras, apropiación jurídica de tierras y búsqueda de capitales. Una mezcla de agronomía, derecho y mercadotecnia hizo posible la expansión de la frontera colonial. El conocimiento se transformó en mercancía. ¿Por qué es tan voraz el capital en países pobres? ¿Por qué parece el poscapitalismo haber renovado el ritmo de las fronteras coloniales en el lado oscuro del globo? Parte de la explicación son causas económicas como la sobreabundancia de capital. Pero la cultura del colonialismo también tiene una parte central en la comprensión de la reactivación de la frontera actual. La reorientación de los países pobres hacia actividades industriales extractivas, que son tan demandantes de recursos energéticos y tan contaminantes, ha sido llamado *racismo ambiental*, un concepto íntimamente relacionado al *imperialismo ecológico*.[172] Se trata de industrias con orientación tecnológica y de enorme escala, implican inversiones de capital muy grandes y mercados globales. Con el objeto de mantener elevadas sus ganancias, estas inversiones poscoloniales implican pasivos ecológicos. La administración de estos pasivos es mucho más barata en los países pobres que en los países de donde proceden esos capitales. Los países metropolitanos también tienden a beneficiarse en mayor medida de los productos coloniales. Por ejemplo, el aceite de oliva, la pasta de celulosa para papel o la soja para aceite y biocombustible son mercancías consumidas en el norte pero cada vez en mayor medida producidas en el sur. Junto a semejante desequilibrio en los términos de intercambio, el agotamiento de recursos de agua dulce, incluso en áreas ya áridas y desertificadas, la contaminación de reservas de agua con cianuro y tierra con glifosato y otros químicos peligrosos, y el consumo de enormes cantidades de energía con adicionales consecuencias ecológicas son los principales efectos que quedan en las colonias. Al mismo tiempo, las mercancías y las ganancias fluyen a las metrópolis del norte.

Los pueblos del sur global tenemos nuestra tierra y agua contaminada y agotada, nuestras montañas molidas a partículas impalpables, nuestras reservas naturales vaciadas,

---

172 Machado Aráoz, 2009, op.cit.

nuestra gente envenenada y desposeída. Desde la perspectiva del capital global, los del sur valemos menos que otros. El colonialismo siempre es acerca de la tierra, sus recursos y la gente. Y siempre es básicamente racista. Esta es la manera en que el poscapitalismo —en otros términos la globalización— recapitula el colonialismo. Incluso cuando líderes y pensadores occidentales son muy elocuentes acerca de sus ideas contra el racismo, y los intelectuales y académicos occidentales a menudo son comprometidos en el mismo sentido, la episteme occidental, con su conjunto de ideas acerca del desarrollo, la historia y la caridad, no puede evitar ser una continuación del colonialismo y el racismo bajo otras formas.

Queda la pregunta sobre por qué ha sido posible la expansión colonial en la llanura del valle de Catamarca con una resistencia social mínima. Esto no se relaciona a los *contenidos* de los conocimientos combinados en el proceso de desarrollo, sino al hecho de que esos —y otros— conocimientos fueron actuados *in situ* como conocimiento hegemónico. En otras palabras, no es la semántica del conocimiento lo que explica el desarrollo o la expansión colonial sin violencia física, sino la *peformatividad de la experticia*. La violencia epistémica no hace su aparición en el mismo momento de la expansión colonial, sino que ya está diseminada por las instituciones disciplinadoras (escuela, ley, ciencia). Entonces, el colonialismo tiene, también en contextos poscoloniales, una contribución de doble filo al conocimiento académico. Por un lado, provee el contenido que produce, en la combinación apropiada, las mercancías convenientes que justifican las expectativas de renta de la inversión de capital. Por el otro lado, el conocimiento académico y científico ya ejerció violencia epistémica sobre el conocimiento local, aumentando la credibilidad de su efectividad y la superioridad para dar cuenta del mundo. La expansión colonial actúa con base en las relaciones hegemónicas a las que ya contribuyeron las disciplinas científicas y académicas.

El lugar como intelectual contra el colonialismo es el mismo lugar en el que vivo. Es mi tierra, mi aire, mi agua, mi gente, mis niños, yo mismo como persona y como colectivo y como el lugar en el que escribo y para el que escribo. Esa es mi determinación política; ello implica que esta escritura pueda ser relevante para algunos e irrelevante para otros. Pero el lugar como intelectual es doble: también soy, en tanto intelectual disciplinado y ya sea que lo quiera o no, un agente de la violencia epistémica. La frontera no es una línea que se pueda ver allí afuera, sino una diferencia relacional que nos constituye inmanentemente.

No estoy en este lugar debido a alguna moda intelectual; no tengo opción sino estar aquí. Habito esta tierra y esta tierra me habita. Y esta escritura es desde y hacia esta tierra. Esta escritura no es solo acerca del colonialismo sino también acerca de la arqueología. ¿Cómo está la arqueología involucrada en el colonialismo? Ya he dicho algo en esta corta introducción. Seré ahora más sistemático en la exposición. La arqueología está involucrada en diferentes niveles con el colonialismo. Procederé con una excavación de esos niveles, desde el suelo al fondo, es decir, desde las orientaciones activas a las comprensiones epistémicas y metafísicas.

Arqueología y colonialismo I: arqueología como desarrolladora

A mediados de los años 80 del siglo pasado, una discusión central como estudiante de grado en la universidad argentina a fines de la dictadura y los primeros años posdictatoriales era acerca del rol de los antropólogos y arqueólogos. Esa discusión estaba planteada como un debate entre conocimiento *aplicado* vs. *puro* o, en otras palabras, entre *ayudar* vs. *conocer a los otros*. A comienzos de la década de 1990, ya en Catamarca, conocí varios colegas que bregaban por la transformación del conocimiento arqueológico en mercancía turística, transformando así la investigación arqueológica académica en una estrategia para el desarrollo. En esa época, cada una de las agencias de financiación de la investigación comenzaba a incluir el *desarrollo* como uno de los factores a tener en cuenta para evaluar la relevancia de las propuestas de investigación. Progresivamente, los arqueólogos se alinearon con la idea del desarrollo turístico, aunque la gran mayoría de ellos como mera justificación formal de sus proyectos, y solo unos pocos diseñaron programas para presentar los sitios y/o los artefactos como atractivos turísticos.

En algunos países como México, Perú y Egipto, desde al menos mediados del siglo xx la industria turística se basa principalmente en los atractivos arqueológicos. Allí, la inversión estatal en la investigación arqueológica probablemente se relacione más cercanamente al desarrollo turístico que en otros países. No fue sino hasta la década de 1990 que el turismo se transformó en una industria global de envergadura. Con la ayuda de instrumentos provistos por UNESCO como la lista de Patrimonio de la Humanidad, los sitios arqueológicos (y algo más tarde también los paisajes) adquirieron el potencial de transformación en mercancías para turistas nacionales y/o internacionales que llegaran a ver, tocar, fotografiar y comprar. Los turistas *hacen* estos sitios tanto como los visitan. Los arqueólogos intervienen ofreciendo los restos materiales y el tejido narrativo básico en el cual estos se insertan como para hacer de ellos una experiencia turística. El conocimiento arqueológico se transforma directamente en mercancía turística. Las narrativas turísticas acoplan una explotación de lo exótico, el paso del tiempo y la irrecuperable alteridad de las ruinas, junto con una explicación de los fundamentos de la disciplina arqueológica, sus objetivos y logros, su objeto y sus métodos. El otro es construido a la distancia del turista, y la arqueóloga es ubicada como intermediaria necesaria entre el presente y el pasado, pero también entre lo urbano y lo rural, Occidente y el indígena, lo moderno y lo precolonial. La arqueología está presente en el contenido de la narrativa y en el contenido de las ruinas, pero también está presente en la manera (es decir, la manera correcta) de trascender la distancia.

Además de la expansión mercantil, el desarrollo turístico tiene varias consecuencias en áreas campesinas o indígenas. Solo algunas de ellas son relevantes en este momento. La irrupción del mercado capitalista en áreas previamente campesinas y/o indígenas tiene muchas consecuencias desastrosas para los locales. El desarrollo de un recurso turístico implica muchos negocios asociados. Los turistas pagan por transporte, alojamiento, comidas, información, artesanías y una completa serie de otros servicios, cada uno de estos representando una oportunidad de inversión de capital foráneo en la localidad. Debido a que las economías de las comunidades campesinas locales a menudo se basan, al menos parcialmente, en la autosubsistencia, es frecuente que los locales dispongan de menos capital que los foráneos para competir en igualdad de condiciones con ellos. Debido a esos desequilibrios es común que los locales acaben ubicados en los peldaños inferiores de la industria turística, como fabricantes de artesanías baratas, o como empleados con bajos salarios en los negocios de los foráneos.

Una consecuencia aún más dramática del desarrollo turístico se relaciona con la mercantilización de la tierra, un proceso disparado tan pronto como el desarrollo turístico prueba ser una oportunidad real para la inversión de capital de riesgo. Usualmente la relación de los locales con la tierra está regulada por el derecho consuetudinario, y raramente es reconocida por la burocracia estatal. La presión de la especulación inmobiliaria, incluso a veces mediante procedimientos no enteramente legítimos, resulta a menudo en la desposesión de la tierra de los locales. El caso de Tilcara y otros pueblos en el área de la Quebrada de Humahuaca (Jujuy, Argentina) es bastante elocuente en este sentido. Los tilcareños han sido virtualmente desposeídos de sus parcelas urbanas y semiurbanas tan pronto como la inclusión de la Quebrada en la lista de Patrimonio de la Humanidad de la UNESCO comenzó a mostrar su efecto en el desarrollo turístico. La inclusión del área en una vitrina internacional disparó el turismo y tuvo efectos inmediatos en el precio de la tierra. La ironía es que los habitantes locales, es decir, la verdadera razón de la inclusión en la lista de la UNESCO, son las primeras víctimas de su inclusión. El turismo empuja la frontera colonial, y mientras lo hace, arruina su previo atractivo. Al final siempre acaba por preferirse el simulacro del otro, porque el otro, transformado en víctima del turismo, ya no resulta atractivo una vez que muestra las cicatrices de esa violencia.

No es que los arqueólogos deban involucrarse directamente en la desposesión como para que la arqueología resulte responsable de consecuencias coloniales como la recién comentada. Por el contrario, los arqueólogos involucrados en la investigación orientada al desarrollo suelen estar fuertemente comprometidos con el bienestar de los locales. Es muy probable que la desposesión de la tierra de los locales nunca estuviera en la mente de los arqueólogos que investigaron en el área de la Quebrada de Humahuaca, incluyendo a aquéllos que reconstruyeron el Pucará de Tilcara, y vivieron en el área como personal de un museo e instituto de investigación basado en la localidad. El colonialismo no necesita excluir las buenas intenciones ni la buena práctica; por el contrario, es mucho más común que la frontera colonial esté guiada por las buenas intenciones de ayudar a los otros.

La arqueología es solo una pieza del conocimiento movilizado en el desarrollo turístico, siendo otras el estatus jurídico de la tierra, la administración y mercadotecnia turísticas, y muchas más. Es raro que los arqueólogos desarrollen por sí mismos el turismo, pero en cambio mercantilizan su propia disciplina acoplándola a objetivos de desarrollo tales como el turismo. La disciplina arqueológica ya construye su conocimiento como materia experta, distanciando las narrativas arqueológicas de las de los pueblos locales. La experticia de la arqueología separa del conocimiento local el conocimiento que produce acerca del pasado. La intervención de la arqueología usualmente implica la exclusión del conocimiento local, volviendo sencillo que la arqueología intervenga en proyectos de desarrollo turístico como conocimiento experto, es decir, autónomo de la gente que queda sujeta a las consecuencias de ese conocimiento y esos proyectos. A menudo los *brokers* turísticos utilizan narrativas arqueológicas para construir mercancías turísticas. En esos casos, la intervención de la arqueología es indirecta: habiendo producido textos públicos acerca de ciertos pueblos y lugares, los arqueólogos no retienen control sobre ellos, exponiendo al público la información y las narrativas que son eventualmente utilizadas por terceros para sus propios objetivos.

Una vez que el mercado turístico irrumpe, impone su propia dinámica. El turismo, una de las principales áreas expansivas del mercado global durante las últimas décadas, está siempre a la busca de nuevos destinos previamente desconocidos, siempre más distantes y exóticos, con los que alimentar la necesidad de consumir alteridad de los públicos occidentales. Una vez que el mercado turístico entra a las comunidades locales, es casi imposible de contener, siendo los locales sus primeras víctimas. Los turismos *comunitario, sostenible, indígena* y otros turismos blandos o *ecológicos* se han desarrollado para administrar las tristes consecuencias de la expansión turística. Nunca es suficientemente fácil saber si estos turismos son iniciativas de las comunidades locales en condiciones de relación segura con la tierra y recursos o si son maquillajes mercadotécnicos en busca de los sectores ecologistas del mercado turístico. E incluso si las consecuencias socioeconómicas del turismo están controladas y administradas localmente, queda por verse cuáles serán las consecuencias socioculturales, y cómo impactarán estas en las relaciones locales con la tierra.

Aunque es la más importante y visible, el turismo no es la única orientación de la arqueología al desarrollo. La reactivación de tecnologías agrícolas largamente abandonadas utilizando datos arqueológicos es una tendencia conspicua a lo largo de los Andes. Los arqueólogos intervienen en esos proyectos desenterrando tecnologías supuestamente olvidadas y planificando y ejecutando su reconstrucción y reactivación. En un reciente estudio de campo de la situación presente de reactivaciones previamente publicadas, Alex Herrera[173] mostró el general fracaso de esa estrategia luego de dos décadas, así como la superficialidad de la visión del desarrollo tecnológicamente orientado que inspiró muchos de esos proyectos de intervención. En la mayoría de los casos no se observaron importantes consecuencias externas, pero debe recordarse que se trata de proyectos generalmente fracasados.

---

173 *La recuperación de tecnologías indígenas. Arqueología, tecnología y desarrollo en los* Andes, de Álex Herrera, Uniandes, Bogotá, 2011.

Luego de muchas décadas de políticas orientadas al desarrollo, se necesita una evaluación de lo apropiado del objetivo del desarrollo. Como lo plantea adecuadamente Escobar,[174] más probable que haber alcanzado sus objetivos propuestos es que las políticas de desarrollo sean responsables del empeoramiento de las condiciones económicas y sociales de las poblaciones. El desarrollo en sí ha sido un concepto y una política tan criticados que resulta misterioso que sea tan fácilmente reciclado mediante su adjetivación como local, ecológico, apropiado, sostenible, etc. El misterio parece focalizarse en que el desarrollo es algo que acaba siendo deseado pero nunca alcanzado, o aún peor, debido a que nunca es alcanzado sigue siendo un objeto de deseo.[175]

Cuando el desarrollo se consolida como un objeto de deseo, resulta vaciado de contenido significativo. Es atractivo como signo, no como significado. El desarrollo funciona como un significante vacío ubicado en la flecha de una línea vectorial. Este lugar de deseo no alcanzado (*siempre-no-alcanzado-aún*) de alguna manera es cercano al lugar de enunciación de la retórica del desarrollo. El mundo subdesarrollado/en vías de desarrollo es enunciado como si se orientara hacia el sentido del vector; el sur es enunciado como aún carente de desarrollo, como orientado al desarrollo. Mezclando la metafísica aristotélica de la substancia con la metafísica judeocristiana del tiempo mesiánico, la propia idea de desarrollarse, que la palabra desarrollo transmite, implica que algo está de alguna manera arrollado. Hay ciertas posibilidades dentro de algo, de manera arrollada, latente y estas posibilidades pueden ser desarrolladas, actualizadas. En cierto sentido, el desarrollo es la sombra de Occidente proyectada sobre su *otro*.

El otro prístino y el pasado ido, tan atractivos para la industria turística, se relacionan con la amplia popularidad en Occidente de la teoría vectorial del tiempo. Mientras que

---

174 *Más allá del tercer mundo. Globalización y* diferencia, de Arturo Escobar, ICANH, 2005.
175 *El sublime objeto de la* ideología, de Slavoj Žižek, Siglo XXI, México, 2003.

la orientación al desarrollo no es algo que pueda probarse, y excepto para los capitales involucrados el estado de plenitud nunca se alcanza, la vectorialidad del tiempo puede al menos ofrecer un sentido de tangibilidad y verdad cuando se hace turismo arqueológico. El turismo no necesita ser una experiencia verdadera, porque ya está experimentado como verdad. La visita de una ruina junto a una aldea campesina indígena le ofrece al turista el medio para transformarse en un testigo directo del tiempo vectorial.

Arqueología y colonialismo II: arqueología y el licenciamiento del desarrollo

La arqueología, antes que estar activamente involucrada como desarrolladora, cada vez está más implicada en el licenciamiento de proyectos de desarrollo. La legislación patrimonial es bastante distinta a lo ancho del mundo, yendo desde estudios obligatorios de impacto de alta cobertura para todo tipo de movimiento de suelos en cualquier tipo de tierra hasta la virtual inexistencia de legislación pertinente. Incluso en estos últimos casos se realizan estudios de impacto arqueológico cuando los proyectos de desarrollo son financiados por agencias multilaterales o cuando se trata de ciertos tipos de industrias. La construcción de carreteras (y otros proyectos de diseño lineal para infraestructuras de transporte) y la minería a gran escala están entre los proyectos usualmente demandantes de estudios. En la Argentina, por ejemplo, la industria minera tiene una ley ambiental singular que incluye estudios de impacto arqueológico, mientras que la agroindustria a gran escala no, siendo que esta usualmente implica la modificación de extensas superficies de suelo. La arqueología interviene investigando los efectos potenciales sobre los restos arqueológicos de las acciones a ser ejecutadas por el proyecto. En contextos en los que los gobiernos estatales están directamente interesados en los proyectos, o cuando las compañías mineras tienen un poder financiero tan gigante que virtualmente orientan las decisiones gubernamentales, es muy limitado el control estatal de los estudios profesionales de impacto. Pero incluso si los estudios de impacto no fuesen materia de prácticas veniales, lo que merece ser analizado aquí es la estructura de la intervención arqueológica.

Al ser incluida en estudios de impacto, la arqueología se inserta en un procedimiento administrativo ya concebido para el licenciamiento de un proyecto previamente establecido. Los objetivos y acciones generales de los proyectos de inversión no están en cuestión cuando la arqueología es convocada a intervenir. Los restos arqueológicos ya están definidos como un segmento específico del paisaje material sobre el cual intervenir, y la arqueología ya está definida como el conocimiento experto para tratar con el mismo. El conocimiento local respecto a la misma materia que le importa a la arqueología no es pertinente para el procedimiento administrativo. Suele resultar que la arqueología cuantifique y cualifique los impactos sobre el patrimonio cultural, e incluso trate de mantener la totalidad del patrimonio cultural e histórico. Pero mientras la arqueología actúa en defensa de un patrimonio cultural a ser potencialmente impactado por un proyecto, suele suceder que ese mismo proyecto desafíe seriamente la continuidad de la vida de los herederos de ese mismo patrimonio. Cuando el patrimonio se desacopla de sus herederos, la arqueología viene a intermediar entre ambos. El estudio de impacto ambiental ubica a la arqueología en esa coyuntura. Pero la intermediación de la arqueología no está equilibrada; la arqueología, vista como una disciplina especializada en el registro arqueológico, trata con el patrimonio al tiempo que ignora la relación de sus herederos al mismo (la herencia territorial).

Ello suele suceder con la megaminería, a menudo aunque no siempre del tipo de *open-pit*, y usualmente incluyendo procedimientos químicos para el procesamiento de minerales. Los proyectos de megaminería, en rápida expansión a lo largo de toda América del Sur y África tan pronto como las naciones metropolitanas prefieren deshacerse de esas industrias contaminantes, consumen y contaminan cantidades gigantes de agua dulce (incluso en áreas desérticas), destruyen aspectos significativos del paisaje, contaminan el aire, el suelo y el subsuelo, corrompen las burocracias de los estados locales para lograr que defiendan sus intereses e introducen profundas divisiones sociales en las comunidades.[176] La arqueología interviene estudiando el impacto de esos proyectos de inversión en el registro arqueológico, y cuantificando los impactos de manera que puedan ser incluidos entre los costos del proyecto. La escala de la inversión de los proyectos megamineros tiende a ser tan grande que los impactos arqueológicos no inciden en la regulación de los proyectos. El estudio y evaluación de impactos es uno de los más claros dispositivos posdisciplinarios para la expansión capitalista, reemplazando la regulación política mediante decisiones públicas gubernamentales por la modulación técnica mediante la intervención del conocimiento experto.[177] Usualmente no merma la factibilidad de los proyectos megamineros debido a los impactos arqueológicos, aunque usualmente sí merma la factibilidad de los pobladores locales debido a los proyectos megamineros. ¿Cuál es el sentido de administrar los impactos sobre el patrimonio cultural si la minería desafía la vida de las poblaciones herederas de esos patrimonios? Un patrimonio sin herederos es difícil de concebir sino como un símbolo de la desaparición de la herencia cultural. El estudio de impacto arqueológico parece implicar el reemplazo de la herencia habitada por la identidad arqueológica.

Arqueología y colonialismo III: colonialidad del tiempo

Básicamente, la modernidad es una teoría de la historia. Dice que la tradición detiene el potencial humano para dominar el mundo; liberándose de la tradición, el potencial humano completo se actualizará. La enfermedad, el hambre, la ignorancia, la pobreza y otros males serán superados a través de la intervención moderna que controla la naturaleza y la tradición. La historia, en la teoría moderna, se desplaza desde al pasado

---

176 Svampa y Antonelli, 2009, op. cit.
177 Lazzaratto, 2006, op. cit.

malo al futuro bueno. La planificación e intervención racionales alimentan el movimiento de la historia. La modernidad es una teoría del poder sobre una primera naturaleza, y una práctica del poder sobre una segunda naturaleza, esto es, la sociedad. La dominación de la naturaleza es siempre la dominación de las tierras de alguien, que usualmente son campesinos y pueblos no occidentales. La modernidad siempre fue la teoría del poder de las clases sociales ascendentes, ya fueran la baja nobleza, la burguesía, los conquistadores, los aventureros y todo tipo de especuladores. En la actualidad, la modernidad es la teoría de los desarrolladores y *brokers*.

La teoría occidental del tiempo tiene al menos dos componentes. Uno de ellos es la linealidad. El tiempo pasa desde el pasado al presente al futuro a lo largo de una línea de tiempo; y la línea de tiempo es la más fácil representación del tiempo histórico. Los acontecimientos suceden, uno tras otro. Pero la línea del tiempo no es solo una línea; también es un vector. Un vector es un tipo particular de línea recta, que tiene magnitud y dirección. La magnitud del tiempo es la distancia a un punto de partida, y la dirección es su orientación en el espacio. Como un vector, la historia tiene un punto de origen y una dirección. En la tradición occidental, el punto de origen es a veces abiertamente metafísico, como en el caso de la creación bíblica o la llegada del hijo de Dios al mundo humano. En la recapitulación moderna de la tradición occidental se establece otro punto de partida en el inicio de la historia: el conocimiento acerca de la historia como un período de tiempo, un período que comienza cuando lo hace el conocimiento histórico.

En Occidente, *res gestae* comienza cuando lo hace *historia rerum gestarum:* la historia (relevante) de la humanidad comienza cuando se inventa la disciplina (Occidental) de conocimiento de esa historia. La historia (lo que sucedió) es comprendida como una magnitud de tiempo, es decir, una longitud de la línea desde el origen metafísico hasta el presente. La historia, vista desde la teoría occidental del tiempo, consiste en la historia de Occidente. La historia que sucedió e importa (esto es, la historia de Occidente y su expansión sobre el otro) tiene su origen en la invención del dispositivo para codificar el conocimiento occidental como superior (la historia es lo que se dice acerca de lo que sucedió). El punto de origen en la versión occidental de la historia está acoplado, entonces, a su autocomprensión como una civilización superior y, al mismo tiempo, a su consideración de la superioridad de sus propios medios para considerarse superior. La metafísica de la historia (occidental) está objetivada en la línea de tiempo (la historia objetiva), produciendo el efecto de un punto de origen metafísico, y al mismo tiempo siendo un lugar naturalizado de conocimiento. Tal punto de origen indica el origen del yo (Occidente como civilización y como proyecto de conocimiento e intervención). El nacimiento de Jesús es el principal punto de origen en la línea de tiempo, y marca el origen del yo cristiano. La vida de Jesús (lo que sucedió) está narrada en los evangelios (el relato de lo que sucedió), y el conocimiento correcto de la historia sagrada es obtenido mediante la lectura de los textos sagrados que codifican la historia. En los países europeos, generalmente se considera que la historia se origina cuando aparecen las primeras fuentes históricas acerca de esos pueblos, usualmente escritas por conquistadores romanos acerca de espacios sobre los que se expandieron. Los pueblos resistentes y dominados, designados por esas fuentes, resultan los ancestros de los yoes nacionales actuales. Antes de esos pueblos no había historia sino prehistoria. En América, la llegada de Colón es un segundo punto de partida, marcando el trasplante del yo al Nuevo Mundo y separando la historia (conocida) de la prehistoria (desconocida). La arqueología se dedica principalmente a obtener conocimiento de tiempos prehistóricos, expandiendo la codificación y las reglas del conocimiento histórico occidental sobre períodos carentes de fuentes escritas. Queda claro que el lugar desde el cual la historia se clasifica como conocida (o cognoscible) y desconocida (o incognoscible) es el mismo lugar desde el cual la conquista es una práctica y una teoría. La historia como representación del yo occidental corporiza a Occidente como discurso de conocimiento y proyecto de dominación.

Como todo punto de origen metafísico que marca el inicio de un proyecto (moralizante, civilizador, purificador) la línea del tiempo occidental también se proyecta hacia el futuro. Para los conquistadores ibéricos de América durante la primera modernidad, el futuro era pensado como una mayor proximidad a Cristo. Para los conquistadores europeos durante la segunda modernidad, y los descendientes de europeos en los países políticamente independientes y la antropología evolucionista, el futuro era pensado como civilización (comprendida como civilización occidental). Para los *brokers* actuales, y para el sentido común occidental en general, el futuro consiste en el desarrollo. El tiempo occidental es siempre un vector, con magnitud y dirección. Esta ordenación espacial fundamental del tiempo occidental, cimentada a fuego en su metafísica básica, es la manera en la que el espacio y la alteridad se reducen al tiempo. El tiempo occidental connota el tiempo y denota la dominación. Occidente es una teoría de la historia en la que la historia consiste en la dirección hacia una creciente dominación del hombre sobre la naturaleza, de la modernidad sobre la tradición, de Occidente sobre el otro.

La idea de desarrollo se basa en el tipo vectorial de tiempo, tal como es comprendido por la teoría occidental basada metafísicamente. Esta es la razón por la que el desarrollo no necesita ser demostrado para que resulte un significante poderoso: está profundamente enraizado en la metafísica occidental.

La arqueología no es inocente respecto al reforzamiento de las nociones occidentales de tiempo. Expande la tradición occidental de la historia a tiempos y espacios en los que esa tradición no era directamente aplicable. Siendo la arqueología un proyecto de conocimiento codificado en base a las ideas occidentales de tiempo e historia, expande sobre tiempos *prehistóricos* y pueblos *orales* los medios para objetivar la metafísica occidental. La arqueología les otorga tiempo occidental a pueblos no occidentales transportando a sus mundos los condicionamientos metafísicos de la metafísica occidental. Así, puede decirse que Occidente se alimenta de las historias otras. La arqueología tiene un rol central en este particular proceso predatorio.

Occidente necesita a su otro para completar su proyecto nuclear de expansión. Pero el otro necesario para Occidente no debe manifestarse como *otro-en-sí*, es decir, no puede manifestarse en sus propios términos, ya que esos términos son insoportables para Occidente. Al enfrentarse al otro yo, Occidente sufre la confrontación con su propio yo predatorio. Por ello el otro es representado como excesivo, animalesco, gobernado por emociones y necesidades, repulsivo, en otras palabras: irrepresentable. El otro debe ser domesticado, devenido aprehensible por el discurso occidental incluso siendo otro (es decir, *otro-que-Occidente*). El otro en el discurso occidental ya es la sombra de Occidente: no puede hablar por sí, como plantea Gayatri Spivak,[178] porque ya es una sombra, no un yo. La historia del otro escrita por la arqueología ya es una historia en términos occidentales, en el sentido de que Occidente ya le ha otorgado al otro su propia metafísica (en primer lugar el tiempo occidental).

El desarrollo se basa en la metafísica occidental del tiempo. Implica una línea recta con magnitud y dirección. Como cada pueblo puede ser ubicado en un punto en la línea de tiempo, el desarrollo respectivo tiene una correspondiente magnitud. La magnitud admite la comparación entre dos sociedades cualesquiera en términos de su desarrollo relativo. Dado que el supuesto nuclear no es simplemente lineal sino vectorial, ello implica que hay ciertas sociedades más desarrolladas que otras, y que aquéllas que son subdesarrolladas deberían moverse a lo largo del vector en la dirección ya representada por las sociedades desarrolladas, reduciendo así el espacio y la alteridad en la representación del tiempo. El desarrollo es una atracción a moverse hacia delante en la línea, dicho usualmente hacia atrás como *ven en esta dirección, desarróllate, déjanos ayudarte, déjame mostrarte el camino, ve hacia delante...* Debido al tipo de colonización cultural ejercida por Occidente, que consiste en considerar al conocimiento occidental como un tipo superior de conocimiento, lo que ha sido llamado la colonialidad

---

178 "Can the Subaltern Speak?", de Gayatri Spivak, en *Marxism and the interpretation of culture*, editado por C. Nelson y L. Grossberg, pp 271-313, University of Illinois, Urbana, 1988.

del conocimiento,[179] también puede ser un discurso del (ya domesticado) otro: *desarrollémonos, seamos como ellos, ayudémoslos a mostrarnos el camino.*

La arqueología ofrece los medios para naturalizar y objetivar la linealidad del tiempo y su orientación vectorial hacia el futuro. La arqueología ubica a su objeto en el tiempo lineal, alinea cada hecho a lo largo de la línea, uno tras otro. La manipulación técnica del tiempo mediante la cronometría ha sido una preocupación central de la arqueología debido a que la cronología es la objetivación de las ideas culturales occidentales acerca del tiempo. También, el fuerte énfasis de la arqueología en la evolución y/o el proceso le ofrece direccionalidad a la línea de tiempo. Debido a que la arqueología ha devenido el medio para atravesar la relación no *atravesable* con el *pasado ido*, es la propia arqueología el campo que corporiza la transferencia del tiempo occidental a una realidad objetiva. La estratificación de capas en una excavación arqueológica es la imagen más potente de linealidad y direccionalidad, llevando a la metafísica occidental desde la objetivación a la naturalización. Los símbolos basados en el tiempo occidental lineal y vectorial no son realmente conocidos, sino *sentidos* como reales. Pensar el pasado como frente a nosotros, o como aún viviente, suena antinatural, y decir tales cosas puede conllevar declaración de insania. La naturalidad del desarrollo le debe mucho a la provisión de la arqueología de una naturaleza material para el tiempo metafísico occidental.

Arqueología y colonialismo IV: arqueología y violencia epistémica

La roca madre de la metafísica de la historia occidental está construida en sus propios cimientos y definiciones de objeto y método. En su marco historiográfico, la metafísica

---

179 "Colonialidad del poder, eurocentrismo y América Latina", de Aníbal Quijano, en *La colonialidad del saber: eurocentrismo y ciencias sociales. Perspectivas latinoamericanas,* editado por Edgardo Lander, CLACSO, Buenos Aires, 2000.

occidental acopla la historia como sucesos a lo largo de la línea del tiempo y la historiografía como un conjunto de reglas y códigos que privilegian la vista y la escritura alfabética sobre la memoria y otras tradiciones textuales. Otras tradiciones historiográficas, basadas en dispositivos orales, textiles, rituales y dramaturgia, son descartadas entre los métodos correctos. Al mismo tiempo la historia deviene la autonarración de Occidente como civilización superior. La historia occidental como *res gestae* y la historia occidental como *historia rerum gestarum,* esto es, la historia como lo que sucedió y la historia como lo que se dice que sucedió, resultan, entonces, una misma cosa que Occidente. Occidente es al mismo tiempo el objeto de la historia y el agente de la historiografía.[180]

De hecho, el cimiento de la historiografía occidental se relaciona a la doble operación de dominación del otro y la exclusión de su conocimiento. En el siglo V a. C., Heródoto, el llamado *padre de la historia* (occidental) estableció una clasificación de conocimientos para escribir una narrativa acerca de lo que había sucedido en las guerras entre griegos y medas. Por un lado, Heródoto adoptó la voz *barbaroi* para designar al otro cultural, de hecho, los enemigos actuales o potenciales de los griegos. El epíteto, que viene de la repetición de la partícula *bar*, que no significa nada sino que es un sonido vocal, da la idea de que el otro, que no habla el lenguaje del escritor, carece de un verdadero lenguaje. Al mismo tiempo la historia, es decir, lo que se dice acerca de lo que sucedió, sería escrita en base a una clasificación de fuentes de información, una gradación del conocimiento desde la falsedad a la verdad. Para Heródoto, las fuentes superiores de información eran las recibidas directamente de testigos oculares, mientras que la memoria social y la leyenda eran consideradas contaminadas por la imaginación y la falsedad. Así, ya en los momentos fundacionales de la historiografía occidental había un acoplamiento del objeto de la historia (lo que sucedió) y el

---

[180] *Siencing the past. Power and the production of* history, de Michel-Rolph Trouillot, Beacon, Boston, 1997.

método básico para escribir relatos confiables acerca de lo que sucedió. La competencia lingüística (y cultural) en el lenguaje del historiador se complementa con el testimonio ocular para mantener la escritura de la historia acerca de la relación con los otros en el marco de una intimidad cultural.[181]

La huella historiográfica griega clásica fue heredada por las siguientes organizaciones expansivas, tales como el Imperio romano y la Iglesia. Los historiadores romanos describían a los bárbaros europeos, es decir, sus enemigos actuales o potenciales, como el otro. En épocas renacentistas y posteriores, esos textos serían considerados las demarcaciones de las divisiones locales entre historia y prehistoria. Cuando la expansión colonial ibérica se desplegó en América en los siglos XV y XVI, la escritura de la historia devino una estrategia imperial central para justificar la invasión. Los pueblos nativos del Tawantinsuyo, aun cuando tenían sus propias tradiciones textuales, carecían de escritura alfabética. Como resultado, la división europea entre la historia y la prehistoria fue transportada a América. Lo que en Europa evolucionaría como *arqueología* para conocer los tiempos previos a las fuentes escritas alfabéticamente, sería aplicado en América para el estudio del otro. La relación más cercana de la disciplina arqueológica con la historia en Europa y con la Antropología en América dice mucho más acerca de la primera persona de la disciplina arqueológica que acerca de cualquier otro hecho.

La arqueología difiere de la historia en una cantidad de aspectos básicos. Comparte con ella, no obstante, el acoplamiento fundacional de la ruptura metafísica en su objeto y método. De hecho, la arqueología es, en mayor medida de lo que usualmente se reconoce, una extensión de la metafísica occidental de la historia sobre el otro. La arqueología introduce el lenguaje con el cual la relación del otro con sus ancestros, cosas y dioses queda reducida a una

---

181 Abercrombie, op.cit.

disciplina de conocimiento.[182] La disciplina está enmarcada en una particular metafísica que resulta transportada como si fuese universal, no como un objetivo planificado, sino subrepticiamente en sus marcos y definiciones fundamentales.

Volviendo al ejemplo de mi breve investigación en las llanuras aluviales del valle de Catamarca, la disciplina arqueológica me equipó con un conjunto particular de ideas acerca del tiempo y la historia. Estas ideas fueron acuñadas en la creencia occidental en un tiempo lineal, dimensional y mensurable, y que la historia consiste en dar cuenta de lo que sucedió a lo largo del tiempo. Incluso interesado en las referencias orales locales a la historia local, la ocupación del área y las identidades culturales y políticas, fui incapaz de reconocer el vínculo diferencial constitutivo entre los datos arqueológicos y la memoria social. Fui disciplinado para contar como datos arqueológicos solo a los restos materiales e implícitamente excluir aquello que resta de manera no material. Focalizado en los restos materiales de lo que comprendí como un pasado distante (al menos precolombino), estaba casi implícitamente equipado con los medios para ignorar las restantes consecuencias del colonialismo en el área y la movilización cultural presente en la silenciosa lucha local por permanecer siendo ellos mismos.

A partir del involucramiento del equipo arqueológico con la población local, recibimos una visita a un par de kilómetros de la aldea de El Bañado donde excavaba un área de 25 m^2. A medio metro de la superficie hallé un piso de vivienda formado de arcilla delimitado por huellas de postes.[183] Este era el primer (y hasta donde sé el único) hallazgo de un asentamiento construido en la llanura aluvial (mientras, por el contrario, en el piedemonte y sierras cercanas hay cantidad de restos visibles de ocupación).[184] Pensé que este hallazgo sería interesante para la gente local en relación a su demanda

---

182 "Severo's Severity and Antolín's Paradox", de Alejandro Haber, en *E-flux 36: 1-6,* 2012b
183 Haber, 1994, op. cit.
184 Haber, 1996, op. cit.; Haber *et al.*, 1997, op. cit.

de relación tradicional con la tierra, pero su desinterés en mi relato (tan aparente como mi propio desinterés en el suyo) probaba que las cosas eran pensadas de maneras distintas. Un muchacho adolescente venía casi diariamente desde El Bañado con el grupo de mis estudiantes al lugar de excavación. Amablemente rechazaba toda invitación a participar de la excavación. En cambio, él excavaba su propio pozo junto al nuestro. Contento de ofrecerle herramientas y bolsas de polietileno cuando las necesitaba, al final de cada día me entregaba una bolsa llena de fragmentos cerámicos. Tal como comprendí las cosas, estaba tratando de involucrarse como sujeto de investigación al tiempo que rechazaba (como generalmente lo hacía la comunidad local) involucrarse con el objeto de investigación. Probablemente no era interesante para la gente de El Bañado acerca de qué era mi investigación; la importancia de la investigación se centraba en quién estaba enunciando la historia. Ahora resulta evidente que entonces los procesos locales demandaban algo distinto del trabajo arqueológico. Pero lo que entonces no era tan claro como ahora es que la sola presencia de una enunciación *calificada* ejerce violencia epistémica sobre la vocalidad local. Mientras que uno se siente equipado con un poderoso instrumento de conocimiento como la arqueología, uno acaba por resultar un instrumento de la disciplina. Investigar la arqueología en ese contexto fue una intervención que disminuyó la vocalidad local. Una excavación paralela realizada por un muchacho era una resistencia local, pero no pudo ser combinada con el marco disciplinario puesto en funcionamiento por un diseño de investigación. Hay una relación diferencial no reconocida entre la objetivación arqueológica y la subjetivación local.

La sola idea de la experticia respecto del lugar, la cultura y la historia de otro, violenta la dificultosa tarea intercultural de interacción simbólica y la concomitante subjetivación colectiva. Como dice un cartel en un museo arqueológico en Antofagasta de la Sierra (Catamarca, Argentina), explicando la exhibición preparada por el equipo arqueológico que investiga en el área:

> Los paisajes solitarios y bellos, los orgullosos camélidos, los vientos poderosos, los inviernos gélidos y el sol abrasador del verano son, hoy como hace miles de años, parte de la cotidianeidad del puneño.
>
> Ellos, hombres y mujeres, continúan aquí serenos, humildes y orgullosos. Conocedores, quizás, de que son herederos de una estirpe que supo conquistar la montaña y acercarse al cielo.
>
> Muchos compatriotas ignoran lo que es la Puna, su hinóspita (sic) y embriagadora belleza, la callada hospitalidad de su gente, sus miles de años de historia.
>
> Antofagasta de la Sierra camina al futuro tratando de treparse a los beneficios de la nueva tecnología, pero sin desprenderse de sus tradiciones milenarias. Para ello intenta reconocerse en su pasado y ofrecerlo a sus compatriotas.
>
> Si los arqueólogos son recuperadores de la memoria perdida, el pueblo es propietario y custodio de esa memoria recuperada.[185]

El rol de la arqueología parece ser intermediario entre los sujetos de la memoria y la memoria misma. Todo desafío a esa posición intermedia es sentido como un desafío a la disciplina en su conjunto. Recibí fuerte resistencia de mis colegas al comentar el caso del muchacho de El Bañado en el departamento de la universidad, al igual que sucede siempre que se escuchan las vocalidades de los otros. Pues cuando se las escucha, las vocalidades locales dicen: "Nosotros podemos tratar con nuestra historia, no los necesitamos a ustedes".[186]

---

185 Cartel en el Museo del Hombre de Antofagasta de la Sierra.
186 Capítulo 10 en este volumen.

Mi investigación en el área de El Bañado terminó un par de años después de haber comenzado. Un gran trabajo ha de realizarse para desmontar la violencia epistémica de la disciplina arqueológica.

Capital, sangre y arqueología

Este capítulo introduce una contextualización cultural de la disciplina arqueológica en tiempos poscoloniales. En primer lugar, mostré cómo es que se ven la cultura y la práctica de la expansión del capital, no desde la metrópoli sino desde la frontera. Ello implicó describir la frontera como un lugar de producción cultural e ideológica y como un lugar de fricción colonial. Mostré cómo la construcción de hegemonía cultural concerniente al capitalismo es un proceso continuo, y que este proceso está a menudo vinculado a formas intensivas de violencia política, incluyendo diversas pedagogías estatales. Al mismo tiempo describí las maneras en las que la cultura del capitalismo se basa en una amplia metafísica occidental, prominentemente, entre ello, su singular teoría de la historia. El objetivo de esta discusión es el de mostrar al capitalismo como una cultura, además de como un sistema económico y social. La consecuencia de esta discusión es un desplazamiento en la visión del capitalismo desde una opción política hacia un lazo cultural. Desde un punto de vista epistémico, la frontera es un contrapunto a la globalización. Pero en términos económicos no hay contrapuntos que no estén vinculados estructuralmente: la frontera se reactiva bajo condiciones del capitalismo globalizado.

Vista desde el otro lado de la globalización, la frontera colonial de la expansión capitalista se muestra bajo el título de la sangre. Aquí, con sangre quiero significar el constituyente necesario para la vida. En el famoso libro de Eduardo Galeano,[187] que fuera un regalo troyano al presidente norteamericano Obama

---

187 *Las venas abiertas de América* Latina, de Eduardo Galeano, Siglo XXI, Buenos Aires, 1971.

del presidente venezolano Chávez, la sangre incluye la vida de la gente, su tierra y recursos, así como la violencia ejercida sobre las resistencias locales. Galeano reescribió la historia poscolonial de América Latina través de la descripción de lo que él llamó *las venas abiertas*, es decir, los mecanismos e instrumentos para chupar la sangre de Latinoamérica a lo largo de su historia. La sangre es una imagen fuerte, y lo es a propósito. La sangre significa, entonces, no solo el objeto de la extracción colonial, sino también el lugar en el que estoy vinculado a la historia no solo como investigador sino también como habitante. La sangre significa la historia que me hiere, y conscientemente me ubico en ese lugar para relacionarme con la historia.

Soy arqueólogo. La arqueología es aquello que hago y con lo que me gano la vida. Este capítulo mostró cómo es que la arqueología me ubica en el otro lado de la frontera colonial respecto al capital y la sangre (el *otro* lado significa el lugar opuesto a aquél en el que preferiría estar). Entonces, esta es mi explicación de mi incomodidad con la arqueología y mi partida de la arqueología tal como es. Partir no implica abandonar, olvidar ni ignorar. Estoy seriamente comprometido en comprender el lugar de la disciplina en nuestro mundo. No comparto la común comprensión de la arqueología (a menudo su autocomprensión) como una tarea secundaria o no importante. Pienso que, aunque a menudo no se reconozca, la arqueología está entramada en el foco principal del mundo poscolonial y que los contextos poscoloniales usualmente están implicados en el filo del cucharín.[188] Este capítulo es una contribución a la teoría de esos contextos poscoloniales y los roles de la arqueología en ellos. Los contextos éticos de la práctica arqueológica son, al mismo tiempo, los contextos políticos de la práctica social y los contextos epistémicos de la subjetividad. Si uno piensa en capas de complicidad, debería

---

188 "Heading South, Looking North. Why we Need a Post-Colonial Archaeology", de Nick Shepherd, en *Archaeological Dialogues* 9 (2): 74-82, 2002. *Cucharín* es el nombre que la arqueología argentina le da a la cuchara de albañil; en otros países hispanohablantes equivale a *palustre* o *badilejo*.

decirse que la discusión ética de la práctica arqueológica debería estar informada por las distintas capas, incluyendo los constituyentes culturales y los supuestos ontológicos. Una vez que el rol como agentes de la colonialidad se vea claramente, la apertura al cambio en conversación intercultural puede ser un objetivo deseado.[189]

---

189 Capítulo 14 en este volumen.

Parte de la conversación

Salida[190]

En la Villa de Antofagasta de la Sierra está el Museo del Hombre (también); el recorrido del museo es a través de cuatro salas unidas por un tiempo: se entra en la naturaleza y se sale en grandes expresiones de cultura, pasando por otras menores; en la primera sala, al lado del escritorio donde trabajó Ernestina, de Antofagasta, hay una repisa con rocas de la zona; arriba en la pared aparecen las secuencias culturales que culminan con la llegada de los españoles; hay una breve descripción con fotos del trabajo de los arqueólogos, estos aparecen con batas blancas quitando de las vasijas, seguramente, el polvo de los años con pinceles; los antofagasteños no aparecen, parecen representados; al finalizar esta sala se encuentra un cartel titulado: *De los Pioneros a la Actualidad*; un grupo de estudiantes del Polimodal de Antofagasta de la Sierra le dice a Laura, de Rosario, a Mariela, de Catamarca, y a Wilhelm, de Popayán, que piensan que el cartel hace referencia a los antofagasteños; leen:

---

190 El texto que integra este capítulo fue coescrito junto a Wilhelm Londoño, Ernestina Mamaní y Laura Roda para la reunión de Teoría Arqueológica en América del Sur celebrada en 2007 en San Fernando del Valle de Catamarca. Una versión del mismo fue publicada en el volumen *Bridging the Divide: Indigenous Commuities and Archaeology into the 21st Century,* editado por Allen y Philips, Left Coast Press, 2010.

Los Pioneros: Poco es lo que se conocía, hasta la década del '80 sobre una de las regiones arqueológicas más ricas de nuestro país: Antofagasta de la Sierra. Sin embargo, como siempre, existieron algunos pioneros. El antecedente más antiguo es un trabajo de J. B. Ambrosetti (1904), basado en los diarios de viaje de G. Gerling (1897/98). Menciona las ruinas del Bajo Coypar y La Alumbrera, manifestaciones de arte rupestre y describe el material de dos enterratorios excavados por Gerling. En 1923/24, la zona es visitada por W. Weisser durante la V-VI expedición financiada por B. Muñiz Barreto. Weisser, en su diario inédito, menciona los asentamientos visitados por Gerling y agrega el de Peñas Coloradas II y nuevos vestigios de arte rupestre. También, excava algunos enterratorios cuyo material parece corresponder a momentos tardíos del proceso cultural. O. Barrionuevo, quien realizó varios viajes a la zona, describe en sus escritos algunos de los sitios ya mencionados, dos cuevas en Laguna Colorada y una en Paicuqui. Esta última, por sus materiales, pertenecería a las ocupaciones agro-pastoriles tempranas de la región. Posteriormente a su muerte, se publica su diario de una expedición al Vcan [sic] de Antofalla que menciona sitios de esa zona. Raffino y Cigliano, en 1973, elaboran una secuencia tentativa de los vestigios arqueológicos de la región y proponen un modelo de control vertical entre las estepas puneñas (4.000 m.s.n.m.) y el Valle de Hualfín (1.300 m.s.n.m.), para el periodo de Desarrollos Regionales (1.000 a 1.480 d.C.). Dentro del citado modelo el sitio La Alumbrera (3.400 m.s.n.m.) jugaría un papel relevante. F. Kuhn (1912) y A. M. Lorandi (1966) producen trabajos referidos al arte rupestre, esta última utiliza los registros fotográficos de Weisser. Finalmente, el trabajo sobre el sitio Tebenquiche que realizara P. Krapovickas (1955) es, en realidad, el único referido esencialmente a un sitio con ocupaciones tempranas en la región.[191]

---

191 Fragmento del cartel: *De los Pioneros a la Actualidad*. Sala 1 Museo del Hombre de Antofagasta de la Sierra. El resaltado es nuestro.

Los estudiantes antofagasteños señalan que en esta *introducción* que hace el cartel, no se dice que muchos de sus abuelos fueron los que llevaron a los arqueólogos (que escribieron el cartel) a los sitios de los que el cartel habla; en el sitio de Tebenquiche Chico, frente al campamento arqueológico Krapovickas, Alejandro, de Catamarca, le cuenta a Wilhelm, de Popayán, cómo se sentía cuando excavaba allí, sentía que estaba tomando algo que tal vez no le correspondía tomar; sin embargo, reconocía que por más de quince años el cerro le había tomado el tiempo del verano, tiempo irrecuperable, que pasaba lejos de su familia; dos décadas de ida de los arqueólogos a la puna y de llegada de los arqueólogos a casa; en su casa, Julia, de Antofalla, muestra fotos a Enzo, Mariela, Cristian y Wilhelm, de Catamarca, Santa Fe y Popayán, de Marcos, Gabriela, Leandro, Alejandro, de Catamarca, y otros tantos, cuando con varios años menos visitaban Antofalla, y no solo Julia, Sarita, de Antofalla, también guarda en su álbum de fotos, junto con las de la familia, las fotos de los arqueólogos, algunos aún estudiantes en aquellos días, algunos más recordados que otros; desde hace tiempo, el verano en la Puna ve cruzar las caras de los arqueólogos que dejan Catamarca, Rosario, Buenos Aires, Tucumán, Montevideo, Popayán... Pasan largas jornadas en Antofalla y en Antofagasta, tiempo en el que han estado sucediendo cosas: la comunidad de Antofalla solicitó al Estado su personería jurídica como comunidad indígena, se desarrollan talleres de autorreflexión sobre el museo, su discurso, las maneras de cambiarlo, en Antofagasta de la Sierra; en el segundo día de trabajo nos dividimos en grupos y cada uno tiene que elegir un objeto que lo identifique (primero en forma personal y luego grupal); después hacemos un recorrido por el Museo del Hombre, seguido de una charla acerca de la relación entre los objetos escogidos y los allí exhibidos; los niños en mi grupo, dicen haber encontrado en el museo *cosas* que los identifican, incluso una foto del objeto elegido grupalmente, "Ah, es decir que el museo representa a todos", digo; Cristian, de Antofagasta, me responde: "Bueno, en parte, porque el museo es una cosa y la gente otra",[192] y yo, de Rosario, me pongo a pensar una pregunta que profundice la reflexión en los niños —todavía creo que eso me toca a mí—, cuando otra niña, Rocío, de Antofagasta, agrega: "El museo tiene muerte y el pueblo vida"; "¿Por qué?", pregunto al fin: "Porque no creo que el museo tenga vida, tiene momias muertas, la plaza tiene vida",[193] me explica Rocío; ¿por qué el museo se encuentra distanciado de la vida, del pueblo, de la gente?, si es así, ¿por qué yo sigo creyendo en el museo como un lugar de importancia para la identidad de los pueblos? "¿Cuál es la función real del museo? Pasamos por el museo, pero lo que pasa es que el museo no está inserto en la comunidad, ¿qué hacer con lo de arqueología?",[194] nos pregunta un profesor de la escuela de Antofagasta de la Sierra, Bustos, a los arqueólogos en un taller; Alejandro, de Catamarca, comenta que el museo es un lugar donde se representa la comunidad, un lugar donde la gente puede expresarse. Entonces, pensar el museo es pensar a la gente, a la comunidad, es pensarse, y yo, de Rosario, me pienso y me siento pensada: "¿Qué hacer con lo de arqueología?"; pienso que siempre que yo, de Antofagasta, tengo que reunirme a hablar de mi pueblo, de mi gente, de nuestro pasado, de nuestro presente, de nuestras costumbres y de lo más sagrado que son nuestros ancestros, lo hago de una manera muy respetuosa; esto se debe a que me siento parte de ellos, debido a que soy una persona que acepta, desde todos los puntos de vista, su descendencia, y nunca me siento mal cuando me llaman colla; ¿cuándo se sienten mal los arqueólogos?, no nos sentimos mal cuando hacemos nuestro trabajo, ¿qué trabajo?; el museo, que parece saberlo todo, me responde

---

192 Cristian. Registro manual de taller realizado en la escuela, en el marco de la Semana del Museo del Hombre. Villa de Antofagasta de la Sierra, 25-04-2006.
193 Rocío. Registro manual de taller realizado en la escuela, el marco de la Semana del Museo del Hombre. Villa de Antofagasta de la Sierra, 25-04-2006.
194 Bustos. Registro manual de taller realizado en el marco de la Semana del Museo del Hombre. Villa de Antofagasta de la Sierra, 24-04-2006.

desde las líneas escritas a máquina en una hoja de papel pegada en una de sus paredes y que yo copié para no olvidar en Popayán: "El museo tiene la función de adquirir, conservar, comunicar y exponer los testimonios materiales del hombre. Los expone con fines de educación y recreo",[195] ¿qué son los testimonios materiales?, ¿una *cosa*, cualquier *cosa*?, ¿testimonios de qué hombre?, ¿del mismo que aparece (¿parece?) en el nombre del museo?, ¿qué significa que un testimonio sea, además de testimonio, material?, ¿de qué se lo distingue al adjetivarlo de tal forma?, ¿se vuelve más importante (más real, más verdadero) que otro tipo de testimonio por ser material?; esos testimonios, ¿a favor de qué o quiénes atestiguan? Santos Alancay, de Las Quinoas, tiene un testimonio acerca de una pala de piedra gris que Rita, de Antofagasta, y Daniela, de Andalgalá, sacaron del museo a conversar con la gente:

> Yo, al igual que la mayoría de los antofagasteños, me crié y me alimenté gracias a la agricultura y a la ganadería, nuestros ancestros nos han enseñado el valor que ha tenido la agricultura y la tierra para nuestro pueblo, ya que gracias a ella se ha criado nuestra comunidad.[196] Las palas, aunque parezcan herramientas poco estéticas a la vista, e insignificantes, han sido esenciales para la vida de la comunidad, gracias a ellas el agua ha llegado a las parcelas y así se pudieron regar las semillas, luego crecer los cultivos y por último cosechar para alimentar a la familia; así se criaron las familias, gracias a estas palas que pudieron regar el esfuerzo.[197]

---

195 Hoja de papel. Sala 1 Museo del Hombre de Antofagasta de la Sierra
196 Santos Alancay. Registro manual tomado durante las actividades realizadas en el marco del Proyecto de Voluntariado Universitario: Promoción del Patrimonio Cultural e Histórico en Sociedades Puneñas: El Rol de los Museos Locales. Villa de Antofagasta de la Sierra, 23-11-2006.
197 La pala, nuestra tierra, nuestra familia, de Rita Mamaní y Daniela Fernández, manuscrito de 2006, Museo del Hombre de Antofagasta de la Sierra.

Retomaron por escrito, en conversación con Santos, Rita y Daniela; Alejandro, Enrique, Laura y Wilhelm conversan, no simplemente entre ellos, sino con la gente de Antofagasta durante la Semana del Museo del Hombre, conversación que, como antes el monólogo, es sobre su herencia, su pasado, las cosas que los identifican y las paredes del museo que se cubren nuevamente con papeles, con afiches en los que nuevamente se plasman íconos de identidad: son nuevos los autores (*Figura 16*); ¿por qué la arqueología se dice aparte de la conversación, como si hablara en soledad?, ¿seremos tan complejos para pensar que no tenemos compañía?; "Nosotros nos hemos criado con cosas simples como la pala",[198] les dijo Santos Alancay.

Figura 16. Cartelera del "Museo del Hombre" con ilustraciones de niños de un colegio de la zona.

---

[198] Santos Alancay. Registro manual tomado durante las actividades realizadas en el marco del Proyecto de Voluntariado Universitario: Promoción del Patrimonio Cultural e Histórico en Sociedades Puneñas: El Rol de los Museos Locales. Villa de Antofagasta de la Sierra, 23-11-2006.

Dibujemos parte del conocimiento de los antofagasteños, ahora en el museo; en la misma pared en la cual ahora están estos afiches, hay otros papeles, antes solos, en los cuales el discurso arqueológico alude (también) a la historia y así a la identidad puneña, como lo hacen los afiches, antes ausentes; el maestro de la escuela de Antofagasta de la Sierra, Funes, de Santa María, narra el afiche: abajo a la izquierda se pueden apreciar los volcanes La Alumbrera y Antofagasta que son los que secundan la entrada a la Villa por el sur; de ellos se descuelga el río Punilla, que riega las vegas llenas de alfalfa que comen las llamas, que junto con las ovejas, son el sustento de los puneños; la arqueología suele negar la conversación, aunque bien puede reconocerse parte de ella, sin embargo, nada de esto es indispensable: la conversación ya estaba allí, antes de los *pioneros*; sé muy bien que pertenezco a esta descendencia, por eso siempre defiendo y practico las costumbres y tradiciones de mi tierra, de Antofagasta; de mi parte, desearía que los antropólogos pudieran entender y respetar nuestra forma de ver las cosas, digo esto porque me di cuenta que para ellos, nuestros ancestros son simplemente un objeto para su trabajo, y con esto no quiero decir que no me gusta el trabajo del arqueólogo, sino que me gustaría que además de hacer su trabajo pudiesen unirse a nuestros sentimientos y así podríamos juntos respetar un poco más a nuestros ancestros; digo *ancestros* porque todas las personas o seres humanos que se sacan y luego las llaman *momias* son las personas de las cuales nosotros venimos, por eso debemos tener en cuenta muy de cerca que se trata de seres humanos a los cuales debemos el mayor respeto posible, también entiendo que ustedes hacen su trabajo; "¿Qué hacer con lo de arqueología?", me golpea, me pregunto por qué Anacleto Chaves, de Antofagasta de la Sierra, armó el cuadro que estaba en su casa, ¿por qué Rita, de Antofagasta, lo colgó en el museo de Antofagasta? (*Figura 17*); Chaves dice a Ernestina, de Antofagasta, y a Laura, de Rosario, que el cuadro "Es importante porque tiene volcanes y cerámica de aquí del departamento. Porque era de gente que vaya a saber uno cuándo ha venido y que ha vivido aquí por siglos", nos dijo que lo hizo para "mostrar que aquí había

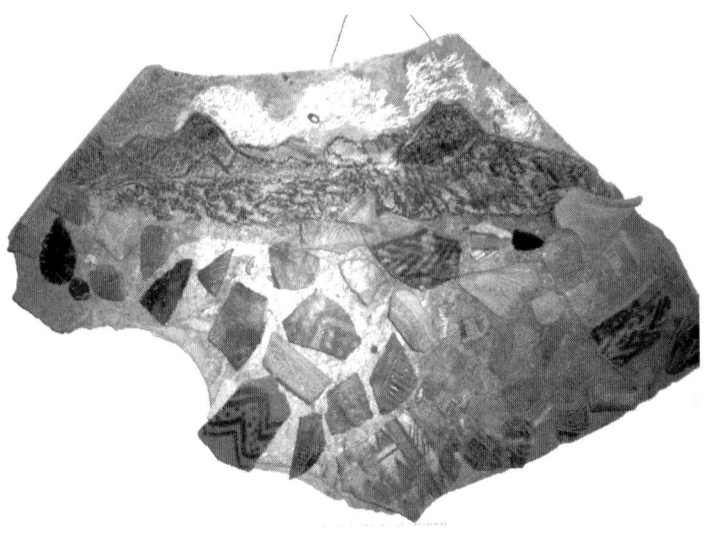

Figura 17. Cuadro realizado por Anacleto Chavez

esas cositas";[199] a Rita, este trabajo le atrajo "Por la cantidad de piezas de distintas formas, colores y supuestamente de distintas culturas",[200] ella se pasaba horas cuando era chica mirando el trabajo antes de entrar a la casa de Chaves; para ella es la única pieza hecha con *cositas* de aquí, por gente de aquí, y mostrada por decisión de gente de aquí, "es importante que esta pieza esté aquí porque es algo que los arqueólogos no hicieron, sino que lo pude recuperar yo",[201] dice Rita a su hermana Ernestina y a Laura; yo, de Catamarca, recuerdo haber mirado detenidamente la obra de Chaves cuando, como estudiante de Buenos Aires, participaba en las excavaciones en su casa; entonces hablaba largamente

---

199 Anacleto Chaves. Desgrabación de entrevista. Villa de Antofagasta de la Sierra, 21-11-2006.
200 Rita Mamaní. Registro manual de entrevista. Villa de Antofagasta de la Sierra, 22-11-2006.
201 Rita Mamaní. Registro manual de entrevista. Villa de Antofagasta de la Sierra, 22-11-2006.

con Chaves, pero no recuerdo haber conversado acerca de su obra, mis profesores y compañeros consideraban que no era esa una manera lícita de vincularse con el pasado, nosotros hacíamos arqueología, recuperábamos la memoria; yo no recuerdo haber conversado con Chaves acerca de su memoria, hube de desandar mi camino para retomar la conversación; de mi parte, me di cuenta yo, de Antofagasta, de que así, con el criterio de ellos, vienen y lo escriben y no piensan en nosotros, sino que escriben porque... porque se sientan y escriben y ya está, y no es ni igual, ni parecido:

> Hemos recorrido con la brevedad de un soplo de brisa 10.000 años de historia del hombre de la Puna. Antofagasta de la Sierra y su gente, continúan viviendo cotidianamente ese difícil romance entre el hombre y el desierto. Los paisajes solitarios y bellos, los orgullosos camélidos, los vientos poderosos, los inviernos gélidos y el sol abrasador del verano son, hoy como hace miles de años, parte de la cotidianeidad del puneño. Ellos, hombres y mujeres, continúan aquí serenos, humildes y orgullosos. Conocedores, quizás, de que son herederos de una estirpe que supo conquistar la montaña y acercarse al cielo. Muchos compatriotas ignoran lo que es la Puna, su inhóspita y embriagadora belleza, la callada hospitalidad de su gente, sus miles de años de historia. Antofagasta de la Sierra camina al futuro tratando de treparse a los beneficios de la nueva tecnología, pero sin desprenderse de sus tradiciones milenarias. Para ello intenta reconocerse en su pasado y ofrecerlo a sus compatriotas. "Si los arqueólogos son recuperadores de la memoria perdida, el pueblo es propietario y custodio de esa memoria recuperada".[202]

---

202 Fragmento del cartel, Sala 4 Museo del Hombre de Antofagasta de la Sierra. El resaltado es nuestro.

Así saluda el museo, impertérrito; los arqueólogos dan cuenta de su lugar en la vida del pueblo (paradójicamente), los arqueólogos son recuperadores de la memoria perdida: si la memoria no se perdiera los arqueólogos no serían, o al menos, no serían lo que son: recuperadores de la memoria, pues no tendrían qué recuperar; el pueblo es propietario y custodio de la memoria, pero no de la suya propia, si no de aquélla que recuperan los arqueólogos, su propia memoria, recordemos, está perdida, o al menos eso nos dice el museo, es decir, los arqueólogos que escribieron el museo, ¿será por eso que en el museo la arqueología habla sola? Tal vez haya creído que la memoria estaba perdida...

Entrada

Esta conversación no tiene objeto. Como toda conversación, tiene sujetos. Es acerca de las *cosas* antiguas, de la historia, de la memoria. Es acerca de los sujetos, humanos y no, de la memoria. Esta conversación no supone ni precisa de la amnesia. Por eso no supone que los arqueólogos deban recuperar nada. Es una conversación en la cual se habla acerca de la memoria, y hablan aquéllos que la producen, la gente de Antofagasta de la Sierra, entre ellos y con los arqueólogos. Se trata de un espacio intercultural.

No es intención hacer sospechar al lector que la condición de la interculturalidad es la presencia simultánea de sujetos de diferentes culturas, anclados a diferentes espacios regionales. La interculturalidad, creemos, no es una cuestión de presencias sino de intercambios. Estos intercambios se dan (también) en una conversación, en tanto esta implica la posibilidad de hablar, opinar, producir enunciados políticamente activos y comunitariamente recíprocos. En este sentido, los intercambios que se dan en una conversación son una forma que hemos encontrado de sobreponernos a las imágenes hegemónicas del (pos)colonialismo. Por ello, conversar es a la vez una forma de resistencia, es una forma de demostrar que pasado y presente, humanos y objetos, no deben ser dos formas dicotómicas sino que deben pensarse como polos que limitan relaciones actuales de los sujetos con la historia y la cultura material.

Pero tampoco quisiéramos provocar en el lector una imagen redentora de la conversación, como aquélla que nos salvará de los conflictos, las desigualdades, la injusticia, el onanismo o el yugo colonial. Sin ir más lejos, este mismo texto, esta conversación, reproduce al menos dos dimensiones de poscolonialidad. Una, motivada por el hecho de que la lengua en la cual se presenta ahora este texto[203] extraña la red conceptual sobre la cual fue construido el mismo. En este sentido, entendemos que la producción de teoría en el campo disciplinario reproduce una geopolítica de jerarquías donde las regiones periféricas, no casualmente hispano parlantes, debemos ir al centro, unidireccionalmente, bajo la ficción de que el inglés es la lengua franca en la que todos nos entendemos.

No obstante, esta traducción no ha sido la primera en la preparación de este texto. Ya antes hubo otras, negociadas entre los propios autores, todos hispanoparlantes. Tal vez por apariencia, pueda creerse que no hay necesidad de traducción entre hablantes del español, pues (de nuevo) todos hablamos la misma lengua. De haber sido así, no habría interculturalidad posible en la conversación aquí presentada. Por el contrario, dada la propia constitución de subjetividades en distintos marcos de referencia, nos hemos visto doblemente traducidos: en la conversación y en el texto. Todas las marcas de extrañamiento que nos ha tolerado el lector, adelantan esta situación.

Es decir, estas dos dimensiones de poscolonialidad se encuentran relacionadas a la traducción. Pero al mismo tiempo, dicha traducción, en tanto constituye otra forma de intercambio, posibilitó la interculturalidad. No estamos hablando de dos

---

203 Se refiere a la versión en lengua inglesa de este texto.

movimientos encadenados, el de la poscolonialidad y el de la interculturalidad. Hablamos de la confusión de uno en el otro. Hablamos de confusión porque hablamos en conversación.

Todos quienes intervenimos en este texto, los autores y quienes no figuran como tales, formamos parte de esa conversación. A partir de la conversación se origina este texto. Este texto *parte de la conversación*, es decir, quiere ser un ejercicio de anamnesia. Este texto es un *parte de esa conversación*, quiere mostrar algo de ella, de la posibilidad y la potencia de la arqueología en los trabajos de la memoria sociopolítica. Pero la conversación no cabe en este texto. Este no la representa. En ese sentido, este texto es *parte de la conversación*.

De aquí que la conversación no acabe en la salida.

Relocalizar el conocimiento

¿Qué es el conocimiento?

Antaño el mundo de aquéllos que se dedicaban al conocimiento parecía estar algo separado, aislado del mundo habitual, cotidiano; en una palabra, mundano.[204] La imagen de los científicos en guardapolvos blancos rodeados de pipetas y tubos de vidrio, o bien encerrados en polvorientas bibliotecas en busca de viejas escrituras, parece haber quedado en el recuerdo. Hoy día la ciencia se promulga aplicada, se piensa para la sociedad —cualquier cosa que esta sea— y se mide por su utilidad. La ciencia ha de ser, entonces, aplicada, el conocimiento debe ser útil, los científicos han de acudir en solución de las demandas sociales. Entre sociedad civil y ciencia, el Estado asume las demandas, planifica las respuestas y despliega las acciones. Tal es el esquema que, al menos en teoría, vincula al Estado, la ciencia y la sociedad. Ya asociado, ya paralelo al Estado, es con frecuencia el mercado la fuerza que vincula conocimiento y sociedad. La creación de conocimiento cobra sentido, así, en el circuito que, directa o indirectamente, lo lleva a reconfigurarse en política pública o mercancía. La infelicidad, la pobreza, la enfermedad, la violencia, no serían sino corrupciones de semejante virtuoso circuito. Denominamos disciplina y posdisciplina a las caracterizaciones de la ciencia respectivamente orientadas a la verdad o al bien común, como fuera que aquélla o este se definan, consideren o representen.

---

204 Una versión de este texto fue publicada como prólogo al texto de Daniela Iriarte, que menciono más adelante.

Dentro de esa red de pensamiento posdisciplinario cuesta mucho comprender el rechazo popular de las políticas públicas sin recurrir con facilidad al señalamiento de la ignorancia o la incomprensión, la incomunicación o la acción ideológica espuria. Sin embargo, cuanto más territorializadas sean las intervenciones estas parecen recoger más desconfianza local, o indiferencia, cuando no abierto rechazo. No pocas veces las comunidades cierran filas en oposición a proyectos que las afectan; son numerosos los casos en que se oponen con éxito. Las movilizaciones territoriales que contestan las intervenciones producen fracturas locales y realineaciones que, en sí mismas, constituyen saldos negativos de los proyectos de intervención territorial, independientemente de cuan loables hayan sido los objetivos por estos planteados. Muchas otras veces las comunidades no enfrentan de manera abierta, pero dejan hacer como si se desentendieran, tal vez porque saben que, o bien no las modifica en lo substancial, o bien el costo y los riesgos de un enfrentamiento se juzgan demasiado altos y fuera del alcance de sus propias fuerzas y/o dinámicas comunitarias. Sea cual fuera la actitud local frente a los proyectos de intervención, lo que estos ponen en juego es una contienda de conocimiento. Quién conoce (o conoce mejor o más acabadamente) es lo que reposa como supuesto de las intervenciones así como de las contestaciones a estas. Ello es lo mismo que decir que lo que está en la base de la *litis*, aunque no se lo enuncie, son distintas ideas acerca de qué es el conocimiento, en qué consiste conocer, cuáles son los atributos de los conocedores y las vías de acceso al mismo. Los escenarios locales de intervención de proyectos extralocales, que muchas veces se apoyan en discursos globales como, por ejemplo, los de las disciplinas académicas, los de los objetivos de desarrollo, etc., son contextos particularmente fértiles para observar cómo el conocimiento, uno de los filos privilegiados de la modernidad, fricciona contra su propio contorno. Ese filo corta, hiere, pero también se mella, se embota. Y la fricción suele poner en conversación sus propios supuestos: el conocimiento, pero también, aquéllo que este es. Por donde venimos a decir que las fricciones locales de los diseños globales ponen en escena confrontaciones de metaconocimiento.

A mediados de la década de 1990 la población de Villa Vil (Belén, Catamarca, Argentina) rechazó la relocalización propuesta por el estado provincial como mitigación del riesgo geológico por un posible deslizamiento del cerro a cuyos pies se levanta el pueblo. Como es usual en los proyectos de intervención, estos movilizan saberes expertos que, así, se transfiguran en ciencia aplicada. El estudio y diagnóstico de la geografía local configuraron, en este caso, la plataforma de conocimiento reconvertido en tecnología de intervención. ¿Cuáles son los supuestos de ese movimiento desde la disciplina a la posdisciplina; es decir que, de buscar la verdad pasa a orientarse hacia el bien social, en este caso la mitigación del riesgo geológico? ¿Cómo se reconfigura la plataforma local desde la cual esa propuesta es recibida, evaluada y rechazada? ¿Qué distancias epistémicas separan a ambas bases de conocimiento? Y aún más: ¿cómo establece cada conocimiento —científico/técnico/estatal por un lado y local por el otro— su relación con el otro conocimiento? El informe de la investigación en Villa Vil[205] recorre estas preguntas, y deja otras abiertas: ¿qué enseña la teoría del conocimiento de Villa Vil? ¿Cómo se articula el conocimiento de Villa Vil con sus regímenes de cuidado local más amplios? Finalmente, como de un contexto académico se trata, esta es una investigación que precisa de instancias que, a su vez, transformen el lugar de experticia que ella misma habita.

Conocer como relación

Para los geólogos, el acceso al conocimiento tiene unos métodos y objetos precisos. No hace falta aquí abundar en ello; la disciplina de la geología tiene, como todas las disciplinas, su historia, sus instituciones, sus métodos, en fin, un campo ya delimitado. Por fuera de ese campo, en cambio, el conocimiento geológico acerca de, por ejemplo, la relación

---

[205] "Localidad de Villa Vil: de la relocalización como razón científico-técnica hacia la emergencia de una teoría local del conocimiento", de Daniela Iriarte, en *Estudios sobre el Ambiente y el Territorio* 8, INTA, Catamarca.

entre un cerro y un valle, no es evaluado de acuerdo a los cánones disciplinarios de validación, sino por el hecho de originarse en un campo disciplinario. Los informes que los geólogos acercan a los funcionarios del Estado son leídos a través de la marca del campo disciplinario que suponen los procedimientos disciplinarios de validación, y no de acuerdo al recorrido lógico argumentado en el lenguaje disciplinario. La procedencia disciplinaria —es decir, el contexto sociológico del conocimiento— es lo que, en definitiva, le otorga el valor hegemónico. En la lectura del Estado la ciencia —la disciplina— funciona más como signo de la validez del conocimiento, de hegemonía epistemológica, que como contenido de algún procedimiento riguroso. Este —aún cuando exista— no es realmente parte del contenido de conocimiento; los funcionarios y operadores carecen de las habilidades para decodificar los tecnicismos del lenguaje disciplinario, pero en cambio saben interpretar la marca epistemológica del conocimiento, su signo hegemónico. La atracción del conocimiento científico dada por su marca simbólica supone, asimismo, un consenso epistémico básico. Cualquier eventual misticismo del funcionario es puesto a un lado frente a la aceptación tácita de los supuestos epistémicos del informe: el cerro es materia espacialmente dispuesta gobernada por leyes mecánicas.

Epistemología disciplinaria y episteme moderna no están ausentes de Villa Vil. Pero no parecen gobernar la vida de sus habitantes. Estos establecen otras relaciones, y en esas relaciones el conocimiento tiene otros sentidos. "[...] Uno habla dentro de lo que uno conoce, yo me he criado aquí, así lo he conocido al lugar, no veo ninguna cosa rara, por eso defiendo a mi pueblo" (2.3.1995). El conocimiento no es algo que se obtenga a través de una serie de procedimientos de observación, análisis e interpretación, es decir, de unos métodos sensoriales y racionales replicables, diseño o *di segno*. Sino que haber sido *criado aquí* es lo que lleva al conocimiento. Ser *criado aquí* se entiende como un conjunto de relaciones con la familia, los vecinos y el lugar, relaciones en las que se deviene habitante, criollo, en fin, acontecimiento no replicable, designio o *de signo*. Esas relaciones con la comunidad local de seres son el conocimiento de esos seres y de las relaciones entre ellos. La intimidad cultural es el conocimiento, algo que ningún estudio geológico —ni de otra disciplina— puede alcanzar. "De afuera no lo entienden, hay que estar acá y conocerlo al cerro. Es algo que conociéndolo uno sabe que no puede pasar", explica Leila Segovia.

Esa intimidad cultural no significa que todos sean lo mismo, sino que todos están relacionados, y que esas relaciones suponen ocasiones, modos, oportunidades, obligaciones, que deben ser atendidas. Las relaciones entre seres no están gobernadas por meras relaciones físicas externas a ellos, sino por relaciones de relaciones, modos de relaciones posibles, social y ritualmente reguladas. "Es así mi relación con la tierra, la tierra es la madre que tenemos, porque la trabajábamos, vendíamos todo, como pimiento y comino, y hemos ido adquiriendo gracias a Dios y a la Virgen. Además, el cerro está aquí", describe Celestina de Pachado.

El conocimiento moderno se supone necesario para la intervención en la realidad; así, ciencia y política (o ciencia y mercado) conforman una sociedad fundamental en la modernidad. Pero la gnoseología villavilista no supone al conocimiento como una apropiación intelectual-racional de la realidad previa a la intervención en ella. En Villa Vil el conocimiento es parte necesaria de la vida; se conoce a los seres que cohabitan la comunidad, y se conoce sus modos de cohabitar. Estos seres devienen tales mientras, y debido a que, cohabitan, es decir, no son por afuera de sus mutuas relaciones sino en ellas. Por ello que conocer y cohabitar son lo mismo. En ese contexto, el desconocimiento es la peor afrenta, pues ello implica desconocer la relación mutuamente constitutiva, renegar de la relación de cohabitación, de ser en la mutua relación. Así, se desconocen quienes entre sí se enfrentan dispuestos a acabar con el otro.

En este sentido, los proyectos de intervención que esgrimen el conocimiento científico-académico como si este fuera el único conocimiento posible o deseable, y lo aplican en mundos locales, incluso en pos de desinteresados objetivos, desconocen el conocimiento y el metaconocimiento locales, su epistemología y su episteme, lo que en términos villavilistos sería un desconocimiento epistemicida. Sintetiza Celestina de Pachado que "Así es la cuestión de conocer la tierra, por eso era más fácil mover al cerro que a la misma gente". La gente no se mueve de su lugar debido a su conocimiento; en la evaluación local de la *litis* no importó el diferencial de poder, que estaba claramente a favor del Estado, sino el diferencial de conocimiento. La amenaza se cernía sobre Villa Vil no meramente porque un conocimiento fuera válido o no, sino porque se trataba de un conocimiento contrario a, y amenazante de, la relación de conocimiento local —las relaciones de cohabitación entre la comunidad local de seres—. La disciplina que busca la verdad es reconvertida en posdisciplina que busca, como en el caso de Villa Vil analizado por Iriarte,[206] un bien social. Pero en ello implica un desconocimiento de las relacionalidades locales. Un desconocimiento que amenaza la vida en comunidad. *Defender al pueblo* es una expresión que, así, cobra su real sentido cuando se trata de rechazar tanto la relocalización como la predicción del derrumbe del cerro.

La defensa del pueblo, la movilización territorial, solo puede ser comprendida atendiendo al domicilio del conocimiento. El lugar hegemónico del conocimiento científico suele ser impermeable a la coexistencia de otros domicilios epistémicos; los conocimientos locales, en cambio, deben acometer el doble trabajo de construir la vida local, pero siempre en relación a los conocimientos y metaconocimientos hegemónicos. Leila Segovia insiste, elaborando el conocimiento local en relación al hegemónico:

> Cuando llueve mucho siento que la tierra se va acomodando, es por eso que se necesita más agua y para mí eso vendría a ser así, se acomoda la tierra para recibir el agua. Son mis pensamientos, no sé si será en realidad así, es como si la tierra se va

---

206 Ibídem.

adaptando, tiene su propia vida, es otra forma de entender lo que pasa con el fenómeno, la gente de afuera lo entiende de otra manera. Uno que es de acá lo conoce al cerro, yo lo caminaba y lo camino y por eso no se puede decir que esto se va a abrir en un segundo. Quizás desconfiaba donde hay agujeros porque se escuchaban ruidos por abajo, pero acá no hay un lugar volcánico; puede ser que tenga alguna erupción pero no creo porque esos agujeros siempre se están ventilando. Tampoco creo que sean zonas volcánicas porque en estos lugares tienen respiraderos que tienen vertientes con agua y se escuchan ruidos como que baja el agua donde hay unos huecos y abajo salen unos tremendos chorros de agua, pero es un agua cristalina y muy natural. De afuera no lo entienden, hay que estar acá y conocerlo al cerro. Es algo que conociéndolo uno sabe que no puede pasar.

Al contrario de lo que usualmente representa el conocimiento hegemónico, es este el lugar del aislamiento y no el conocimiento local, que solo en relación —subalterna, por cierto— ha sabido sobrevivir como domicilio epistémico.

Ahora bien, estas no son aguas tranquilas para un derrotero que se pretende enmarcado académicamente. La playa de la teoría local, si uno se la toma en serio, sacude las bases sobre las cuales se apoya la propia empresa de conocimiento académico, científico si se quiere, mediante el cual alcanza el pie la tierra firme. La propia investigación por la cual se reconoce el conocimiento local, y sus fortalezas epistémicas, se erige en un campo cuyos contornos, métodos, objetos, rituales e instituciones lo componen como hegemónico. El que sea una investigación social o humana no la hace más alejada de la enunciación hegemónica que si fuera geología o física. La estructura disciplinaria de validación del conocimiento es igualmente reciclada por la posdisciplina, más allá de las diferencias *disciplinarias*, es decir, de contenido y definición. La intervención en Villa Vil pone al descubierto, asimismo, el plano de intimidad epistémica que hace posible una asociación activa entre ciencias naturales, ciencias sociales, universidad y Estado, que no presenta fisuras significativas sino cuando es resistido territorialmente.

Queda al descubierto, entonces, que el viaje recién comienza, que regresar a casa será mucho más difícil de lo que se creía: la investigación ha ido a conocer a Villa Vil, pero una vez allí, reconociendo a Villa Vil como lugar de teoría, desplaza su propio lugar, sus supuestos epistémicos. Conocerse en el espejo de Villa Vil ofrece la verdadera dimensión de lo que queda por hacer. Curiosamente, se trata de relocalizar el domicilio epistémico de la ciencia, mudarla desde el lugar en el que el conocimiento se comprende como fluyente desde un sitio (la ciencia, la universidad, etc.) para solucionar los males del resto del mundo (y en esa tarea desconocer al resto del mundo) hacia otros lugares en los cuales los conocimientos son relacionales, territorializados y abiertos a la conversación. No porque alguna amenaza o riesgo geológico se cierna sobre el edificio del conocimiento hegemónico. Tampoco porque constituya algún imperativo ético orientador de lo correcto. Sino porque reconocerse en el lugar de la violencia no puede sino resultar subjetivamente insoportable. Y si acaso así no lo fuere, otra oportunidad de aprendizaje habrá pasado de largo. Si mover a la gente ha probado ser más difícil que mover al cerro, tal vez sea el conocimiento lo que haya que localizar en otro sitio.

Nometodología y arqueología indisciplinada

> *Lo mejor: no empezar, arrimarse por donde se pueda. Ninguna cronología, baraja tan mezclada que no vale la pena. Cuando haya fechas al pie, las pondré. O no. Lugares, nombres. O no. De todas maneras vos también decidirás lo que te dé la gana. La vida: hacer dedo, autostop, hitchhiking: se da o no se da, igual los libros que las carreteras. Ahí viene uno. ¿Nos lleva, nos deja plantados?*
>
> Julio Cortázar, "Discurso del no método, método del no discurso, y así vamos"

Vestigios de investigación

El vocablo "investigación" proviene de la voz latina *investigatio,* que se entiende como la acción y efecto de investigar.[207] Dejándome más cerca de mi punto de partida de lo que hubiera imaginado, la etimología de esta palabra —*in vestigium*— me lleva a un término que, como arqueólogo, me es caro. El sustantivo *vestigium* alude a la planta del pie. Pero, también, o como extensión de ello, significa la huella

---

[207] Una versión de este texto fue publicada en la *Revista Chilena de Antropología* de 2012 como "Nometodología payanesa".

que esta deja. Así, *facere vestigium in loco* es "poner el pie en un lugar". Interesa que *vestigium* signifique al mismo tiempo la planta y la huella que esta deja. La causa y el efecto se funden en un mismo concepto, es decir, no es que la huella signifique la planta sino que ambas son el mismo término. Como es de suponer, examinar el *vestigium* es tanto hacerlo con las huellas como con las pisadas que las dejaron. *Per vestigia alicuius ire* es, de allí, seguir las huellas de uno. Y seguir las huellas no me permite simplemente conocer las pisadas sino, principalmente, advertir la dirección de aquél que ha transitado por este lugar. Pero el seguir las huellas de uno es algo que solo puedo hacer corporalmente, dejándome llevar por aquél que, no estando en el mismo espacio-tiempo, recorrió y dejó las huellas. No puedo anticipar mi recorrido; solo puedo proponerme seguirlo. Es más, habré de seguirlo más ajustadamente cuanto menos me proponga caminar en una dirección fijada de antemano. No puedo siquiera anticipar que llegaré a algún destino en particular; solo puedo saber que intentaré seguir las huellas, hacia donde me lleven, incluso si a ningún lado.

No sorprende, en este sentido, que *in vestigio* signifique "en el mismo sitio" y, tampoco, que la inmediatez se designe como *e vestigio*. Es, pues, esta, la nota del vestigio: condensa en el mismo sitio, *inmediatamente*, el signo y su significado. O, mejor, el vestigio dice que la planta del pie es una misma e indisoluble cosa con la huella que esta deja en el suelo; positivo y negativo son inmediatos; no hay *vestigium* planta sin *vestigium* huella y viceversa. La huella, el negativo de la planta, no la representa en un sentido lingüístico sino que la planta, el pie, quien camina, acecha en la huella, así como las huellas acechan el caminar. Quien, caminando, deja huellas, nos guía cuando las seguimos, agenciándonos mediante su desdoblamiento en su negativo. Aún más relevante para la investigación, las huellas que aquí están y que voy siguiendo una tras otra, me colocan a mí mismo en la inmediatez con ellas y con su inmediato caminante, aquél en otro espacio-tiempo. La investigación clásica nos indica algo sorprendente: nos desplazamos —nos dejamos desplazar— por la inmediatez de lo que se nos presenta y lo que se niega.

Entre los romanos, así como el *vestigator* era el investigador o espía, *investigare* era "seguir la pista o las huellas" y, también, "escudriñar". Investigar es seguir las huellas, lo que viene a ser lo mismo que seguir la pisada que las deja, los pies y el cuerpo del que hacen parte, seguir a aquél que no está aquí, en el mismo espacio-tiempo, y que nos agencia en su *no-estar-aquí*. La investigación no es tan solo conocer el mundo, sino ser agenciado por este, por la inmediatez de las cosas que están aquí y las que *no-están*, los positivos y los negativos, las presencias y las ausencias. Investigación parece decirnos que conocer es algo que nos acontece en el cuerpo cuando nos relacionamos con las cosas y con su espectro. El vestigio parece decirnos que hay inmediatez entre lo que se nos presenta mediado por una ruptura de tiempo-espacio, y la investigación, es decir, seguir las relaciones evestigiales es seguir la pista de inmediatez que hay en lo mediatizado.

Según parece, los bárbaros se cargaron con el imperio de los romanos y su derecho y no les dejaron más tiempo para que acabaran de inventar asimismo la investigación científica. Para ello, admitamos, hubo que esperar a que llegaran los modernos. La inmediatez del *vestigio*, la complicidad entre espacios-tiempos que se presentan en discontinuidad, el compromiso corporal de la investigación que debe desplazarse hacia donde lo llevan las huellas, el conocimiento como apertura al agenciamiento por la espectralidad de las cosas, en fin, aquéllas que parecieran las notas características de la *investigatio* latina, han sido abandonadas por la investigación moderna colonial. En esta se abre una separación esencial —diríamos cartesiana— entre causa y efecto, cuerpo y alma, presente y pasado, teoría y práctica, dato e interpretación, investigador e investigado. La investigación moderna colonial supone una ruptura entre espacios-tiempos, un abismo corporalmente infranqueable, que al mismo tiempo define el lugar de la investigación: atravesar la ruptura mediante el conocimiento metodológicamente administrado. En la disciplinada investigación moderna el vestigio es consecuencia de un proceso que lo causa, analizando la consecuencia remanente se conoce la causa. Tal el médico que, tras la pista que el síntoma le ofrece, interpreta la enfermedad que lo causa; cual el arqueólogo que mediante las *cosas-como-restos* interpreta el *mundo-del-cual-restan*. El vestigio definitivamente particionado es ahora signo y significado. El investigador interpreta los datos, los indicios, las huellas que lo llevan a conocer el mundo desconocido. El mundo parece necesitar, junto al general, un hermeneuta.

El problema es un problema

La investigación disciplinada comienza cuando aparece la certeza de que hay un problema, e inmediatamente el problema hace síntoma. Una investigación no es tal si no se topa con un síntoma a interpretar. En cuanto tengo un problema sintomático, este me describe un trayecto por recorrer, un camino que he de caminar, con mayor o menor dificultad, siguiendo una a una las huellas que nos conduzcan al sentido del síntoma, a la resolución del problema. Toda investigación disciplinada comienza con un problema, precisamente porque es el problema el que promete que exista una investigación, así como la huella promete que haya un rastreo hacia un objetivo previsible.

Necesitamos la promesa de la investigación para ser investigadores. Necesitamos, en consecuencia, al síntoma, al problema, para ser lo que queremos ser: investigadores. Pues no es sino cuando estamos frente a una investigación que somos investigadores. Enunciamos el problema de investigación como un problema del mundo real que nos llama, que nos necesita, cuando somos nosotros quienes en realidad lo necesitamos. Es nuestro principal interés que haya un problema que nos cree a nosotros como investigadores, que nos describa el territorio por donde habremos de caminar hacia la meta. El problema de investigación es, pues, nuestra coartada: nos ofrece la posibilidad de decir que el mundo nos necesita, nos da el sentido de nuestro estar en el mundo conociendo sentidos, investigándolo, escudriñándolo. Por eso es que lo enunciamos como si el problema fuese independiente de nosotros, como si estuviese allí, y nosotros aquí (o en ningún lado, que viene a ser lo mismo en este momento), y como si fuese la enunciación (nuestra) del problema la que nos habilitase a recorrer la investigación y, por consecuencia, la que nos diese a nosotros el triunfal motivo por el que recorrerla. Al fin y al cabo somos lo que queríamos ser: unos circunstantes y casuales (pero consecuentes y efectivos) investigadores.

Así las cosas, el problema es nuestro problema. Es decir, si no problematizamos nuestra relación con el problema, si simplemente omitimos pensarnos en relación con el problema y develar la invitación que nos ofrece a constituirse en nuestra coartada, habremos concedido dejarnos llevar por el lugar que nos tiene reservado la institucionalidad de la ciencia, los roles, objetivos, misiones y lenguajes; habremos renunciado a hacer otra cosa que reproducir esa institucionalidad, es decir, gozar de nuestro lugar en ella.

Conocimiento e interés

No es azaroso hablar de gozo en este contexto, pues existe un enorme caudal de goce al hallar un lugar que el mundo le tiene reservado a uno. Ganamos un sueldo como investigadores (o una beca como doctorandos) y la supervivencia es un factor nada desdeñable en el mundo de los que vivimos de nuestro pensamiento; es decir, que la comida que nos entra por la boca, la casa en la que vivimos, la ropa que vestimos y el colegio al que enviamos a nuestros hijos no son meras casualidades para quienes encontramos en el pensamiento, el habla y la escritura la manera de justificar nuestro lugar en la lucha por la supervivencia. Pero no se agota allí el sentido de la coartada. Hay también un goce en la figuración social, pues es el pensamiento más fuerte el que atrae la atención de los demás: colegas, alumnos, admiradores... Y aún más. El goce de saberse sabido como alguien que tiene al fin y al cabo un lugar en el tejido social, le pagan por ello y así es considerado por sus congéneres es al fin el puro goce de saberse dentro del mercado (al menos dentro del mercado laboral), que es el metro con el que el capitalismo mide el sentido de las vidas que se consumen en su sostenimiento.[208] Ser alguien parece depender de la capacidad de toparnos con un problema, un objeto de investigación.

Perversa sospecha, trabajosa esperanza

Esta última digresión, pues parece haberse ido por las ramas y dejado el hilo del discurso, pretende llamar la atención hacia el interés puro, carnal, material, egoísta, que nos llama a hallar un problema de investigación, y que nos alivia cuando se nos reconoce que lo tenemos ya atrapado. Y al mismo tiempo, es ese interés social el que nos dificulta la tarea de problematizar nuestra relación con el problema. El conocimiento se disciplina al mismo tiempo que los conocedores encuentran lugar en el mundo como tales. Pero existen varios motivos por los que ese doble acomodamiento sugiere un marco de sospecha. Esa sospecha se encuadra en la pretensión de un conocimiento que, pudiendo ser *acerca* de relaciones sociales, nunca *está acoplado* a las relaciones sociales mismas, nunca *es* relación social. Variadas tradiciones intelectuales han abordado esta cuestión, desde Frankfort, el posestructuralismo, el feminismo, la teoría poscolonial y el programa de modernidad/colonialidad; en fin, distintas teorías, todas ellas altamente influyentes, han profundizado más y más la crítica, expandiéndola sobre dimensiones cada vez más amplias. Incluso son estas y otras tradiciones teóricas las que suelen informar nuestros marcos teóricos de los proyectos que escribimos. Los mismos proyectos que se esfuerzan en seguir a pie juntillas los protocolos metodológicos que nos representan como investigadores externos a los problemas que acuden a nosotros para su resolución, distantes de nuestros objetos de conocimiento, a salvo del contacto con el objeto. ¡Qué incomodidad la comodidad de una ciencia crítica de las incomodidades en el mundo! ¡Cómo no alimentar entonces la sospecha respecto del lugar que se nos ofrece en la fila! Solo si sospechamos de ese lugar habremos de mantener la

---

208 *Conocimiento e interés,* de Jürgen Habermas, Taurus, Madrid, 1982.

posibilidad de sospechar radicalmente de la fila, y en general del mundo, una sospecha que es consecuente consigo misma solo si es a costa de nuestro privilegiado lugar.

No se trata aquí de proferir una crítica moral al egoísmo que implica seguir los propios intereses. No es más egoísta luchar por un lugar de privilegio que por un mundo sin privilegios; es por ello que la esperanza no es una cuestión de meros ideales, sino un hueco en la carne de cada uno, cuyo contorno está dibujado por las ausencias que nos habitan desde que nos duele el alma la internación de lo hegemónico. Creemos en nuestro propio contorno cuando lo vemos moldeado en yeso: nos constituye el negativo de lo que somos, al punto que, moderna/mente nos creemos ya una cosa ya la otra, escindida la relación evestigial de inmediatez, la ruptura violenta en la que se fundan la mente moderna y el mundo colonial.

El privilegio de un conocimiento que se sabe suficiente en sí mismo para atribuir valores al mundo, así como las distintas tecnologías de subjetivación pedagógica, jurídica e institucional del orden de privilegio que, desde antes de nacidos ya actuaron en cada uno, son suficiente marco de sospecha sobre el mundo, nuestro lugar y los lugares del conocimiento y de la ciencia. Pero si, en un esfuerzo de distracción, nos arreglamos para mantenernos a salvo de la sospecha, aún nos resta hacernos cargo de la ciencia social que, ya disciplinada por la modernidad colonial, se ha tornado, en los contextos posmodernos poscoloniales, en tecnología de intervención eficaz en la expansión de la frontera colonial. La ciencia disciplinaria que disciplina al mundo y a los conocedores del mundo bajo la coartada del conocimiento, que trueca la violencia colonial en ruptura metafísica alojando la diferencia en el método, y volviéndola así imperceptible al mismo tiempo que ineludible,[209] se vuelve ella misma ciencia posdisciplinaria que dispone sus recursos epistémicos para la expansión mercantil.[210]

---

209 Haber, 1999, op. cit.
210 "Un-disciplining Archaeology", de Alejandro Haber, en *Archaeologies* 8 (1), 2012c, y "Arqueología y desarrollo: anatomía

Tampoco se dirimen los intereses al tener buenas intenciones para con los demás, lo que acaba por dejar las cosas en el plano de lo moral o lo políticamente correcto. No se trata tanto de habitar lo correcto sino lo perverso, pues no deja de ser una perversión el disfrutar de la suspensión del gozo de sabernos en el camino del triunfo. No deja de ser perverso conectarnos, anormalmente, con el dolor que nos inflige la normalidad hegemónica. Las relaciones antagónicas de hegemonía y subalternidad nos constituyen subjetivamente tanto como nos disponen objetivamente en relaciones antagónicas. Es por ello que la esperanza es menos una cuestión de ideales que un hueco que se nos forma en la carne, un vacío que no podemos llenar ni subjetivamente ni en nuestras relaciones objetivas; la esperanza es un vacío que nos lleva a transformarnos subjetiva y objetivamente en lo que somos como ser y como mundo. Dos sentidos del interés son particularmente relevantes aquí: el interés como "ser entre" (de la etimología *inter esse*), es decir, el vínculo entre los seres, que los comunica y coagula;[211] el interés como lo que hiere (como en *La bala ingresó en el tórax interesándole varios órganos vitales*).

La ciencia social, protagonizada por personas con las mejores intenciones y provista de las más poderosas herramientas de análisis de la realidad social, de todas maneras aporta, muchas más veces de las que combate, a la reproducción del orden de desigualdad, injusticia y muerte —y es por eso que la *razón decolonial*[212] [213] es una actitud que debe traducirse en una aptitud, un hueco que debe querer hacerse mundo—.

---

de la complicidad", de Alejandro Haber, en *Arqueología y desarrollo en América del Sur. De la práctica a la teoría*, editado por Alexander Herrera, pp 13-17. IEP, Lima, Peru. 2013a

211 *Communitas: origen y destino de la comunidad,* de Roberto Esposito, Amorrortu, Buenos Aires, 2007.

212 *El giro decolonial,* de Santiago Castro-Gómez y Ramón Grosfoguel, Pensar, Bogotá. 2007

213 De todas maneras, no es necesario acotar el significado del *hueco en la carne* y de *la esperanza* dentro de los límites de un discurso teórico en particular pues forma parte de muchos otros antes y después de este y, sobre todo, de la vida de millones de personas que lo expresan tanto en teorías y filosofías como

La antropología en el frente de conquista

La sobreabundancia de capital atrae la creación de nuevas mercancías. Conocimientos tradicionales sobre propiedades de plantas y animales, expansión agroindustrial sobre tierras hasta hace poco marginales, megaminería de diseminados en áreas hasta recientemente descartadas y narrativas etnográficas, y arqueológicas acerca de gentes, paisajes y ruinas exóticas convertidas en bienes turísticos, son solo algunas de las maneras en las cuales la ciencia social, y las ciencias antropológicas en la línea de fuego, son reconvertidas, de empresa en busca de conocimiento, en tecnología facilitadora de la expansión de nuevos mercados.[214] Los antropólogos, en persona o a través de sus escritos, intervienen decisivamente en la expansión mercantil, ya sea en la creación de nuevas mercancías, en la intermediación (*brokerage*) entre el gran capital y las comunidades locales, habilitando áreas patrimonializables para la inversión de capital, justificando proyectos de intervención estatal sobre recursos naturales comunitarios que más temprano que tarde acaban privatizados al capital, bajo la forma de esquemas de conservación y promoción, o integrando planes de desarrollo comunitario que las más de las veces consisten en expansiones mercantiles de escalas reducidas. Sea que queramos hacernos cargo o no del lugar del conocimiento disciplinario en la reproducción de las *representaciones* coloniales, no es posible ya pretender ingenuidad respecto del lugar posdisciplinario del conocimiento social y cultural en la presente fase de *expansión de la frontera* colonial. Movimientos sociales, antimineros, campesinos, indígenas y comunidades locales protagonizan la resistencia poniendo el cuerpo y el alma, la cultura y la teoría contra los proyectos de muerte y por la crianza de la vida. La ciencia social, lejos de sus ideales de lucha, se encuentra ya posicionada al otro lado del frente de conquista. La ciencia

---

en oraciones, cantos o cualquier otra manera de decir, con palabras o sin ellas, la constitución en diferencia. Lo importante del planteo de la razón decolonial no es su originalidad sino su insistencia en reintroducir algo tan básico y necesario en la deontología de la ciencia social.

214 Capítulo 11, este volumen.

disciplinaria, que buscaba conocimiento, tiene finalmente un lugar en el mercado como ciencia posdisciplinaria. Este manifiesto propone indisciplinar la ciencia, y como primera medida radical, indisciplinar la metodología.

Investigación sin objeto

Solo si desconfiamos del mundo, y del lugar que en el mismo se nos ha reservado, habremos de *querer* problematizar nuestra relación con el problema. Pero, una vez que desconfiamos del mundo y del lugar que en el mismo se nos ha reservado, *debemos* problematizar nuestra relación con el problema, pues de otra manera podremos ser instrumentos de nuestro instrumento aun queriendo lo contrario. No se trata aquí de un ejercicio intelectual crítico, sino de obligarnos a reconocernos en el domicilio que nuestra investigación ha fijado por nosotros y, eventualmente, a mudarlo. Volveré sobre domicilios y mudanzas unos párrafos más abajo. Aún me restan algunas consecuencias de la problematización del problema.

Como dije, nuestro primer problema es el problema. Y el principal problema del problema es que debamos representarlo como si estuviese allí, como si nosotros no tuviésemos nada que ver con el mismo hasta que se nos ocurrió investigar, y que entonces no nos afecta sino como conocedores. El principal problema se suscita cuando decimos que hay allí, fuera de nosotros, un objeto que merece que lo conozcamos nosotros, que estamos aquí, afuera del objeto. Hemos distorsionado así las cosas, inventando un mundo lejos de nosotros y a nosotros lejos del mundo, y hemos establecido que la relación entre ese objeto mundo y este sujeto conocedor es una relación asimétrica de conocimiento: los conocedores conocemos a los objetos, los objetos son conocidos por nosotros. Toda relación social que yo, como ser viviente, tengo ya establecida con esa cosa, con ese mundo, queda así oculta en la distancia epistemológica que introduce la objetivación que se enuncia como problema de investigación. Pues toda objetivación del mundo es al mismo tiempo una subjetivación del investigador.

Que lo contrario sea igualmente válido en el contexto de formación de doctores, es decir, que en el proceso de subjetivación institucionalizada de investigadores sea de fundamental importancia la enunciación de problemas de investigación, el que la objetivación sea particularmente necesaria para los doctorandos, no es mero detalle, sino tanto consecuencia de las determinaciones de disciplinamiento, como causa de la reproducción de la episteme moderno-colonial, de la cual los doctos somos agente y figura. Entonces, discutir la objetivación es, al mismo tiempo, discutir la investigación disciplinaria; es, al mismo tiempo, discutir el rol institucional del/de la investigador/a; es, al mismo, tiempo discutir el sentido de la institución academia/ciencia. De lo que se trata, pues, es de transitar una *investigación sin objeto*,[215] es decir, una investigación indisciplinada que, focalizándose en los intentos de objetivación, los deconstruya, los desarticule, los conjure. Somos conscientes de que, siguiendo el argumento desde el principio de este texto, una investigación sin objeto será, asimismo, una investigación sin sujeto, es decir, una investigación sin sujeto investigador, sin que la investigación esté protagonizada por un sujeto que por sí mismo se la atribuya. Abandonar la objetivación investigadora es, también, abandonar la pretensión de subjetivación investigadora. Será, entonces, *una investigación sin investigador.*

Indisciplinar la metodología

Indisciplinar la investigación, como primera medida, consiste en indisciplinarla de los supuestos metafísicos que se reproducen en los marcos disciplinarios.[216] Indisciplinar la metodología consiste en indisciplinarla de sus supuestos:

---

215 "Prólogo. Sobre el método", del Colectivo Situaciones, en *Hipótesis 891: Más allá de los piquetes,* del MTD de Solano y Colectivo Situaciones, 9-22, Tinta Limón, Buenos Aires, 2002.
216 "Una arqueología indisciplinada", de Alejandro Haber, en *Actas del I Congreso Latinoamericano de Antropología, 359-363, Universidad Nacional de Rosario, Rosario, 2008;* también op. cit. Catherine Walsh, Freya Schiwy y Santiago Castro-Gómez, 2002.

la relación de objetivación/subjetivación, la linealidad temporal de la secuencia de producción de conocimiento, la distribución topológica del conocimiento teórico y del mundo, y la autonomía práctica del conocimiento respecto de las relaciones social/vitales.

Situación

Pero llegados a este punto, en el cual todo parece disolverse en una generalizada discusión crítica de cualquier amarre posible, tal vez sea oportuno preguntarse por aquello que queda fuera de la objetivación. ¿Cuáles son las relaciones sociales que mantengo con aquello que he enunciado como objeto? ¿Con quiénes he conversado? ¿Cómo llegué allí? ¿Qué tuve que entregar de mí? ¿Qué ha conmovido de mí el mundo que ahora trato como problema? ¿Cómo es que, ya sea en su afirmación como en su negación, ese mundo objetivo y su huella ya me constituyen como vestigio?

Y no se trata aquí de *objetivar al sujeto objetivante*, tal como propusiera Pierre Bourdieu[217] como único antídoto al objetivismo. Pues era esa una estrategia que, aunque válida como estrategia, agotaba su propio impulso en sí misma: objetivar al objetivismo producía una objetividad superior, es decir, reproduce y refuerza los privilegios sociales y epistémicos a través de la toma de distancia crítica de los mecanismos de producción de los privilegios sociales y epistémicos. Pero nosotros no queremos reemplazar unos privilegios por otros aun superiores. Queremos, en cambio, abolirlos a todos. La investigación indisciplinada hace de un problema de investigación una *situación*, una excusa para *pensarnos y revelarnos a nosotros habitando el mundo y objetivando*, no para que ese *nosotros* sea nuestro nuevo objeto, sino para que en todo caso reconozcamos *las relaciones en las que somos ya sujetos*.[218] Y nos ayudemos, o nos dejemos ayudar, por

---

217 *Cosas dichas*, de Pierre Bourdieu, Gedisa, Buenos Aires, 1988.
218 En ambos sentidos de subjetividad y de sujeción.

esas relaciones, para subjetivarnos desde otros lugares que no sean los que institucionalmente nos llevan a construir nuestro privilegio epistémico. Esos otros lugares son de *reconocimiento*, de *aprendizaje*, y de *solidaridad*.

Reconocimiento dice al menos tres cosas. Un reconocimiento es una *exploración*, una aproximación. Reconocemos un territorio con el que no estamos familiarizados, tomamos con este un primer contacto, un acercamiento que nos permite, si no conocerlo del todo, sí al menos relacionarnos con ese territorio. El reconocimiento es un conocer que nos revela cuán poco conocemos, y nos propone relaciones concretas y a concretar. En segundo lugar, un reconocimiento es *volver a conocer*. Reconocemos aquello y aquéllos que ya hemos conocido antes. Al reconocer, identificamos nuestras previas enunciaciones con las que nombramos, reestablecemos relaciones entre las palabras y las cosas, y permitimos que esas relaciones, al borde del olvido, se nos revelen en su arbitrariedad. Finalmente, reconocer es asimismo *aceptar* que las cosas son distintas a como las creíamos. Aceptamos (reconocemos 3) que aquello con lo que nos reencontramos (reconocemos 2) cuando creímos explorar lo desconocido (reconocemos 1) es distinto a como lo habíamos relacionado. El reconocimiento nos descubre en el lugar insoportable de la violencia epistémica. Y en el reconocimiento denunciamos lo insoportable de ese lugar. El reconocimiento es, ante todo una actitud de apertura a dejarse habitar por la conversación, una *táctica*[219] *auténtica*.[220]

El *aprendizaje* es algo para lo cual poco preparados estamos. Si bien nuestras vidas transcurren en prolongados períodos de aprendizaje en la escuela, el colegio y la universidad, allí se nos enseña a enseñar. Difícilmente hayamos aprendido a aprender. Aprender a aprender es algo serio y que lleva su esfuerzo y su tiempo. La escuela que nos enseña a aprender es la conversación. Con la actitud de reconocimiento de la

---

219 Es decir, que se percibe mediante el sentido del tacto.
220 O sea, que no puede ser alojada en el diseño de una estrategia.

conversación, permitiendo que la conversación nos *interpele* (por ello es auténtica) y nos *toque* (de allí que sea una táctica), podemos aprender la aptitud del aprendizaje. Aprender es conversar, en el sentido en que aprender es hacer versiones de uno en relación con otros. La aptitud de la conversación es, así, una actitud de conversión. *Ser-en-la-conversación* no es convertirse en el otro, sino convertirse en la relación con el otro, en el flujo de esa conversación. Esta es la apertura que mide la autenticidad de la táctica, una apertura que solo es visible desde el lugar de la conversación.

Me refiero a la *solidaridad* más abajo, baste por ahora decir que se funda en una corriente afectiva y se orienta a la crianza de vida de subjetividades ampliadas.

Antagonismo

Ahora bien, puestos en el punto en el cual la problematización del problema de la investigación ha de comenzar por reconocerse en las relaciones sociales que la sitúan se hace necesario introducir la corriente de *antagonismo* en la cual tanto se distribuyen las fuerzas de la sociedad como las diferencias epistémicas. El diferencial colonial, que recicla, potencia y reproduce los antagonismos de clase, raza y género, nos pone al filo de la frontera en toda situación de investigación. Objetivación y subjetivación se definen en relación con esos antagonismos, así como refuerzan y reproducen las relaciones antagónicas. Pero los antagonismos tampoco están allí a la distancia; los antagonismos nos constituyen, tal como adelantamos más arriba, inmanentemente.[221] No se trata de decir simplemente de qué lado de los antagonismos queremos estar sino de investigar la manera como esos antagonismos nos constituyen, la manera como habitamos a caballo de relaciones antagónicas, en la inmanencia de los antagonismos.[222] Esa es la fundamental característica de la perspectiva relacional con la cual es necesario comprender la subjetividad colonial, y es

---

221 Grosso, 2010, op. cit.
222 Colectivo Situaciones, op. Cit.

la que le da el carácter esquizo a (nuestras) subjetividades y heteroglósico a (nuestros) lenguajes. No es en la identidad con alguna interioridad que se *supera* la objetivación sino en el habitar la diferencia.[223] Los antagonismos constituyen lo social de la misma manera como la pisada constituye la huella; por ello lo social es siempre también evestigial. La violencia colonial opera en el mundo como un bisturí en el quirófano. *Nominar* las partes (objetivación), *seccionar* las relaciones (represión) e *introducirlas* en nuevas redes de relaciones (administración) son los campos en los que se multiplican las técnicas de la cirugía colonial. Es por eso que el lenguaje, la subjetividad y el derecho se encuentran en el núcleo del compromiso con la violencia: enuncian, constituyen y normalizan la tierra, la vida, los muertos y la historia.

Cartografía antagónica

La *cartografía antagónica* describe, por un lado, al mundo que la investigación enfoca, es decir los antagonismos sociales. Pero los antagonismos no están allí simplemente exhibidos para quien quiera verlos. A la violencia que instaura el antagonismo le corresponde una segunda violencia que oculta la primera violencia y el antagonismo que ella instaura. La violencia constituye (nomina), reprime (niega) y gobierna (legisla), por lo que, lejos de ser simplemente destructiva, crea el mundo colonial. El mundo colonial está creado mediante lenguajes impuestos, represiones y negaciones, y normalidades y regulaciones (regímenes de cuidado). Está habitado por lenguajes, subjetividades y derechos, pero asimismo por *no-dichos*, espectros y anormalidades. Estos *no-dichos*, espectros y anormalidades, huellas de la violencia, están en el plano de lo invisible, inaudible e impronunciable; son a las cosas en el mundo lo que la planta a la huella. La violencia que crea el mundo colonial produce relaciones evestigiales que luego niega en una segunda violencia, creando lo real

---

[223] Que habitada por nosotros es una diferente diferencia, o diferensia, *sensu* José Luis Grosso, 2010, op. cit.

del mundo de acuerdo a cómo el mundo es pensado (por la) moderna/mente, introduciendo una cisura infranqueable con el otro lado del vestigio. A todo vestigio le sucede la ruptura que lo transforma en presencia y ausencia, sujeto y objeto, lenguaje y silencio. Cartografiar los antagonismos sociales es franquear la cisura convocando a los espectros, silencios y negativos en conversación con el mundo y su lado interno.

Por otro lado, la cartografía antagónica describe las relaciones de objetivación y subjetivación que la propia investigación implica, o sea los antagonismos epistémicos. El mundo colonial no solo es creado por cisura operada mediante nominación, represión y legislación, sino que el conocimiento del mundo es a su vez codificado en mecanismos ellos mismos hechos en la cisura.

Las disciplinas —que conocen el mundo colonial como este quiere ser conocido— operan a espaldas de su propia constitución colonial. Unas teorías por otras, aquéllos o estos métodos, dan igual una vez que los estatutos epistemológicos de las disciplinas esconden en sus marcos epistémicos la consolidación de la violencia. Insisto: no simplemente los contenidos sino los marcos, aquello por lo cual se entiende que un conocimiento se encuentra en este o aquél campo disciplinario, esto es, los objetos y métodos más generales mediante los cuales se define la disciplina —y en cuya definición todos estarían de acuerdo— de la vecina, una parte del conocimiento del mundo respecto de otra parte, como si también el mundo estuviera él mismo seccionado en esas partes, consolidan la cisura en los propios marcos objetuales y metodológicos básicos. La cisura, ya disciplinada, tiñe el color de los cristales a través de los cuales la ciencia observa el mundo, a su vez tiñendo el mundo del mismo color que aparece ahora como si fuese el color del mundo, un mundo que no sospecha ya de la ruptura en la que se basa. Objetos y sujetos, cosas y agentes, materias y espíritus, pasado y presente, razón y sensibilidad, están ya en la naturaleza del mundo que es objeto de conocimiento. Aun más, dado que la ruptura, a pesar de sí misma, es continuamente acechada por la relación evestigial que convoca incesantemente al espectro de las cosas, la ciencia se vuelve necesaria entonces para reafirmar la sobrenaturaleza de la ruptura. La ruptura epistémica es ruptura metafísica cuando el orden dominante no es ya el ontológico sino el epistemológico, cuando las relaciones entre seres quedan subsumidas a relaciones de conocimiento, y las cosas son aquello que se conoce, y los seres son los que conocen a las cosas.

La *cartografía antagónica* describe las maneras en las cuales se relacionan, inmanentemente a la investigación, ambos tipos de relaciones antagónicas, sociales y epistémicas, en la fijación del *domicilio de la investigación*. La investigación fija su domicilio en la encrucijada entre ambos tipos de relaciones, y es allí que la cartografía antagónica nos permite ubicarla.

Los cientistas sociales parecen mucho mejor preparados para identificar antagonismos en el mundo objetivo que para identificarse a ellos mismos en relaciones antagónicas desde su lugar de investigadores, es decir, en su lugar de identificadores de antagonismos en el mundo objetivo. Ya hemos visto de qué maneras el mecanismo de objetivación apunta a este sentido. Por eso estoy hablando de cartografía: se trata de un mapa de la distribución antagónica, un mapa que, si sirve de algo, es para reconocer *el domicilio de la investigación*. ¿Dónde mora? ¿Hacia dónde apunta sus armas? Preguntas que son también otras: ¿de qué (no)material estamos (no)hechos?, ¿cuáles son las huellas que me constituyen y que me sitúan en este domicilio?, ¿de qué maneras me ha instrumentalizado (disciplinado) mi instrumento (disciplina)?

En este sentido, tanto podríamos hablar de *domicilio* como de *trinchera*. El carácter planificado en el marco de una logística contenciosa que la palabra *trinchera* ofrece no es tal vez la asociación más apropiada a lo que quiero transmitir con *domicilio*. Este nos dice que en algún lugar vive nuestra escritura, nuestra investigación. Siempre vive en algún lugar. Muchas veces ese lugar está estipulado por la disciplina, por las reglas que rigen nuestras relaciones sociales como si fueran relaciones de conocimiento. Ello nos hace ignorar el sitio del propio domicilio.

Y el domicilio de nuestra investigación suele acabar muy lejos del lugar en el que tenemos las más fuertes y duraderas solidaridades. No es poco común, sino todo lo contrario, que nos veamos a nosotros mismos, a aquello que somos, con los ojos que la disciplina nos presta, como si fuésemos otros. Esos ojos, que en un origen eran ajenos, nos ofrecen el paisaje del mundo al cual acabamos acomodándonos, pues acerca de ese paisaje habla el lenguaje disciplinario, y ello es de lo que se espera que hablemos. Poco a poco aprendemos —normalmente en el curso de nuestra formación disciplinaria en la universidad— a incorporar el lenguaje con el cual logramos amansar, domesticar, nuestra solidaridad constituyente, aquietar nuestra inquietud. El proceso de disciplinamiento es una conversión al cabo de la cual somos fieles creyentes en la episteme que la disciplina sostiene como si fuese una descripción natural del paisaje. Recibimos premios y castigos según nos acercamos o alejamos de la verdadera fe, pero aún más importante es que vamos comenzando a ser sus agentes institucionalmente sancionados. A lo largo del tiempo acabamos estableciendo allí nuestra morada. Esa es nuestra casa, allí nos sentimos seguros, a salvo de nuestra inquietud. Podemos mantener nuestras iniciales solidaridades constituyentes, pero estas se separan cada vez más de la disciplina. La vida científica y/o académica se va encapsulando cada vez más, y cada vez es más difícil sostenerla en relación productiva con las vidas política, artística, familiar, religiosa… en fin, con las solidaridades que nos constituyen. La vida académica finalmente también nos constituye. Y establece nuestro domicilio por nosotros, sin avisar. ¿Acaso la colonialidad no se trataba de esto?

Composición

Esta tarea cartográfica antagónica no es una novedad intelectual académicamente inventada. Es más bien lo que todo movimiento social hace como primera medida de su lucha epistémica. No se trata de un paso que esté justificado por alguna metodología de la investigación que se imparta en cursos propedéuticos. Es, en cambio, un aprendizaje que deriva de la elaboración teórica de los movimientos sociales. Y podría decirse que, en todo caso, se trata de un robo que este discurso sobre la metodología de la investigación le propina a los movimientos sociales, lo que sería cierto si no se tratase la cartografía antagónica de una tarea que deba asumirse en *solidaridad* y en *conversación* con, y no a la distancia de, los movimientos sociales. La cartografía antagónica produce un rápido desplazamiento a lo largo de los antagonismos y una reubicación o mudanza de los domicilios que a la investigación les vienen dados por la disciplina. Es este un desplazamiento o mudanza primero, mas no último. Las relaciones de solidaridad se establecen en el tiempo, y convocan responsabilidades, compromisos y sostenimientos, pero sobre todo afectividades trans- o intersubjetivas. Las relaciones de *conversación* también se establecen en el tiempo, discurren entre quienes conversan así como estos devienen en ellas. Las conversaciones con los sujetos y colectivos populares, movimientos sociales y comunidades locales, en fin, junto a quienes se forman solidaridades duraderas en las que nos reconocemos mutuamente, son la situación de la investigación. Y es en esas conversaciones y solidaridades —con-posiciones— que se construyen las cartografías antagónicas; estas ofrecen amarres parciales —pues siempre se están construyendo— de las relaciones de investigación.

Mudanza

La disciplina nos pone siempre en el lugar hegemónico de las relaciones interculturales. Desde ese lugar es posible enunciar al otro solo en el lenguaje de Occidente, es decir, solo es visible el otro a la sombra que Occidente (la disciplina) ya le ha proyectado, aunque luego desconozca haberlo hecho de manera de *ver* en el otro lo que el otro *es*, es decir, lo que el lenguaje disciplinario ha *hecho*. Los *hechos* de la experiencia son, así, artefactos disciplinarios que renuevan una y otra vez las verdades hegemónicas. En la investigación indisciplinada las relaciones de conocimiento no son independientes de las relaciones sociales, están amarradas a ellas, en conversación y solidaridad. Pero existe una dimensión oscura de las relaciones sociales y de conocimiento que las amarra unas a otras, una dimensión evestigial que queda a espaldas de la disciplina, y hacia la cual el protocolo metodológico nos previene rigurosamente. La otra cara de la huella, del *signo* que se aparece como clave epistemológica, es el vestigio en el cual aquélla es planta y huella, interviene en la conversación aun sin hablar, sin estar aquí sino en un espacio-tiempo otro que nos es vedado por la metodología disciplinaria.

Conversación es ya una inmersión nometodológica en las relaciones de conocimiento *qua* relaciones sociales *qua* relaciones evestigiales (la negación inmanentemente constitutiva de la colonialidad). Estas relaciones se mueven en *el curso de la conversación*, y así se mueven las relaciones de conocimiento. Esos movimientos importan *mudanzas* para quienes estamos involucrados en la conversación: investigadores, pero también colectivos, sujetos populares, movimientos sociales, comunidades locales. *La situación, una vez compuesta, conmueve, importa su propia mudanza.*[224] No podemos prever los domicilios futuros, ni siquiera los nuestros; es esta la primera diferencia entre la investigación indisciplinada y la investigación militante,[225] aunque no la única. La investigación indisciplinada se torna así una empresa abierta a una transformación profunda, en principio, de quienes la emprenden como cuerpos-investigadores, quienes están en *conversación*. Me refiero con *conversación* a un flujo de agenciamientos evestigiales intersubjetivos que crea subjetividades en relación; no se recorta por el intercambio lingüístico ni por la humanidad de los *interactuantes*, sino todo lo contrario, no se está en conversación en calidad de hablante sino de ser o, mejor, de *estarse siendo*. Es en este sentido que todo intento de predeterminar el movimiento que uno ha de describir, tarea que normalmente toma la forma de una metodología de investigación, un protocolo metodológico, es no solo vano sino peligroso. Es

---

224 "La inmanencia refiere una modalidad de habitar la situación y trabaja a partir de la composición —el amor o la amistad— para dar lugar a nuevos posibles materiales de dicha situación". Colectivo Situaciones, op. cit.

225 *Archaeology as political action,* de Randall McGuire, University of California Press, Los Angeles 2008; "The primacy of the ethical: propositions for a militant anthropology", de Nancy Sheper-Hughes, *Current Anthropology* 36 (3): 409-420, 1995; La misma diferencia se ha señalado entre la investigación militante y la militancia de investigación que propone el Colectivo Situaciones, op. cit.

vano puesto que si una investigación realmente ha podido ser prevista de antemano, es porque no valía la pena realizarla. Es peligroso porque impide asumir con honestidad los necesarias mudanzas que conlleva toda conversación auténtica sostenida en el tiempo y, sobre todo, porque previene contra la recuperación de relaciones evestigiales que devuelven las relaciones de conocimiento al tejido de las relaciones sociales.

Así como decíamos más arriba que la objetivación constituye una coartada, una deformación sistemática que torna imposible toda conversación *auténtica*, diré ahora que la metodología tiende una eficaz trampa a aquél que ha logrado sortear los llamados a la objetivación. La metodología disciplinaria es tramposa por varias razones. Una de ellas, no menor, es que es construida retrospectivamente pero propone una propedéutica anticipadamente. Los metodólogos elaboran sus recetas en base a experiencias (propias o ajenas) de investigación ya pasadas, pero luego proponen secuencias de acción proyectadas al futuro.[226]

---

226 En cierto sentido esto es aplicable también a este mismo texto, en la medida en que me baso en mis experiencias de investigación para pensar en la metodología. No obstante, como señala el epígrafe, nos arrimamos como podemos, igual que en la vida. En ese sentido este texto no incluye una propedéutica metodológica porque es un manifiesto contrario a una propedéutica. Si en este texto me detengo a elaborar una metodología indisciplinada o nometodología, se debe a que es necesario efectuar una discusión de la metodología *en* su propio campo, que sea al mismo tiempo una discusión *del* campo. Semejante preocupación anima el texto de Linda Tuhiwai Smith (*Decolonizing methodologies. Research and Indigenous peoples*, Zed Books & Otago University Press, Dunedin, 1999), tal vez la referencia más acudida en la materia, aunque la autora prefiere reconvertir propuestas metodológicas dentro de un marco decolonial sin discutir a la metodología misma. Puesto a dar clases de Diseño de Investigación en la Licenciatura de Arqueología, y Taller de Tesis en el Doctorado en Ciencias Humanas, ambas en la Universidad Nacional de Catamarca, y Seminarios de metodología decolonial en el Doctorado en Antropología de la Universidad del Cauca, y en Catamarca (en dos ocasiones junto a Cristóbal Gnecco y una con José Luis Grosso) y en la Universidad de Buenos Aires (junto a Carlos Fígari) no pude desconocer el lugar de disciplina en el que los estudiantes se encuentran. Este texto es, entonces, parte de esa discusión, que se ha visto beneficiada por muchos estudiantes

El discurrir del tiempo es proyectado al futuro en base a lo leído hacia el pasado, y ninguna mirada retrospectiva puede pretender equivaler a una prospectiva, a menos que supongamos —moderna/mente— que el tiempo sea una línea dimensional[227] (y he aquí el supuesto metafísico que la metodología nos inocula sin avisarnos). En el transcurso de la investigación suceden cosas sorprendentes que, si les prestamos atención, nos llevan a situaciones imprevistas y novedosas. Sobre todo, nos sorprenden las cosas si logramos prestarle conversación. También, en la investigación suceden cosas en los márgenes de nuestra mirada, a las cuales solo podríamos prestar atención si desviamos nuestra atención hacia lugares distintos de los previstos. De no hacerlo perderíamos las pocas o únicas ocasiones de descubrirnos en donde nunca habíamos pensado estar. La metodología disciplinaria, así, propone una secuencia que deja de lado lo más importante, aquello que no puede ser anticipado en una prospectiva, lo verdaderamente nuevo, transformador. La metodología nos protege contra ello, nos impide conversar y dejarnos transformar por la conversación. La metodología disciplinaria es a la investigación objetivante lo que *la composición de la situación* es a la investigación conversacional o indisciplinada. Ya he abundado en lo primero, me resta, pues, lo segundo: la composición de la situación pone en conversación el carácter constituido y constituyente de la investigación.

Constitución y justicia

¿En qué sentido digo que la investigación es constituyente? Pues en el mismo en el cual digo que la situación de la investigación no se recorta por las relaciones de conocimiento. El dejar a la

---

de los contextos de interaprendizaje mencionados. Si algo me ha preocupado en todas esas ocasiones, ha sido que la situación de preparar sus proyectos de tesis ha significado un penoso ejercicio de construcción de una relación con la investigación que abandona sistemáticamente todo aquello que ha llevado a vincularse originalmente con ella, de manera que las investigaciones acaban siendo algo muy alejado de los fundantes propósitos subjetivos y subjetivantes. No me habría sentido feliz si hubiera aportado a esa desconexión subjetiva desde el lugar docente.

227 Benjamin, 1982, op. cit.

investigación recortada por los roles y recursos del conocer sería retrotraerla a la determinación epistemológica de la cual la he querido sacar. Si insisto en la idea de *situación* es precisamente porque entiendo que el conocimiento no es una esfera autónoma de la vida, sino que se encuentra imbricado —y constituido— en ella. Y ni como argumento estratégico acordaría mantener la autonomía del conocimiento (la autonomía de la razón). La autonomía del conocimiento, acoplada a la idea de justicia como lugar de atribución de valores, es precisamente aquello que sostiene la colonialidad del conocimiento y de la cultura. Una vez que conocemos el mundo que está allí, sabiéndonos a nosotros como conocedores, y que nos atribuimos el lugar *atribuyente* de valores de justicia, estamos listos ya para tornar a nuestro conocimiento en una tecnología de intervención y a nosotros mismos en agentes de colonización. Al fin y al cabo, los colonizadores siempre viven en el lugar de la justicia.

La razón decolonial no es aquélla que nos lleva a luchar por un mundo mejor para los que sufren, sino a luchar contra las condiciones del sufrimiento, incluyendo todas aquellas condiciones de las cuales formamos parte, especialmente aquéllas que nos constituyen inmanentemente. Pues de lo que se trata es "de devenir *creador* de valores, de experiencias, de mundo".[228] Ese es el sentido político de la poética de los movimientos sociales, y lo es también para la investigación en conversación con ellos.

Parte de la conversación I

De allí *parte la escritura*.[229] La investigación no es algo que vaya a sucedernos luego de escribir un proyecto, cuando salgamos al campo a observar los datos y volvamos a nuestras oficinas a procesarlos y analizarlos, y al final nos pongamos a escribir el conocimiento. Por el contrario, la investigación ya ha comenzado. Escribir un proyecto de investigación no puede ser

---

228 Colectivo Situaciones, op. Cit.
229 Capítulo 12, este volumen.

más mentiroso respecto de la experiencia de la investigación. Pero, si lo despojamos de la proyectiva secuencial que comporta el género literario de los proyectos de investigación, podemos también tomarlo como una oportunidad de escritura de la situación de la investigación. Pues, si es de la conversación que parte la escritura, la escritura —el proyecto— bien puede comenzar por escribir la situación de conversación. Ello incluye al menos dos aspectos. Por un lado se trata de escribir cómo es que la situación se compone, es decir, cómo los participantes en la conversación se ponen con los otros. La manera en la cual cada uno se *pone-con* nos dice de las relaciones antagónicas, que no necesariamente se dicen sino que más bien nos *ponen-con*, es decir, nos componen en situación. Por otro lado, la situación no es algo que suceda de inmediato, transcurre, se ajusta y produce desajustes. Esos desajustes son, nuevamente, respecto de las posiciones respectivas a lo largo de relaciones antagónicas. Es común que la situación nos revele, a los portadores de un modo de relación que es la ciencia, en la posición distinta, y hasta opuesta, a la que esperábamos estar. Ello nos provoca desajustes, desplazamientos. He allí nuestras primeras mudanzas. La escritura de la situación es una escritura en mudanza. Para quienes creemos necesario que nuestra escritura sea firme y concluyente no es sencillo presentarnos en una escritura movediza, escurridiza, torcida. La situación no se escribe con caligrafía ni con ortografía, sale más bien espasmódicamente. Es una escritura que nos sale del fondo del estómago arrastrando palabras indigestas.

Parte de la conversación II

Pero así como dije que de la conversación parte la escritura diré ahora que *la escritura es un parte* de la conversación. Me refiero a que la escritura de la situación es acerca de la conversación. No es que la escritura tenga como objetivo representar a la conversación, sino que es una narración de la conversación y de lo que nos sucede en ella. Así como la conversación produce una mudanza en la escritura, la escritura es *acerca* de la mudanza. La dificultad que nos significa echar por la boca el malestar no se conjura haciendo como que el malestar no existe, sino echando por la boca la dificultad de echarlo por la boca. El desplazamiento que nos provoca la situación es, pues, central en la manera en la cual componemos la situación. Escribimos, entonces, la mudanza.

Parte de la conversación III

Vuelvo sobre el sentido no representativo de la escritura. No es el objeto de la escritura representar a la conversación, sino *ser parte* de ella. Una multitud de seres, algunos de ellos humanos, toman parte de la conversación. Ellos se agencian unos a otros en la conversación, y devienen lo que son en ella. La escritura no es algo que hagamos acerca de esa conversación, sino como parte de ella. No la representa sino que *participa* de ella. Gran parte de la conversación queda siempre fuera de la escritura, pues la conversación discurre por una multitud de canales de expresión y comunicación, solo algunos de los cuales son lingüísticos y, de estos, solo algunos pueden ser escritos mediante alfabeto. Escribir la conversación interviene en ella nombrando lo innombrado y poniendo en ese flujo lo que ya es conocimiento en otro, pero tal vez no lo era para nosotros, es decir, acusamos en la escritura la medida del reconocimiento (1+2+3). La escritura tiene el sentido poético de crearnos nuevos lugares en mundos que nos son nuevos porque nos eran otros. Fijamos, en la escritura, nuevos domicilios.

Teorías de la relacionalidad

La antropología ha encarnado la representación occidental de la alteridad en el otro cultural, el bárbaro sobre quien Occidente ha proyectado su propia sombra. El otro cultural es necesario para la autocomprensión de Occidente. Pero, al mismo tiempo, el otro cultural es insoportable para Occidente, pues le muestra las huellas de su propia violencia. El bárbaro, como decía Heródoto y refuerza Spivak, no habla un lenguaje comprensible para Occidente. Solo es posible comprenderlo una vez que el otro se reconoce (o es reconocido) en la sombra que sobre este le proyecta Occidente. La disciplina siempre nos posiciona en el lugar hegemónico de Occidente. El que el subalterno no hable para Occidente no es un problema para el subalterno, solo lo es para Occidente, que debe administrar en el otro la sombra del lenguaje disciplinario para conjurar lo insoportable del rostro del otro que le devuelve como espejo la violencia colonial. La prueba fatal para toda antropología que quiera indisciplinarse no es conocer al otro, sino tomárselo en serio. Es decir, escuchar en el otro cultural la verdad en tanto verdad, no simplemente en tanto relato, es algo que la disciplina no puede acometer.[230] Tomarse en serio la diferencia es solo posible cuando el domicilio ha sido desplazado desde el lugar hegemónico de la disciplina hacia la diferencia, es decir, la diferencia desde espacios-tiempos otros.[231] Ello importa otras mudanzas.

Abandonar Occidente implica también abandonar la concepción occidental de alteridad. La antropología posoccidental ha de reenlazarse con la alteridad de la alteridad moderna colonial, es decir, ha de estar abierta a teorías de la relacionalidad no occidentales que regulan las relaciones con la alteridad.[232] Esas

---

[230] Ni siquiera mediante la ficción epojética de la fenomenología, cuyas condiciones refuerzan las seguridades del yo occidental que queda así protegido entre paréntesis.

[231] Grosso, 2010, op. cit.

[232] Relacionalidad refiere a teorías otras acerca de relaciones posibles y/o correctas entre los seres en el mundo. He utilizado en otros textos (*La casa, las cosas y los dioses*, Encuentro, Córdoba, 2012a), otras designaciones para la misma idea: metapatrón (traducido de *meta-pattern* de Herzfeld) y *uywaña* (verbo aymara aru por criar, cuidar, proteger, entre otras acepciones). Otros antropólogos han tenido similar dificultad, optando, por ejemplo, por *ciencia social melanesia* (Marilyn Strathern), "relationality" (James Weiner), "perspectivismo" (Viveiros de Castro). Una de las primeras consecuencias es que no hay traducciones directas de relacionalidad en las lenguas imperiales y por ello prefiero forzar el idioma para hacerlo decir aquello para lo que está hecho para callar. Es más, cuanto más pienso en ello más me doy cuenta cuán pertinente es esta palabra bárbara para la discusión aquí planteada. No pocos antropólogos han hecho de las teorías de la relacionalidad sus objetos de estudio. Por el contrario, casi podría decirse que reside allí el núcleo de la alteridad en cuyo

teorías no son conjuntos de enunciados lingüísticos lógicamente ordenados. Su extraordinario poder para dar cuenta del mundo, un poder probado por su capacidad de reproducción a pesar de cinco siglos de feroces embates desestructurantes, represivos y letales del colonialismo y la colonialidad, está íntimamente relacionado con su carácter implícito e inmanente a las prácticas.[233] Acercarse al conocimiento no occidental, a las teorías de la relacionalidad que lo sostienen, suele implicar relacionarse prácticamente. Relacionarse en la práctica con epistemes otras implica ya relacionarse de acuerdo a esas teorías en la práctica. Por ello es que vincularse con teorías otras de la relacionalidad es algo que no se puede hacer solo en términos de conocimiento. Debido a que *nos relacionamos como seres* es que las conocemos, pero no nos relacionamos como seres sino de acuerdo a esas mismas teorías de la relacionalidad.[234] [235] De allí que una nometodología en la

---

     tratamiento la antropología se ha especializado. Lo que se ha dado en llamar el *giro animista* de la última década exhibe claramente este foco de investigación. Mas también como parte de este giro, se han señalado las implicancias epistemológicas y ontológicas de las teorías animistas de la relacionalidad, lo que ha llevado asimismo a algunos autores a expresar sus implicancias políticas. Desde una perspectiva posoccidental las teorías de la relacionalidad otras no constituyen un foco de investigación sino su domicilio. En este texto se adopta una posición domiciliaria, con el añadido de su carácter dinámico que más que conducir a una política de la identidad lleva a una praxis simbólico-política creadora de sentido de sí y de mundo.

233 "Semiopraxis en contextos interculturales poscoloniales: Cuerpos, fuerzas y sentidos en pugna", de José Luis Grosso, en *Espacio Abierto. Cuaderno Venezolano de* Sociología 17(2): 231-245, 2008b; Haber, 2012a, op. cit.

234 Ibídem.

235 Este es tal vez el punto de partida respecto al tradicional método etnográfico de la *observación participante*, que dicho sea de paso ha sido entronizado por los domesticadores de la experiencia de investigación como *método etnográfico cualitativo* o sencillamente *método etnográfico*. No se puede ser honesto participante y observador al mismo tiempo. Al ser parte uno experimenta percepciones, sentimientos, movimientos y pensamientos, pero no en el carácter de observador sino en el de participante. Si se observa uno puede fingir que participa, actuar, un poco a la manera de la técnica actoral de las acciones físicas de Stanislawsky.

antropología indisciplinada lleva a la sacralidad del mundo que la disciplina del protocolo metodológico ha querido evitar.

La sacralidad del mundo, el alma de las cosas y la mística son distintas maneras de expresar lo que para el estatuto científico constituye el epítome de la alteridad. Occidente conoce su exterioridad proyectando sobre ella la sombra de su propia episteme; la antropología es consustancial a la colonialidad porque es un ejercicio de traducción de la exterioridad a los términos y al lenguaje de Occidente, lo que hace posible enunciar, administrar, intervenir y colonizar la exterioridad, es decir, expandir la frontera colonial. La metodología indisciplinada, descolonizada de la alterización occidental, instala el domicilio de la investigación en el territorio de los bárbaros. Desde allí mira a Occidente en sus estrategias de objetivación, en su proyecto de ciencia y en su deseo de intervención. Descoloniza las armas de la investigación disciplinada. La investigación indisciplinada es una conversación situada que peina la disciplina a contrapelo, pues en lugar de reducir el vestigio a un dato, a una unidad de información que representa una verdad ausente, pone su atención en la evestigialidad de las relaciones, es decir, en la inmediatez de la huella y su negativo, en la indivisibilidad de aquello que ha sido seccionado por la colonialidad. Se pregunta por las cisuras que han sido introducidas en la mirada, por las rupturas que acarrea el lenguaje, por aquello que solo aparece al soslayo del protocolo metodológico. Mora en la interpelación que comporta la conversación, una interpelación relacional a las relaciones, no solo al conocimiento. El que las relaciones evestigiales de la violencia no consistan solo en la huella (a la manera de la arqueología disciplinaria), sino en la inseparabilidad entre

---

La diferencia entre el actor de acciones físicas y el participante es que una vez terminada la actuación el actor vuelve a ser el que era antes de la misma. El participante de la relacionalidad, en cambio, debe acusar el movimiento relacional que la conversación —el tramo de ella— implique. Así las cosas, se puede decir que la observación participante es verdaderamente un método, un instrumento, mientras que la conversación relacional es un nométodo (en lugar de ser un camino que nos conduce al conocimiento es ya un lugar de conocimiento).

la huella y su negativo —que es la planta—, es el foco de la nometodología o arqueología indisciplinada que ilumina de frente la sombra de la alterización occidental. La investigación indisciplinada convoca a la conversación a los espectros que moran en espacios-tiempos otros de Occidente. Vive con los muertos, los dioses y las almas de las cosas.

Nometodología y arqueología indisciplinada

Investigación es seguir las huellas. Investigación indisciplinada es seguir el negativo de las huellas que persisten aun no estando, es escuchar lo no dicho de las palabras. Metodología disciplinada es seguir la secuencia protocolizada de acciones para alcanzar un conocimiento, trazar el camino que se ha de seguir. Nometodología es seguir todas aquellas posibilidades que el camino olvida, que el protocolo obstruye, que el método reprime. Es conocimiento en mudanza.

La violencia nos constituye, constituye al mundo. ¿Pero de qué maneras? Seccionando las relaciones constitutivas del mundo, separando las partes seccionadas, y ensamblándolas de acuerdo a las reglas del colonizador. Codificando estas reglas en conocimiento hegemónico (religión, ciencia, leyes, etc.). El carácter hegemónico de ese conocimiento nos hace partícipes de la violencia, que nos constituye inmanentemente. Las cisuras operadas en el mundo se vuelven inmanentes a la subjetividad mediante las tecnologías pedagógicas del Estado (catecismo, escolaridad, institucionalización). Pero también se desplazan como ruptura al mundo objetivo, mediante la operación disciplinaria que en sus marcos epistemológicos —no tan solo en sus contenidos teóricos— consagra e inocula la episteme occidental. Linealidad vectorial del tiempo, alteridad cultural como diferencia, autonomía de la materia, distanciamiento del pasado, antropocentrismo de lo social, extensión dimensional del espacio, primacía de lo visual en la percepción del mundo, privilegio de la razón para acceder al conocimiento, separación entre relaciones de conocimiento y relaciones sociales… son algunas de las notas occidentales sostenidas por las disciplinas. Todas ellas suponen la ruptura como esencialmente constitutiva del mundo que buscan conocer, y se definen a sí mismas en base al supuesto de ruptura. La existencia de la ruptura en el mundo objetivo está, así, más allá de la naturaleza del mundo, está ya codificada en los instrumentos con los cuales se conoce el mundo. La ruptura pasa, así, de epistémica a metafísica. Entre la violencia colonial y la ruptura metafísica discurre lo que debe ser desmontado nometodológicamente. La nometodología es una conversación que sigue los negativos de las huellas, y las relaciones entre estos. Ello es lo mismo que decir que la nometodología es acerca de la violencia disciplinaria. Se pregunta por aquello que el método ha obligado a soslayar, por aquello que la disciplina desoye, por lo que nos haría sospechosos de subversión.

No es un mero detalle decir que la nometodología es una conversación. En primer lugar, es una conversación con los sujetos subalternos, o con el lado subalterno de los sujetos, es decir, con la semiopraxis que crece al otro lado de las cosas enunciadas por el lenguaje hegemónico. No es una conversación instrumental para recabar información acerca de cómo estos sujetos otorgan sentido a la realidad. Es una conversación con los sentidos otros de la realidad, una conversación que interpela y, a la corta o a la larga, conmueve. En segundo lugar (pero no necesariamente en segundo término) es una conversación con movimientos sociales y comunidades locales, es decir, colectivos políticamente movilizados para hacer frente al poder hegemónico. Nuevamente, no se trata de describir cómo los pobres o campesinos se organizan para obtener beneficios del Estado. Todo lo contrario. Es someterse al aprendizaje de la teoría que en esos contextos ya se construye a contrapelo del discurso hegemónico, debiendo desprenderse[236] del lenguaje

---

236 "El desprendimiento. Pensamiento crítico y giro descolonial", de Walter Mignolo, en *Interculturalidad, descolonización del Estado y del* conocimiento, editado por Catherine Walsh, Álvaro García Linera y Walter Mignolo, 9-20, Del Signo, Buenos Aires, 2006.

hegemónico, ejercerle violentación simbólica.[237] Insisto, no para describir esa teoría, sino para tomársela en serio, y transformarse en esa conversación. En tercer lugar, es una conversación en una relacionalidad ampliada, que incluye actores que nunca serían tomados en cuenta como tales por el protocolo metodológico. Me refiero a los dioses, los muertos y las almas que habitan el mundo nuestro y nos agencian; pero también a los espectros de la violencia que nos habitan y agencian en las huellas (silencios, espíritus, ausencias) que no dejan de acechar molestando la paz de la razón.

La nometodología es, entonces, arqueología indisciplinada. Indisciplinada de su metafísica disciplinaria, la arqueología conversa relaciones evestigiales, es decir, de lo que está y no está al mismo tiempo-espacio (a pesar de la disección disciplinaria que recapitula y consolida la violencia colonial). No es, como la arqueología disciplinaria pretende, acerca del pasado mediante sus restos materiales, sino acerca de la presencia del pasado en la materia y alma de las cosas, es decir, acerca de la inevitable consustancialidad de espacios-tiempos otros, a pesar y en contra de la represión moderna/capitalista/disciplinaria/colonial. En la conversación sobre relaciones evestigiales la arqueología indisciplinada es semiopraxis contrahegemónica y cría relacionalidades posoccidentales.

El país de los bárbaros

En el país de los bárbaros se orientan las ulteriores mudanzas. Allí, pegadas al suelo, nuevamente nos encontramos con las huellas. Recordando la aventura inicial las seguimos, solo para advertir, demasiado tarde ya, que la dueña de esta tierra, Pachamama, al revés tiene los pies: talón adelante, dedos

---

237 "Lo abrupto del sentido. La semiopraxis popular más acá del civismo de la modernidad: movimientos, ritmos, cadencias", de José Luis Grosso, en *Transformación social, memoria colectiva y cultura(s) populare(s)*, coordinado por José Luis Grosso, María Elena Boito y Eliana Toro, Estudios Sociológicos, Bueno Aires, 2011.

atrás. Pícara diosa nos ha engañado: caminando tras sus pasos queriendo alcanzarla, habremos ido a parar al lugar de donde ella ha salido. ¿Qué nos espera allí, si no ser engullidos por sus fauces una vez que nos haga nuestro (suyo)?

Ahora que soy lagarto no quiero que me vean, deseo que la mirada no se pose en mí sino en la piedra en la que reposo. Cuando sea piedra no querré convocar las miradas, pero sí me gustará tocar las frías panzas de los lagartos que vengan a mí para calentarse al sol.

Agradecimientos

Muchas personas e instituciones me ayudaron en la escritura de uno o varios de los textos incluidos en este volumen. La Escuela de Arqueología de la Universidad Nacional de Catamarca y el CONICET son las instituciones que albergaron el trabajo que resulta en este libro. Colectivos e instituciones, como la Agencia de Promoción de Ciencia y Técnica, el pueblo de Antofagasta de la Sierra, la Sociedade de Arqueologia Brasileira, el Colectivo Música, Socialidad y Movimientos, la Universidad del Cauca, el Joukowsky Institute for Archaeology and the Ancient World de Brown University, la Pontifícia Universidade Católica de Goiás y, sobre todo, la Comunidad Kolla-Atacameña de Antofalla, ofrecieron su apoyo financiero o institucional, compartieron el pensamiento y provocaron la ocasión o la necesidad de estas escrituras.

Algunas de las personas que, ya sea leyendo, comentando, alentando, conversando, invitando o provocando de diversas maneras, originaron estas escrituras, son Dante Angelo, Eduardo Aroca, Javier Arteaga, Marcia Becerra, Homi Bhabha, Luis Borrero, Sebastián Boticelli, María Alba Bovisio, Didier Chirimuskay, Juan Carlos Cruz, Leandro D'Amore, Daniel Delfino, Pablo Farneda, Jaime Fayad, Daniela Fernández, Lúcio Menezes Ferreira, Les Field, Carlos Fígari, Luis Gerardo Franco, Felipe García Quintero, Francisco Gil, Germán Giordano, Cristóbal Gnecco, José Luis Grosso, Adrián Guitián, Yannis Hamilakis, Omur Harmanshah, Daniela Iriarte, Carina Jofré, Wilhelm Londoño, Gabriel López, Ernestina Mamaní, Rita Mamaní, Mónica Montenegro, Rosita Pantoja, Roberto Pellini, Marta Penhos, Jorge Perea, Celeste Perosino, Juan Carlos Piñacué, Gisele Ragout, Antolín Reales, Severo Reales,

Marcela Rementería, Clara Rivolta, Ana María Rocchietti, Laura Roda, Manuela Rodríguez, Júlio Cesar Rubin, Melisa Salerno, Victoria Sánchez Antelo, Nick Shepherd, Claire Smith, Henry Tantaleán, Benita Tolaba, Javier Tovar, Eliana Toro, Andrés Troncoso, José María Vaquer y Andrés Zarankin. Jaime Almansa y Cristóbal Gnecco acogieron y alentaron la preparación de este volumen. Wilhelm Londoño, Ernestina Mamani y Laura Roda son coautores de un par de textos aquí incluidos.

Siguiendo la usual tradición de la escritura académica reconozco los errores como propios y los aciertos como ajenos. Ahora bien, ya más alejado de esa tradición, deseo agradecer que Catamarca sea el lugar de mi escritura.

Referencias citadas

Abercrombie, Thomas
    1998   *Pathways of memory and power*. University of Wisconsin Press, Madison.
Benjamin, Walter
    1982   *Discursos interrumpidos*. Taurus, Madrid.
Bianchi, Silvia, Nerina Angelo, Josefina Baster, Marianela Biani, Luciana Brugé, Luciana Carunchio, Gonzalo Compañy, Miriam Franco, Gabriela González, Fabricio Loja, Cecilia Pappalardo, Laura Quemada, Laura Roda, Roberto Román, David Rossetto y José Antonio Rubio
    2012   De las identidades políticas… a la construcción de la memoria colectiva. En *Historias desaparecidas: arqueología, memoria y violencia política*, editado por Andrés Zarankin, Melisa Salerno y María Celeste Perosino, pp 91-100. Universidad Nacional de Catamarca-Encuentro, Catamarca-Córdoba.
Blanasi, David.
    2001   CD "Didgeridoo Master", Lates, Australia.
Bourdieu, Pierre
    1988   *Cosas dichas*. Gedisa, Buenos Aires.
Bovisio, María Alba y Marta Penhos (Editoras)
    2010   *Arte indígena. Categorías, prácticas, objetos.* Universidad Nacional de Catamarca-Encuentro, Catamarca-Córdoba.
Bruch, Carlos
    1904   Descripción de algunos sepulcros calchaquíes resultado de las excavaciones efectuadas en Hualfin (provincia de Catamarca). *Revista del Museo de La Plata*, Tomo XI, La Plata.

Bugallo, Lucila
    2010   La estética de la crianza. Los santos protectores del ganado en la Puna de Jujuy. En *Arte indígena. Categorías, prácticas, objetos*, editado por María Alba Bovisio y Marta Penhos, pp 85-102. Universidad Nacional de Catamarca-Encuentro, Catamarca-Córdoba.

Butler, Judith
    2002   *Cuerpos que importan*. Paidós, Buenos Aires.
    2006   *Vida precaria. El poder del duelo y la violencia*. Paidós, Buenos Aires.

Calveiro, Pilar
    2004   *Poder y desaparición: los campos de concentración en Argentina*. Colihue, Buenos Aires.

Castro-Gómez, Santiago y Ramón Grosfoguel
    2007   *El giro decolonial*. Siglo del Hombre, Bogotá.

Colectivo Música, Socialidad y Movimientos
    2011   Ruidos malditos en el país folklórico. *Crisis* 5:44-46.

Colectivo Situaciones
    2002   Prólogo. Sobre el método. En *Hipótesis891: más allá de los piquetes*, del MTD de Solano y Colectivo Situaciones, pp 9-22. Tinta Limón, Buenos Aires.

de Castro, Eduardo Viveiros
    1984   *Salvo el crepúsculo*. Nueva Imagen, Buenos Aires.
    2010   *Metafísicas caníbales. Líneas de antropología posestructural*. Katz, Buenos Aires.

De la Orden de Peracca, Gabriela
    2006   *Pueblos Indios de Pomán: Catamarca (siglos XVII A XIX)*. Dunken, Buenos Aires.

De la Orden de Peracca, Gabriela, Nora Trettel, Alicia Moreno y Marcelo Gershani
    2008   *Los Pueblos de Indios en Catamarca colonial*. Dunken, Buenos Aires.

Di Vruno, Antonela
    2012   La praxis arqueológica. El caso Mansión Seré. En *Historias desaparecidas: arqueología, memoria y violencia política*, editado por Andrés Zarankin, Melisa Salerno y María Celeste Perosino, pp 101-115. Universidad Nacional de Catamarca-Encuentro, Catamarca-Córdoba.

Escobar, Arturo
    2005   *Más allá del Tercer Mundo*. ICANH, Bogotá.
Escobar, Ticio
    2010   Arte indígena: zozobras, pesares y perspectivas. En *Arte indígena. Categorías, prácticas, objetos*, editado por María Alba Bovisio y Marta Penhos, pp 17-31. Universidad Nacional de Catamarca-Encuentro, Catamarca-Córdoba.
Esposito, Roberto
    2007   *Communitas: origen y destino de la comunidad*. Amorrortu, Buenos Aires.
Fabian, Johannes
    1983   *Time and the other*. Columbia University Press, Nueva York.
Galeano, Eduardo
    1971   *Las venas abiertas de América Latina*. Siglo XXI, Buenos Aires.
García, Charly
    1983   Los dinosaurios. En *Clics modernos*. Polygram, Buenos Aires.
Gnecco, Cristóbal y Marta Zambrano (Editores)
    2000   *Memorias hegemónicas, memorias disidentes: el pasado como política de la historia*. Universidad del Cauca-ICANH, Popayán- Bogotá.
González, Alberto Rex y George Cowgill
    1975   Cronología arqueológica del Valle de Hualfín, Provincia de Catamarca, Argentina. Obtenida mediante el uso de computadoras. En *Actas Primer Congreso de Arqueología Argentina*, pp 383-404, Buenos Aires.
Grosso, José Luis
    2008a   *Indios muertos, negros invisibles*. Universidad Nacional de Catamarca-Encuentro, Catamarca-Córdoba.
    2008b   Semiopraxis en contextos interculturales poscoloniales: Cuerpos, fuerzas y sentidos en pugna. *Espacio Abierto* 17(2)231-245.
    2010   Constitutivo, construido. Símbolo, espacio-tiempo y praxis crítica. En *Cuerpos y emociones desde América Latina*, editado por José Luis Grosso y María Eugenia Boito, pp 39-81. Universidad Nacional de Córdoba-Universidad Nacional de Catamarca, Córdoba-Catamarca.

2011   Lo abrupto del sentido. La semiopraxis popular más acá del civismo de la modernidad: movimientos, ritmos, cadencias. En *Transformación social, memoria colectiva y cultura(s) populare(s)*, coordinado por María Eugenia Boito, Eliana Toro y José Luis Grosso, pp 246-305. Estudios Sociológicos, Bueno Aires.

Haber, Alejandro Fabio

1994   La Aguada en el valle de Catamarca. Detección y caracterización de sitios en la cuenca inferior de Coneta-Miraflores (Huillapima, Capayán, Catamarca, Argentina). *Boletín del Museo Regional de Atacama* 4:71-83.

1995   Supuestos teórico-metodológicos de la etapa formativa de la arqueología de Catamarca (1875-1900). *Publicaciones CIFFyH* 47:31-54.

1996   Paisaje y asentamiento. Investigaciones arqueológicas en la cuenca del río Coneta-Miraflores (Huillapima, Capayán, Catamarca). *Revista del Museo Municipal de Historia Natural* 25:123-139.

1999   Caspinchango, la ruptura metafísica y la cuestión colonial en la arqueología sudamericana: el caso del noroeste argentino. *Revista do Museu de Arqueologia e Etnologia Suplemento* 3:129-141.

2001   Observations, definitions and pre-understanding in the ethnoarchaeology of pastoralism. En *Ethnoarchaeology of Andean South America*, editado por Lawrence Kuznar, pp 31-37. International Monographs in Prehistory.

2004   Paisajes de enclave en el área de Antofalla, Puna de Atacama. Segunda mitad del segundo milenio d. C. Informe. Fundación Antorchas, Buenos Aires.

2005   Archaeology on both side of the iron bars. *Archaeologies* 1(1):111-118.

2007a   Arqueología de uywaña: un ensayo rizomático. En *Producción y prehispánicas de bienes en el sur andino*, editado por Axel Nielsen, María Clara Rivolta, Verónica Seldes, María Vázquez y Pablo Mercolli, pp 13-34. Brujas, Córdoba.

2007   Reframing social equality within an intercultural archaeology. *World Archaeology* 39(2):281-297.
2007   This is not an answer to the question "Who is indigenous?" *Archaeologies* 3(3):313-339.
2008   Una arqueología indisciplinada. En *Actas del 1er Congreso Latinoamericano de Antropología*, pp 359-363, Universidad Nacional de Rosario, Rosario.
2009a   ¿Adónde están los 99 tíficos? Notas de campo de arqueología subjuntiva. En *Sed non satiata II*, editado por Félix Acuto y Andrés Zarankin, pp 103-120. Universidad Nacional de Catamarca-Encuentro, Catamarca-Córdoba.
2009b   Animism, relatedness, life: post-Western perspectives. *Cambridge Archaeological Journal* 19:418-430.
2009c   *Domesticidad e interacción en los Andes meridionales*. Universidad del Cauca, Popayán.
2011   Nometodología payanesa. Notas de metodología indisciplinada. *Revista Chilena de Antropología* 23:9-49.
2012a   *La casa, las cosas y los dioses*. Encuentro, Córdoba.
2012b   Severo's severity and Antolín's paradox. *E-flux* 36:1-6.
2012c   Un-disciplining archaeology. *Archaeologies* 8(1):55-86.
2013a   Arqueología y desarrollo: anatomía de la complicidad. En *Arqueología y desarrollo en América del Sur. De la práctica a la teoría*, editado por Alex Herrera, pp 13-17. IEP, Lima.
2013b   Evestigation, nomethodology and deictics: movements in un-disciplining archaeology. En *Reclaiming archaeology. Beyond the tropes of modernity*, editado por Alfredo González Ruibal, pp 79-88. Routledge, Londres.

Haber, Alejandro Fabio, Jorge Ferreyra, Gabriela Granizo, Marcos Quesada y Fernanda Videla
1997   Construcción de categorías de paisaje en Capayán. *Shincal* 6:83-100.

Habermas, Jürgen
1982   *Conocimiento e interés*. Taurus, Madrid.

Hellemeyer, María
    2010   Arte indígena o el triunfo del evolucionismo. En *Arte indígena. Categorías, prácticas, objetos*, editado por María Alba Bovisio y Marta Penhos, pp 55-71. Universidad Nacional de Catamarca-Encuentro, Catamarca-Córdoba.

Herrera, Alex
    2011   *La recuperación de tecnologías indígenas. Arqueología, tecnología y desarrollo en los Andes*. Universidad de los Andes, Bogotá.

Hidalgo, Jorge
    1987   Tierras, exacciones fiscales y mercado en las sociedades andinas de Arica, Tarapacá y Atacama,1750-1790. En *La participación indígena en los mercados surandinos. Estrategias y reproducción social, siglos XVI a XX*, editado por Olivia Harris, Brooke Larson y Enrique Tandeter, pp 193-231. CERES, La Paz.
    1996   Rebeliones andinas en Arica, Tarapacá y Atacama, 1770-1781. En *Entre la retórica y la insurgencia: las ideas y los movimientos sociales en los Andes, siglo XVIII*, editado por Charles Walker, pp 247-270. Centro de Estudios Bartolomé de Las Casas, Cusco.

Hidalgo, Jorge y Nelson Castro
    1999   Rebelión y carnaval en Inguaguasi (San Pedro de Atacama) 1775-1777. *Estudios atacameños* 17:61-90.

Iriarte, Daniela
    2013   *Localidad de Villa Vil: de la relocalización como razón científico-técnica hacia la emergencia de una teoría local del conocimiento*. INTA, Catamarca.

Lafone, Samuel
    1888   Londres y Catamarca. *La Nación*, Buenos Aires.

Lander, Edgardo (Editor)
    2000   *Colonialidad del saber y eurocentrismo*. UNESCO-CLACSO, Buenos Aires.

Lazzarato, Maurizio
    2006   *Políticas del acontecimiento*. Tinta Limón, Buenos Aires.

López, José María
    2012   Historias desaparecidas y re-aparecidas. El caso de Uruguay. En *Historias desaparecidas: arqueología, memoria y violencia política*, editado por Andrés Zarankin, Melisa Salerno y María Celeste Perosino, pp 101-115. Universidad Nacional de Catamarca-Encuentro, Catamarca-Córdoba.

Machado, Horacio
    2009   Minería trasnacional, conflictos socioambientales y nuevas dinámicas expropiatorias. El caso de Minera Alumbrera. En *Minería trasnacional, narrativas del desarrollo y resistencias sociales*, editado por Maristella Svampa y Mirta Antonelli, pp 205-228. Biblos, Buenos Aires.

Marín, Carlos, Alicia Quintero, Jorge Rolland, Pedro Maguire, Alfredo González y Álvaro Falquina
    2012   Última estación. Arqueología de los destacamentos de trabajos forzados en el ferrocarril Madrid-Burgos (España). En *Historias desaparecidas: arqueología, memoria y violencia política*, editado por Andrés Zarankin, Melisa Salerno y María Celeste Perosino, pp 117-143. Universidad Nacional de Catamarca-Encuentro, Catamarca-Córdoba.

McGuire, Randall
    2008   *Archaeology as political action*. University of California Press, Los Angeles.

Mignolo, Walter
    2003   *Historias locales / diseños globales*. Akal, Madrid.
    2006   El desprendimiento. Pensamiento crítico y giro descolonial. En *Interculturalidad, descolonización del Estado y del conocimiento*, editado por Álvaro García, Walter Mignolo y Catherine Walsh, pp 24-42. Ediciones del Signo, Buenos Aires.

Navarrete, Rodrigo
    2012   En la calle, en la cárcel, en el baño. Espacios públicos y políticas del grafiti en la Caracas actual. En *Historias desaparecidas: arqueología, memoria y violencia política*, editado por Andrés Zarankin, Melisa Salerno y María Celeste Perosino, pp 175-200. Universidad Nacional de Catamarca-Encuentro, Catamarca-Córdoba.

Olivera, Daniel
- 1991 La ocupación inka en la puna meridional argentina: Departamento Antofagasta de la Sierra, Catamarca. *Comechingonia* 9(2):31-72.

Pizarro, Cinthia
- 2006 *"Ahora ya somos civilizados". La invisibilidad de la identidad indígena en un área rural de la Provincia de Catamarca.* Universidad Católica de Córdoba, Córdoba.

Pizarro, Cinthia, Alejandro Fabio Haber y Rodolfo Cruz
- 1995 Diálogos en el Bañado. Relaciones socioculturales en la construcción científica y popular del pasado. *Revista de Ciencia y Técnica* 2:43-63.

Quijano, Aníbal
- 2000 Colonialidad del poder, eurocentrismo y América Latina. En *La colonialidad del saber: eurocentrismo y ciencias sociales. Perspectivas latinoamericanas*, editado por Edgardo Lander, pp 246-270. CLACSO, Buenos Aires.

Raffino, Rodolfo
- 1981 *Los inkas del Kollasuyu. Origen, naturaleza y transfiguraciones de la ocupación inka en los Andes meridionales.* Ramos Americana, La Plata.

Ryklin, Mijail
- 2000 Los cuerpos del terror (hacia una lógica de la violencia). En *En torno a la cultura popular de la risa. Nuevos fragmentos de M. M. Bajtín ("Adiciones y cambios a Rabelais")*, editado por Sergei Averintsev, Vitali Makhlin, Mijail Ryklin y Tatiana Bubnova, pp 103-125. Anthropos-Fundación Cultural Eduardo Cohen, Barcelona-México.

Sanjinés, Javier
- 2002 Mestizaje cabeza abajo. La pedagogía al revés de Felipe Quispe, "El Mallku". En *Indisciplinar las ciencias sociales*, editado por Catherine Walsh, Freya Schiwy y Santiago Castro-Gómez, pp 135-155. Universidad Andina Simón Bolívar-AbyaYala, Quito.

Schiwy, Freya
  2006 Descolonizando el encuadre: vídeo indígena en los Andes. En *(Des)Colonialidad del ser y del saber*, editado por Freya Schiwy y Nelson Maldonado-Torres, pp 31-55. Ediciones del Signo-Duke University, Buenos Aires.

Sepúlveda, Leandro
  2012 Diatribas nacionales. Apuntes arqueológicos e iconográficos sobre la violencia en Colombia. En *Historias desaparecidas: arqueología, memoria y violencia política*, editado por Andrés Zarankin, Melisa Salerno y María Celeste Perosino, pp 201-218. Universidad Nacional de Catamarca-Encuentro, Catamarca-Córdoba.

Sheper-Hughes, Nancy
  1995 The primacy of the ethical: propositions for a militant anthropology. *Current Anthropology* 36(3):409-420.

Shepherd, Nick
  2002 Heading south, looking north. Why we need a postcolonial archaeology. *Archaeological Dialogues* 9(2):74-82.
  2013 Ruin memory. A hauntology of Cape Town. En *Reclaiming archaeology*. En *Beyond the tropes of modernity*, editado por Alfredo González, pp 233-243. Routledge, Londres.

Shepherd, Nick y Alejandro Fabio Haber
  2014 The hand of the archaeologist: historical catastrophe, regimes of care, excision, relationality, undisciplinarity. En *Uncertain curature: in and out of the archive*, editado por Carolyn Hamilton y Pippa Skotnes, pp 117-130. Jacana, Johannesburg.

Smith, Claire
  2004 *Country, kin and culture. Survival of an Australian aboriginal community*. Wakefield Press, Kent Town.

Smith, Linda
  1999 *Decolonizing methodologies. Research and Indigenous peoples*. Zed Books-Otago University Press, Dunedin.

Somigliana, Maco
    2012   Materia oscura. Los avatares de la antropología forense en la Argentina. En *Historias desaparecidas: arqueología, memoria y violencia política*, editado por Andrés Zarankin, Melisa Salerno y María Celeste Perosino, pp 25-34. Universidad Nacional de Catamarca-Encuentro, Catamarca-Córdoba.

Spivak, Gayatri
    1988   Can the subaltern speak? En *Marxism and the interpretation of culture*, editado por Cary Nelson y Lawrence Grossberg, pp 271-313. University of Illinois, Urbana.

Svampa, Maristella y Mirta Antonelli
    2009   *Minería trasnacional, narrativas del desarrollo y resistencias sociales*. Biblos, Buenos Aires.

Trouillot, Michel-Rolph
    1997   *Silencing the past. Power and the production of history*. Beacon Press, Boston.

Verdesio, Gustavo
    2010   Esto no es una pipa: el discurso sobre la cultura material de los constructores de montículos de tierra en los Estados Unidos y Uruguay. En *Arte indígena. Categorías, prácticas, objetos*, editado por María Alba Bovisio y Marta Penhos, pp 73-84. Universidad Nacional de Catamarca-Encuentro, Catamarca-Córdoba.

Villafaña, Amado
    Sf   *Ezuama*. Película.

Walsh, Catherine
    2006   Interculturalidad y colonialidad del poder. En *Interculturalidad, descolonización del Estado y del conocimiento*, editado por Álvaro García, Walter Mignolo y Catherine Walsh, pp 21-70. Ediciones del Signo, Buenos Aires.

Walsh, Catherine, Frey Schiwy y Santiago Castro-Gómez (Editores)
    2002   *Indisciplinar las ciencias sociales. Geopolíticas del conocimiento y colonialidad del poder. Perspectivas desde lo andino*. Universidad Andina Simón Bolívar-Abya-Yala, Quito.

Weiner, James
    2002   *Televisualist anthropology: representation, aesthetics, politics*. Berg, Oxford.

Wilde, Guillermo
    2010   Objetos indígenas en el arte de la misión: entre el análisis estético y la interpretación cultural. En *Arte indígena. Categorías, prácticas, objetos*, editado por María Alba Bovisio y Marta Penhos, pp 123-141. Universidad Nacional de Catamarca-Encuentro, Catamarca-Córdoba.

Wright, Pablo y Marta Penhos
    2010   Los dibujos de Ángel o las encrucijadas del arte indígena. En *Arte indígena. Categorías, prácticas, objetos*, editado por María Alba Bovisio y Marta Penhos, pp 103-122. Universidad Nacional de Catamarca-Encuentro, Catamarca-Córdoba.

Zarankin, Andrés, Melisa Salerno y María Celeste Perosino (Editores)
    2012   *Historias desaparecidas: arqueología, memoria y violencia política*. Universidad Nacional de Catamarca-Encuentro, Catamarca-Córdoba.

Žižek, Slavoj
    2003   *El sublime objeto de la ideología*. Siglo XXI, México.

Índice analítico

A

agenciamiento 215
agentividad 23
alteridad 91, 93, 99, 100, 172, 175, 182, 183, 238, 240, 242
Ambrosetti, Juan Bautista 99, 100, 194
anatomía disciplinaria 107, 108
Andalgalá 197
antagonismo 226
antigal 24
Antofagasta de la Sierra 55, 57, 70, 74, 75, 121, 138, 145, 146, 148, 153, 157, 188, 189, 193, 194, 195, 196, 197, 198, 199, 200, 201, 202, 245
antofagasteños 76, 77, 147, 152, 153, 154, 193, 195, 197, 199
Antofalla 62, 63, 76, 120, 123, 194, 195, 245
aprendizaje 57, 212, 225, 230, 243
archivo 16, 17
Argentina 30, 31, 33, 43, 67, 70, 134, 145, 162, 163, 166, 173, 177, 188, 207
Aroca, Eduardo 79, 80, 81, 85, 86, 88, 89
arqueología
  arte 31, 33, 86, 91, 92, 93, 94, 95, 96, 97, 98, 99, 100, 101, 102, 194
  cientificistas 42
  disciplinaria 37, 112, 114, 137, 241, 243
  indisciplinada 24, 25, 65, 105, 107, 109, 115, 116, 213, 223, 224, 231, 232, 233, 234, 240, 241, 243
  social 41, 42, 55

B

Baartman, Sarah 19, 20
Bebé de la Peña 76, 77
Belén 79, 207
Benjamin, Walter 40, 234
bosquimano 18, 21
Bruch, Carlos 43, 44, 45, 48, 51, 52, 53, 55, 61, 66

C

Cáceres, Iván 27, 28, 37
Calveiro, Pilar 30, 34
campesino 80, 85
capitalismo 38, 111, 190, 217
carnaval 119, 123, 124, 137, 138, 140, 141, 143, 150
cartografía antagónica 227
casa 44, 48, 57, 81, 82, 86, 120, 132, 145, 148, 161, 195, 199, 200, 212, 217, 230, 238
Catamarca 27, 42, 43, 44, 57, 60, 62, 67, 68, 70, 71, 72, 73, 75, 79, 82, 85, 89, 91, 98, 99, 121, 133, 134, 136, 145, 156, 164, 165, 166, 167, 168, 170, 171, 187, 188, 193, 195, 196, 200, 207, 233, 245, 246
ciudad 16, 57, 60, 67, 68, 69, 71, 72, 74, 78, 79, 82, 85, 86, 161, 164, 165, 166
colonialidad 14, 22, 23, 25, 26, 32, 42, 61, 109, 111, 115, 135, 142, 161, 163, 179, 183, 192, 218, 230, 232, 235, 239, 240
colonialismo 14, 22, 38, 123, 135, 141, 163, 168, 169, 170, 171, 174, 177, 179, 184, 187, 202, 239
colonial, subjetividad 14, 42, 64, 226
composición (de la situación) 234
comunidad 36, 37, 61, 62, 72, 74, 76, 77, 91, 132, 188, 195, 196, 197, 209, 210, 220
concentracionario 32, 34
conocimiento local 56, 57, 88, 170, 174, 178, 210, 211
contrafestejo 70
contrahegemónico 24
conversación 26, 56, 57, 58, 60, 61, 62, 63, 64, 65, 101, 103, 114, 117, 120, 121, 125, 132, 141, 145, 146, 192, 193, 198, 199, 201, 202, 204, 206, 212, 226, 228, 231, 232, 234, 235, 237, 240, 241, 242, 243

cosas 13, 15, 16, 18, 29, 38, 56, 63, 65, 92, 94, 95, 99, 101, 102, 117, 119, 121, 131, 138, 142, 147, 148, 149, 150, 151, 153, 154, 155, 156, 158, 159, 163, 167, 184, 186, 188, 195, 198, 199, 202, 215, 216, 217, 220, 222, 225, 227, 228, 234, 238, 240, 241, 242, 243
cosidad 23

D

decolonialidad, decolonial 23, 59, 66, 117, 163, 220, 221, 234, 235
desaparición 29, 31, 32, 33, 35, 97, 116, 179
desarrollo 41, 54, 112, 113, 114, 115, 134, 142, 161, 162, 163, 164, 170, 171, 172, 174, 176, 177, 182, 183, 184, 206, 219, 220, 221
descampesinización 85
descendencia 61, 110, 111, 196, 199
desprendimiento 59, 61, 63, 70, 117, 142, 243
Diaguita 72
diferencia colonial 14, 42, 53, 92, 98, 100, 109, 111, 112, 115, 135, 141, 142
dioses 17, 25, 63, 64, 66, 78, 88, 89, 96, 101, 102, 106, 113, 125, 137, 138, 140, 186, 238, 241, 243
disciplina arqueológica 15, 23, 44, 53, 107, 109, 110, 113, 167, 172, 174, 187, 190
disciplinamiento 56, 100, 223, 230

E

El Bañado 165, 188, 190
Equipo Argentino de Antropología Forense 36
evestigialidad, evestigio, evestigial 219, 227, 229, 232, 241
experiencia de lo arqueológico 13, 22
experticia 170, 174, 188, 207

F

Fernández, Daniela 60, 146, 197, 245
forclusión 77
frentes de atracción 16
frontera 55, 58, 61, 67, 68, 71, 78, 111, 112, 117, 120, 123, 135, 136, 137, 138, 142, 143, 164, 166, 167, 168, 169, 171, 174,

190, 191, 219, 221, 226, 240

H

habitus disciplinario 43
hegemonía, hegemónico 31, 55, 92, 97, 98, 101, 115, 117, 118, 136, 141, 142, 170, 190, 208, 210, 211, 212, 219, 220, 231, 238, 241, 242, 243
Heródoto 51, 53, 185, 238
Herrera, Alex 175, 220
heteroglósico 227
historia 13, 14, 29, 30, 34, 39, 40, 41, 51, 53, 54, 56, 69, 71, 74, 82, 86, 88, 91, 92, 96, 97, 98, 105, 109, 111, 114, 119, 121, 123, 125, 135, 136, 138, 140, 141, 142, 146, 147, 150, 151, 163, 166, 167, 170, 179, 181, 182, 183, 185, 186, 187, 188, 189, 191, 199, 201, 203, 207, 227
Hualfín 45, 194
Hualfines 44
hybris 52

I

imperialismo ecológico 169
indecibilidad 35
indígena 56, 62, 71, 73, 77, 91, 93, 94, 95, 96, 97, 98, 101, 102, 113, 114, 121, 123, 124, 125, 132, 167, 172, 175, 177, 195
indio 73, 80, 98
Ingaguassi 120, 121, 122, 130, 132, 133, 138, 139
Instituto Goiano de Pré-Historia y Antropologia 16
intercultural 62, 63, 65, 94, 96, 140, 145, 188, 192, 202
investigación 31, 36, 37, 38, 40, 48, 56, 57, 60, 64, 75, 105, 120, 121, 122, 132, 138, 140, 142, 143, 165, 166, 167, 171, 174, 187, 188, 190, 207, 211, 212, 213, 214, 215, 216, 218, 222, 223, 224, 226, 228, 229, 230, 231, 232, 233, 235, 236, 239, 240, 241
Iziko, Museo 18, 20

L

licenciamiento 177, 178
lo arqueológico 13, 14, 15, 22, 41, 42, 57, 65, 77, 108, 109, 111, 116, 131

experiencia de 13, 22
López Mazz, José 31, 33, 38

M

Mamaní, Ernestina 75, 76, 145, 146, 148, 193, 197, 200, 245
Marín Suárez, Carlos 29, 32
megaminera, megaminería 60
memoria 27, 29, 31, 36, 38, 51, 54, 57, 74, 76, 77, 94, 110, 111, 138, 159, 166, 167, 185, 187, 189, 201, 204, 243
mina Incahuasi 120
mirada 39, 44, 51, 103, 105, 106, 108, 116, 234, 241, 244
modernidad 23, 38, 54, 100, 165, 180, 182, 206, 209, 218, 219, 243
moderno 14, 15, 23, 115, 172, 209, 223
mudanza 64, 141, 142, 164, 231, 232, 237, 241
Museo del Hombre 20, 74, 145, 146, 148, 157, 189, 193, 194, 195, 196, 197, 198, 201
Museo del Hombre de Antofagasta de la Sierra 74, 145, 146, 148, 157, 189, 194, 197, 201
Museo del Oro 104, 106

N

no-dicha 50
nometodología 105, 213, 241

O

objeto 15, 17, 22, 37, 42, 51, 52, 62, 63, 88, 95, 98, 99, 102, 103, 105, 106, 107, 108, 110, 111, 119, 120, 131, 135, 145, 147, 148, 151, 157, 158, 169, 172, 176, 184, 185, 186, 188, 191, 195, 199, 202, 218, 222, 223, 224, 228, 237
Occidente 33, 53, 78, 115, 117, 135, 138, 141, 168, 172, 176, 180, 182, 183, 185, 231, 238, 240, 241
ontología 131, 135, 137, 142

P

Pachamama 63, 151, 244
Parque Nacional Las Parinas 57
pasado 14, 15, 17, 21, 23, 37, 38, 40, 41, 45, 52, 53, 57, 65, 71, 99, 101, 107, 108, 109, 110, 111, 112, 114, 115, 116, 137, 163,

165, 166, 171, 172, 174, 176, 179, 184, 187, 189, 196, 198, 201, 202, 212, 215, 228, 234, 242, 243
patrimonio   40, 41, 60, 63, 75, 178, 179
peformativo, performatividad   112
Piñacué Achicué, Juan Carlos   103
PitaGat, Ángel   94, 95, 96
plasticidad   91, 93, 101, 102
Pomán   69, 72, 74
poscapitalismo   169, 170
poscolonial, encuentro   60
posdisciplina, posdiciplinaria,   205, 207, 210, 211
predación
  epistémica   168
  epistemológica   168
predisciplina, predisciplinaria   111
preterizar, preterización   111, 112
Puttkamer, Jesco von   16

R

racismo ambiental   169
Reales, Severo   25, 245
rebelión   122
reconocimiento   88, 89, 117, 132, 225, 237
registro   17, 108, 138, 178
relación   14, 15, 17, 19, 22, 24, 25, 27, 34, 37, 45, 48, 50, 52, 54, 59, 61, 62, 64, 67, 68, 74, 80, 88, 93, 98, 101, 105, 109, 110, 111, 112, 116, 117, 121, 131, 132, 135, 136, 141, 142, 147, 149, 173, 175, 178, 184, 186, 187, 188, 195, 207, 209, 210, 211, 217, 218, 219, 222, 224, 226, 228, 230, 232, 234, 236
relacionalidad   64, 74, 78, 92, 93, 117, 118, 137, 142, 238, 239, 240, 243
  teorías de la   78, 117, 142, 239
  teorías locales de la   57, 92
religazón   118
restos arqueológicos   25, 114, 177

S

san   19, 20
semafórico   22

semiopráctica, semiopraxis 14, 137, 141, 242, 243
situación 63, 76, 79, 80, 94, 114, 169, 175, 203, 224, 226, 231, 232, 234, 235, 236, 237
solidaridad 167, 225, 226, 230, 231, 232
Somigliana, Carlos 31, 33, 34
subjetividad colonial 14, 42, 64, 226

T

Tebenquiche Chico 76, 195
Territorio Nacional de Los Andes 70
tiempo-espacio 62, 215, 243
tiempo vectorial 177

V

Valle Viejo 69, 70, 71, 72
vestigialidad 22
vestigio 13, 15, 17, 22, 24, 25, 37, 38, 40, 105, 214, 215, 216, 224, 228, 232, 241
vestigium 37, 38, 213, 214
vicuña 63
vida local 59, 61, 65, 210
violencia
  epistémica 39, 43, 51, 92, 111, 167, 170, 184, 188, 190, 225
Virreinato del Perú 68, 70
Virreinato del Río de la Plata 70
vocalidad 59, 188